ちくま新書

東アジア現代史

家近亮子
Iechika Ryoko

1839

東アジア現代史【目次】

はじめに

二〇二〇年から世界に蔓延した新型コロナウイルスは、国際情勢を大きく変えた。ヒトとモノの動きが不活発になり、大学では海外プログラムが停止し、留学生もほとんど入って来なくなった。そのような中、衝撃的な出来事が起きた。二〇二二年二月二四日、ロシア軍がウクライナに一方的に侵攻を開始したのである。私は、そのテレビ報道にくぎ付けになった。キーウに我が大学を卒業した親しい留学生の卒業生がいたからである。私は二〇一二年にキーウに出張に行き、その卒業生の家に招待され、穏やかで親切なご両親と生まれたばかりの愛くるしい男の子に会っていた。その時のキーウは平和で豊かで活気ある美しい古都であった。

コロナ以降、多くの国は自国防衛に追われ、保護主義的な風潮が強くなった。その風潮の中で専制主義、新権威主義、個人独裁政治が拡大し、容認されるようになった。資本主義と民主主義は、グローバル化する世界の中で普遍的価値になりつつあると思い込んでいたのは、西側の自由主義陣営の人間だけだったようである。現在、「挑戦を受ける民主主義」が学会の議題になっている状況である。

ロシアは独自のコロナ対策を実行する過程でプーチン大統領の個人独裁体制が進んでいった。また、中国は習近平《しゅうきんぺい》国家主席が「ゼロコロナ」政策を打ち出し、厳しい管理体制を敷く中で自身の権力基盤強固にし、その地位を恒久化した。さらに、北朝鮮は国際的な監視体制が緩くなった状況下で金正恩《キムジョンウン》労働党総書記が核とミサイルの開発、発射実験をとめどなくおこなうようになった。

プーチン大統領は西側の経済制裁とウクライナ支援に対抗して、中国と北朝鮮に急接近していった。ロシアのウクライナ侵攻から一年が経った二〇二三年三月二〇日、モスクワのブヌーコボ空港に降り立った習近平国家主席は午後プーチン大統領と会談したが、プーチン大統領はその冒頭で「中国はこの数年で飛躍的な前進を遂げ、全世界から関心と羨望《せんぼう》を集めている」(新華社通信《しんかしゃ》)と、最大級の賛辞を述べた。

歴史研究を生業《なりわい》としている筆者は、二人の姿を感慨深く眺めた。コミンテルンの指導により一九二一年七月に成立した中国共産党率いる毛沢東《もうたくとう》をソ連共産党書記長であったスターリンが「マーガリン共産主義者」と揶揄《やゆ》し、中華人民共和国成立二カ月後の一九四九年一二月にモスクワを訪ねた毛を冷遇《れいぐう》したことを思い出したからである。その時の毛の暗い目は、忘れられない歴史の一コマとなっている。

それから七五年、両国の力関係は大きく変わった。現在、援助を渇望《かつぼう》しているのは中国ではなく、一九九一年一二月に最大の社会主義国であったソ連邦を解体させ、版図《はんと》を縮小したロシアである。二〇一〇年に国別GDPで日本を抜き、世界第二位の経済大国に躍り出た中国は、アメリカをも抜き去る可能性を取りざたされるまでになった。また、北朝鮮もロシアに武器を供与《きょうよ》し、兵を派遣することで、その存在価値を高めようとしている。

東アジアは、きわめて特殊な地域であるといえる。なぜなら、冷戦構造が戦後の朝鮮半島と中国の相次ぐ分断によって、固定化したままであるからだ。一九四五年八月一五日に日本の植民地支配から独立した朝鮮は、四八年に大韓民国（韓国）と朝鮮民主主義人民共和国（北朝鮮）とが相次いで成立したことで分断し、対立が激化した。その結果、朝鮮戦争が五〇年六月に起きたが、五三年七月に休戦してその状態が現在も続いている。また、日中戦争に勝利した中国ではその直後の四六年に起きた中国国民党と中国共産党の内戦の結果、四九年一〇月一日に中華人民共和国が成立したが、その年の一二月にそれまで中国を支配していた中華民国（中国国民党）が台湾に移転したため、現在も分断状態が続いている。

二〇一八年、その一つが解決に向かって動き出した。北朝鮮の非核化と朝鮮戦争終結宣言実現のための南北朝鮮、および米朝首脳会談が開催されたことは、歴史的な出来事といえる。しかし、その交渉は難航を極め、解決されないままにコロナ禍となり、対立の先鋭化を結果的に招いた。

東アジア分断の直接の原因の一つには、ソ連とアメリカとの勢力争い、すなわち冷戦の影響があることは当然であるが、その起源をたどると、東アジアの近代化のあり方に往き着く。江戸時代、日本が「鎖国」をしていたことはよく知られているが、同時に中国と朝鮮も同様の「鎖国」をしていたことはあまり認識されていない。すなわち、近代以前の東アジアは、地域全体で封鎖的な対外政策を採っていたのである。同地域がいわゆる「西洋の衝撃(western impact)」によって開国を余儀《よぎ》なくされたのは、一九世紀半ば近くになってからであるが、その受容の仕方から三国のたどった途は大きく異なることになった。

東アジアの現状と相互関係を理解するためには、歴史的な視点からの分析が必要となる。同地域の地域的なまとまりは、古代から見られた。気候的にはモンスーンの影響を受けて四季があり、稲作・麦作を営み、中華文化圏の範疇《はんちゅう》にあり、漢字、仏教、儒教、律令制度、食文化などの伝播《でんぱ》が見られ、中華思想も一定限度まで許容された。しかし、海によって隔てられるという地理的な特色をもった日本では早くから自律的な文化、天皇制を基盤とする政治体制、社会発展、対外政策が育まれ、独自の近代を迎える素地《そじ》が作られた。

本書であつかう東アジアの国と地域である中国、日本、韓国、北朝鮮、台湾は、その経済力と軍事力、人口の多さからアジアだけでなく国際的影響力も増大している。それらの国と地域は、北京、東京、ソウル、台北のどの都市を起点にしても互いに三時間前後で到着する近距離にある。そのため、留学、観光、ビジネス、貿易など人の移動と流通が盛んであり、歴史的にも相互依存の関係にあることは疑いもない。

しかし、地理的緊密性に反して、そこに生活する人々の心の距離は決して近いとは言えない。日本の内閣府が毎年おこなっている「外交に関する世論調査」の二〇二三年九月版によると、中国に「親しみを感じない」「どちらかというと親しみを感じない」と回答した人は昨年より増加し、八六・七％になった。この数値は、ウクライナ戦争を仕掛けたロシアの九五・三％に次ぐ高さとなっている。

東アジアでは近代化の速度に大きな違いが見られた。アジアで一番早く近代化を達成した日本は、イギリスを初めとする西洋列強を模倣《もほう》し、産業革命を起こし、資本主義を導入してヨーロッパ型の憲法を制定し、「一等国」の仲間入りを目指して植民地を求めるようになった。伝統的な支配体制と華夷《かい》的世界秩序（中華世界）の維持にこだわった中国と朝鮮は、近代化の速度が遅く、急速な成長を遂げる日本の対外拡張政策に巻き込まれていった。今も残る東アジアの歴史認識問題は、このタイムラグがもたらした結果とも考えることができる。

本書の大きな目的の一つは、東アジアという地域の歴史を世界の中に位置づけて再構築し、その現状をグローバルな視点で分析することにある。歴史のグローバル化への取り組みは、高校の歴史教科書でも進行し、二〇二二年度から「歴史総合」が必修科目としてスタートした。これは、至極当然の動きであるし、遅すぎる決断であったともいうこともできる。一国史などというものは本来成立せず、歴史の縦割りは、意味をなさない。歴史は輪切りにし、それを積み重ねてこそ真の理解ができる。本書の執筆にあたり、この命題を自らに課することとした。

第1章　東アジアの地域的特徴

1　地域としての東アジア

世界には六大陸（ユーラシア大陸、北米大陸、南米大陸、アフリカ大陸、オーストラリア大陸、南極大陸）があるが、この分類では日本やイギリス、フィリピン、インドネシアなどの島嶼国《とうしょこく》は除外されてしまう。そこで、ここでは国際連合の地理区分を用いて分類する。世界の地域は、北アメリカ州、南アメリカ州、オセアニア州、アフリカ州、ヨーロッパ州、そしてアジア州の六つの州に区分される。ロシアは、ウラル山脈の東がアジア州、西側がヨーロッパ州に所属する。最大の面積となるアジア州は、国連の規定によると、さらに北アジア、中央アジア、西アジア、南アジア、東南アジア、東アジアの六つに分かれる。この中で東アジアは、ユーラシア大陸のアジア州東辺に位置する地域を指す（図1－1）[1]。

国・地域名	面積（km^2）	人口（万人）	国別 GDP	一人あたり GDP
中国	956 万 1000	14 億 4850	2 位	73 位
日本	37 万 7826	1 億 2560	4 位	39 位
韓国	9 万 9274	5162	13 位	33 位
北朝鮮	12 万 0000	2559	—	—
台湾	3 万 5961	2350	22 位	37 位
香港	1103	739	40 位	20 位
マカオ	30	62	100 位	18 位

図 1-1　東アジアを構成する国と地域の 2023 年 10 月時点の基礎データ（https://sekai-hub.com/posts/imf-gdp-per-capita-ranking-2024　2024 年 11 月 4 日アクセス）

東アジアの総面積（一〇一五万九二三三㎢）は、世界総面積（一億三六一三万㎢）の七・五％でアジア州の三二％、総人口は約一六億八〇〇〇万人となり、世界総人口（八〇億四五〇〇万人—二〇二三年末）の約二一％にあたる。広大な面積と巨大な人口、経済発展による影響力の増大。これが、現在の東アジアの姿である。しかし、第13章で述べるように、共に少子高齢化に伴う人口減少問題を抱えている。

2　東アジアの位相問題——中華の復興

アジアの二〇世紀は「日本の衝撃」と共に幕が上がった。日本は明治政府の方針によっていち早く西洋の仲間入りを果たし、日清戦争および日露戦争に勝利したことで、アジア諸国の近代化のモデルとなった。これに対して、二一世紀は「中国の衝撃」から始まったということができる。

溝口雄三は、中国の台頭を「日本に対する中国の位相《いそう》の上昇」と表現した。ここで言う「位相」とは、一定の範囲における運動量の多寡、影響力を指す。溝口によれば、「中国の衝撃」の実態は、日本人が「日本＝優者、中国＝劣者という構図から脱却していない。その無知覚」にある（溝口二〇〇四）。このような日本人の「無知覚」に突きつけられたのが、二〇一〇年に中国が「国別ＧＤＰ」で日本を抜き、世界第二位に躍り出たという現実である。予測したよりも急速な中国の経済発展に眼を見張っているのは、日本だけではない。

World Ultra Wealth Report 2021 によれば、世界の超富裕層人口は二九万五四五〇人だが、アメリカが一〇万一二四〇人で第一位、第二位は中国で二万九八一五人、日本が第三位で二万一三〇〇人であった。このような現象を改革・開放以前の中国を知る者の誰が想像しただろうか。二〇一八年、アメリカは長年の貿易赤字を解消するため、一部の中国製品に高額な関税をかけることに踏み切った。これに対して、中国も報復し、いわゆる貿易戦争が勃発した。中国の位相の上昇に神経を尖らせ、その追随に危機を感じているのは、今やアメリカとなったといえる。

しかし、東アジアの位相問題は、単なる覇権《はけん》争いでは解明することのできない特有の政治文化に根ざしたものである。近代以前は大国であったことへの自己認識を強め、新たな自己肯定型の「中国的特色をもつ」「中国ルール」を力（チャイナマネーと軍事力）で周辺諸国に認めさせ、二〇一二年に習近平国家主席が提起した「中華民族の偉大な復興という中国の夢」を国家目標に掲げる中国の位相は、圧倒的に上昇している。これは近代以降の日本の外交戦略、および日本人のアジア認識に根本的な構造転換をせまるものとなっている。

3 近代以前の東アジア

†中華思想と東アジア——学び舎としての中国

東アジアは、歴史的には中国大陸、朝鮮半島、日本列島、琉球（現・沖縄県）、台湾、周縁《しゅうえん》としての東南アジア諸国の一部を指した。東アジアを一つのまとまりをもつ地域概念として規定したのは西嶋定生《にしじまさだお》である。西嶋によると「東アジア世界」の文化的共通項は、漢字・律令制・仏教・儒教にある。それらは自然に伝播したのではなく、中国の皇帝が周辺国の王および周縁勢力の首長に爵位や官号を授け、名目的な君臣関係を結んだ「冊封《さくほう》」を媒介として広められた（西嶋一九八三）。このような二国間の関係を宗主国—藩属国関係（宗属関係）という。

中国の皇帝は、その権威を神から授けられる天命説によって守られていた。この天命は、近隣の「文化の劣った諸国（東夷《とうい》・西戎《せいじゅう》・南蛮《なんばん》・北狄《ほくてき》）」にも及ぶとされた。「皇」の文字は「王」の上に立つ明白で偉大な王の意味で、皇帝とは、英語ではEmperorでking of kings（王の中の王）の意味となる。秦の始皇帝（紀元前二二一年）から清朝のラストエンペラーとなった溥儀《ふぎ》まで二〇〇〇年以上、その影響力を周辺に行使した。皇帝はその臣民によって、「陛下」と呼ばれ、自らを「朕《ちん》」と称した。政治体制は、皇帝独裁の中央集権体制であり、それを支えたのは儒教思想に根ざした科挙によって専任された官吏《かんり》たちであった。

宗主国《そうしゅ》である中国から冊封される「朝貢国《ちょうこう》（藩属国）」は、皇帝に対して①忠誠、②定期的な特産物の献上（朝貢）、③中国の元号の使用などの義務があり、これに対して中国は①有事の際の派兵、②朝貢の返礼として賜物を与えるなどした（実質的な貿易）。その宗主権は「可変的な空間を影響下におく」という特徴があり、また、宗属関係は「朝貢国側から見れば、実は宗主権―主権関係としての内実」を持っていたのである（浜下一九九七）。

中国の認識では日本はあくまでも「東夷」に属する朝貢国であったが、海を隔《へだ》てていたため、華夷秩序から比較的自律的で、早くから対等な主権意識をもっていた。そのため、日本では「皇」の文字を使う天皇（推古天皇、五九三年〜）という存在が誕生した。これに対して、隋の煬《よう》帝《だい》は日本の無礼を激怒したといわれる。しかし、第三回目の遣隋使の持参した国書には「東天皇、敬みて西皇帝に白《もう》す」とあり、この時から日本は対外的にも正式に天皇という称号を使うようになった（沈才彬《しんさいひん》一九九〇）。天皇は、日本固有の宗教である神道にその権威を守られ、万世一系の存在として今日まで至っている。

日本は遣隋使、遣唐使を派遣したが、その目的は仏教や中国文化、律令制などの国家制度、憲法などの「学び」の側面が強く、朝貢概念は希薄であった。そのため、八九四年を境に遣唐使は廃止されている。しかし、一三六八年に元を滅ぼして中国を支配した明は、民間人の海外渡航や貿易を禁止し（海禁政策）、事実上貿易は政府が管理する朝貢に限られるようになった。そのため、一三三六年に成立した室町幕府は朝貢を再開させ、足利義満は「日本国王」に任命され、正規に朝貢貿易の一種であった勘合貿易の許可を得た。当然これは、貿易が目的であった。

このような東アジアの国際関係に一六世紀、グローバルな要因が入り込む。それは、スペイン・ポルトガルとの貿易とキリスト教の布教活動の活発化である。一五四三年、種子島《たねがしま》に漂着したポルトガル人は鉄砲と火薬だけでなく、マカオやマニラなどを中継とする自由貿易（南蛮貿易）の道を開いた。この過程で琉球、台湾の東アジアにおける重要度が向上する。各戦国大名たちは独自に南蛮貿易をおこない、鉄砲を入手すると刀鍛冶《かたなかじ》の技術を駆使《くし》し、精巧な鉄砲を大量生産し（堺など鉄砲鍛冶の出現）、軍事力の充実と貿易のため自領地の産業、教育の振興に努め、日本の近代化に大きく貢献する地方建設の素地《そじ》を形成していく。

†豊臣秀吉の朝鮮出兵と東アジア

日本の鎖国の最大の目的として、キリスト教を完全に遮断することがあった。カトリック国であるポルトガルとスペインは、商業活動と同時に布教活動を重視した。当時は、「外国船は、片手にバイブル、片手に商品を持ち、砲艦に守られて来港する」といわれた。貿易船には必ず宣教師が同乗し、上陸後農村や山奥にまで入り込み、直接民衆と接触し、精力的な布教活動をおこなった。そのため、中国には清朝期に建設された天主堂（教会）が各地に残されており、韓国にキリスト教徒が多い遠因になっている。

日本でもキリスト教徒が急速に拡大し、長崎や平戸には教会群が今も残されている（世界遺産として二〇一八年七月に登録された）。大名の中にもキリシタン（吉利支丹）大名と呼ばれた高山右近や小西行長のような大名が多く出現した。一六〇〇年当時、宣教師は全国で約一一〇人活動し、一六〇五年の調査では全国で約七五万人のキリシタン信者が存在し、最大で約一八〇万人にのぼった。彼らは代官や地主よりも宣教師のいうことに従い、時には彼らの煽動《せんどう》で一揆を起こした。一六三七年に天草四郎が起こした島原の乱がその最大のものであった。

徳川幕府はこのような状況を自らの支配への挑戦とし、ポルトガルやスペインがキリスト教によって日本を占領するかもしれないとおそれた。したがって、キリスト教の流入を食い止めるためには、貿易船の来航そのものを禁止せざるを得ないと判断したのである。この禁教説に対して、日本の鎖国の背景に秀吉の朝鮮出兵の影響を指摘する視点もある。

一五九〇年に全国統一を達成した豊臣秀吉は、それ以前から外征計画をもっており、「唐国平定」の構想を抱くようになった。秀吉の目的は、朝鮮の一部割譲《かつじょう》と冊封なしの勘合貿易の再開だったといわれる。そのため、倭寇《わこう》を取り締まって海上権を掌握《しょうあく》し、フィリピン・台湾に服属を求めると同時に朝鮮には明朝征服の協力を求めた。李王朝がこれを拒否すると、一五九二年に一五万の大軍を編成して釜山《プサン》から上陸し、漢城（現・ソウル）、平壌《ピョンヤン》まで攻め入り、各地を占領し、多くの民衆をも殺害した（文禄の役）。しかし、李舜臣《りしゅんしん》が率いる水軍や朝鮮民衆の激しい抵抗と明の援軍により一時休戦した。

一五九七年、日本は再び出兵したが、九八年の秀吉の死で全軍が引き上げることとなった（慶長の役）。この秀吉の二度の朝鮮出兵が東アジアの国際秩序の変容に与えた影響は大きかった。全国が戦場と化した朝鮮の被害は惨憺《さんたん》たるものであったといわれる。その後、朝鮮はもとより明にとっても日本は警戒すべき存在となる。

秀吉軍撤退の後、日本に対して朝鮮と明は海禁政策を実行した。朝鮮は釜山一港のみを開港し、日本人の国内への立ち入りを禁止した。また、明は徳川幕府の再三の要請にもかかわらず勘合貿易の復活には応じず、日本人の国内立ち入りを厳しく禁止したのである。

そのため、朱印船（一六世紀末から一七世紀初頭、日本の海外渡航許可書を得て海外交易をおこなった船）は主に東南アジア諸国に向かい、各地に多くの日本人町ができた。これは「日本の大航海時代」ともいわれ、東アジアに東南アジア全域を巻き込む新しい統合の可能性を生み出した。

一方、徳川家康は、朝鮮の恨みが根深いと考え、明と連合軍を編成して報復に来ることを警戒していた。すなわち、第三代将軍家光が踏み切った「鎖国」政策は、朝鮮と明の対日「海禁政策」への対抗、また両国連合軍に対する安全保障上の措置でもあったといえる。（上垣一九九四）その後、東アジアは「西洋の衝撃（western impact）」を受けるまで互いに閉鎖的対外政策をとることになる。

†東アジアの制限的対外政策の特徴

（1）日本の「鎖国」の実態

近年、日本の歴史教科書では「鎖国」という表現を使うのをやめようという動きがある。「鎖国」と言う言葉は、一八〇一年に江戸の蘭学者《らんがくしゃ》であった志筑忠雄《しづきただお》が出した翻訳本『鎖国論』で初めて世に出て、明治に入ってから一般的に使われ始めたといわれる。原本は、ドイツ人医師ケンペルが書いた『日本誌』（一七二七年）であるが、「自国人の出国、外国人の入国を禁じ、世界諸国との交通を禁止する」状態を指した。また、幕末に開国を主張した井伊直弼《いいなおすけ》は、「閉《へい》

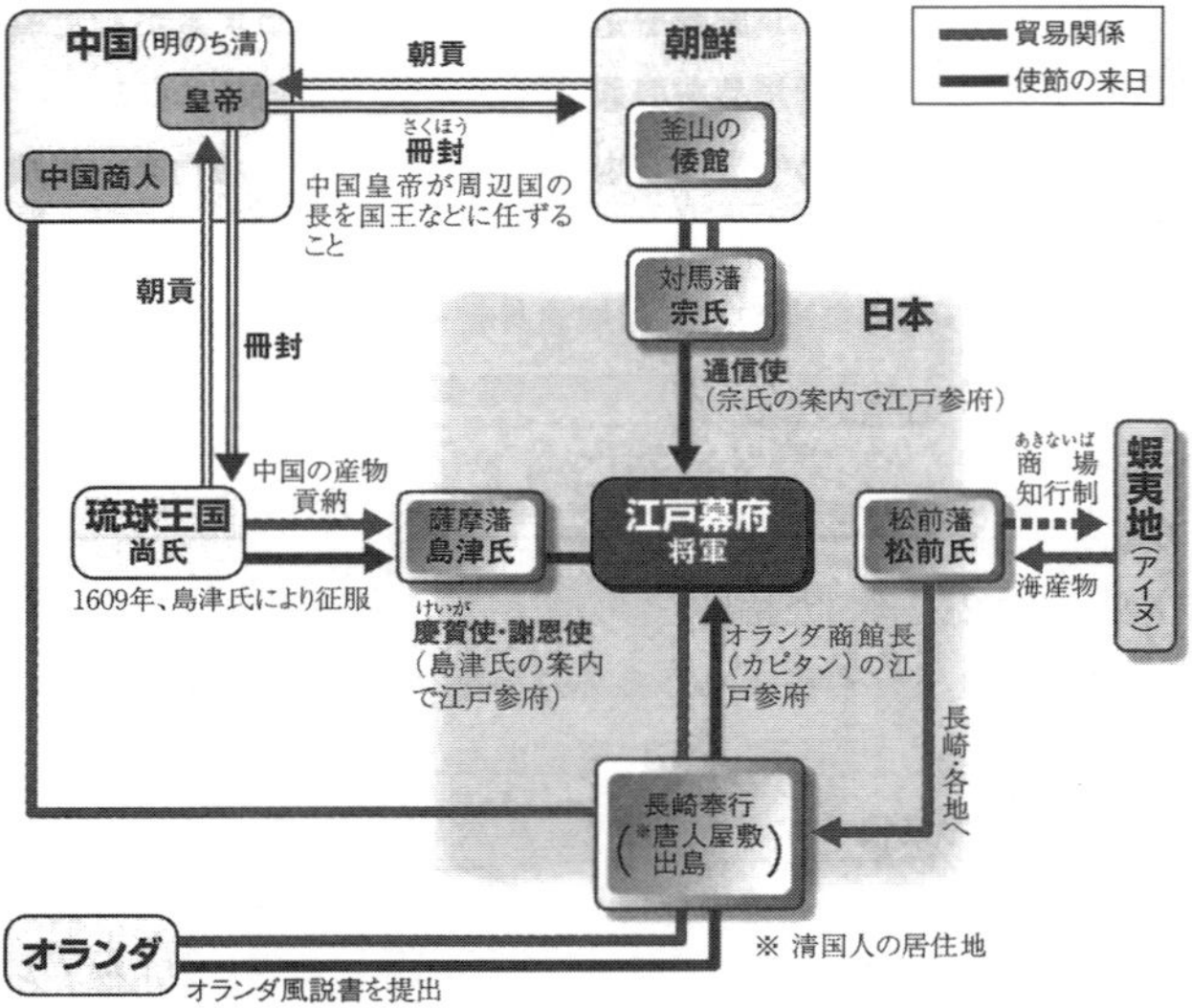

図 1-2　鎖国と四つの対外窓口（宮地正人監修『増補改訂版日本近現代を読む』新日本出版社、2019 年）

洋《よう》之《の》御《ご》法《ほう》」と称した。

しかし、実際には四つの対外窓口があり、精力的に貿易と情報収集をおこなっていた。そのため、完全な封鎖と孤立をイメージさせる「鎖国」という言葉はそぐわないという意見が現在出されている。しかし、それに代わる言葉がなかなか見つからないのと、慣れ親しんだ言葉であるとの理由からカッコつきで使われることが多い。四つの対外窓口は、以下の通りである（図1－2）。

①長崎：江戸幕府の公的な対外窓口は長崎一港に限られ、出島と唐人屋敷があった。出島は、入港す

るオランダ商人のために作られた人工の島で、扇形をしていた。現在、長崎には出島史料館（出島和蘭《オランダ》商館跡）があり、長崎でおこなわれていたオランダとの貿易の様子が再現されている。また、オランダの国立博物館にもその模型が展示されている。出島は賃貸で、オランダ商人は現在の換算で年間約一億円を支払ったといわれる。それでも日本との貿易の独占は、オランダ商人にとって大きな利益をもたらし、オランダの繁栄の一助となった（図1-3）。一方唐人屋敷は、通商のために来港する中国商人のための居住区であった。彼らはキリスト教徒ではないため、市内に住むことが許可されていた。現在も「福建《ふっけん》会館」「土《ど》神堂《しんどう》」「観音堂」「長崎新地中華街」などの史跡が残っている。中国商人の大多数は福建人で当時一万人近くが居住し、様々な中国文化をもたらした。

図1-3　オランダ国立博物館、出島の模型（著者撮影）

②松前藩：現在の北海道松前地区にあった最北の藩。徳川家康から蝦夷《えぞ》地《ち》の領地権、交易権の独占を許可され、アイヌとの貿易をおこなった。アイヌは中国の東北地方およびロシアとの交易品を松前藩にもたらし、流通させた。

③対馬《つしま》藩（対馬府中藩）：対馬藩は、長崎県対馬市と佐賀県の一部を

治めていた藩であった。江戸幕府は、一六〇七年からの朝鮮王朝との外交関係を継続し、対馬藩を通じて「朝鮮通信使」の定期的な江戸参府を受け入れていた。これに対して、幕府は朝鮮に対しては国王に使節を送った。彼らは、正式な外交使節団として認識されていた。また、朝鮮も海禁政策をとっていたため、釜山一港のみを開港していたが、そこには「倭館」が設置され、対馬藩の役人と商人が駐在し、貿易が認められていた。

④薩摩藩：現在の鹿児島県全域と宮崎県の南西部を領有した藩であった。琉球王朝は、東南アジアとの中継貿易に大きな役割を果たしていたが、薩摩藩が一六〇九年に家康の許可を得て侵攻し、実質的な支配下に入った。その後、貢納が義務付けられ、江戸には「琉球謝恩使」を参府させたが、中国との宗属関係には干渉しない方針をとり、琉球の朝貢貿易から利益を得ることを優先した。琉球王朝は、二年に一度、進貢使《しんこうし》を北京に派遣した。その進貢使は帰国後国王に報告書を提出し、その後ただちに薩摩藩に派遣され、中国情勢を報告した。

このように、江戸幕府の対外関係は、当時の閉鎖的な東アジアの中ではグローバル的であったといえる。また、同時に世界の情報を収集することにも熱心であった。そのことは、「風説《ふうせつ》書《がき》」の存在から明らかになる。幕府は長崎に入港するすべての中国商人とオランダ商人に対して、長崎奉行に海外の情報を報告する義務を課した。この報告をまとめたものが「風説書」であった。江戸時代、長崎は日本の情報収集の窓口となっていたのである。

(2)「風説書」の史的役割

「風説書」は、中国商人によるものを「唐風説書」または「清商口単」、オランダ人商人によるものを「和蘭《おらんだ》風説書」または「阿蘭陀《おらんだ》風説書」といい、この他に外国新聞の抄訳《しょうやく》を載せた「別段風説書」があった。当時「風説書」は新聞の国際面の役割を果たしていた。「風説書」の編集には翻訳担当の通事があたった。すなわち、日本においては「鎖国」をしていても通訳と翻訳官を養成していた事になる。この点は、清朝が洋務運動によって初めて翻訳館を創設したことと大きく異なる。「風説書」は、日本に世界の情報をもたらす役割を果たし、第2章で述べるように、日本の開国論の論拠の一つとなった（図1－4）。

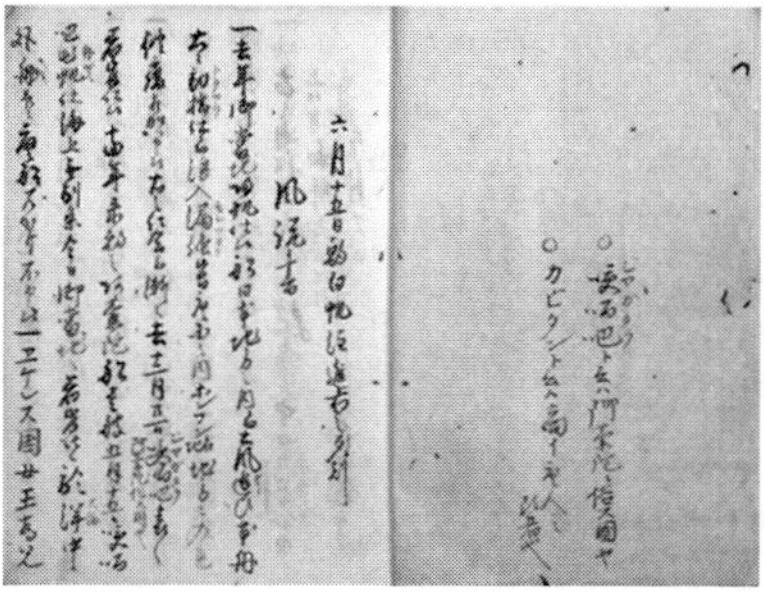

図1-4　風説書

「風説書」は、翻訳が完成するとただちに宿次《しゅくじ》（飛脚）で江戸の老中に届けられたが、宿次の出発はオランダ船の入港が未刻（午後二時）以前であればその日のうちに、以後であれば翌日というスピーディーなものであった（原田一九九九）。

それを可能としたのは、幕府により各大名に義務づけられた参勤交代制度であった。この制度は交通網や宿場町、地方の特産物の流通の発展、そして情報の全国化に大きな役割を果たしたのである。

(3) 中国・朝鮮の海禁政策

一方、中国では北方の異民族であった女真族《じょしん》(のち、満洲族)が一六一六年、後金《こうきん》を建設し、一六三六年国号を明から清と改めた。ホンタイジは皇帝を名乗るようになり、四四年に順治帝《じゅんち》が北京を占領し、明を滅ぼして中国を支配するようになる。これは、「夷《い》」が「華《か》」に取って代わったものと周辺地域には認識された。特に朝鮮は、「小中華思想」をもつようになり、正統儒教を守ることで「夷」とみなしていた女真族による清に精神的に対抗しようとした。また、日本も自らを「天の正道、大地の中枢を得る『中央の国』」と称するようになり、琉球や朝鮮に「朝貢」に似た義務を課すようになった。清朝初期、東アジアでは中心点の分散、華夷思想の重なり合う現象が見られ、東南アジアでも清朝との対等意識が芽生え、国民国家形成の素地を形成した。

しかし、康熙《こうき》・雍正《ようせい》・乾隆《けんりゆう》帝の三代にわたる一三三年の治世、清朝では経済が発展し、社会が安定し、人口が増え、台湾・新疆《しんきよう》・モンゴル・チベットなどを制圧し、その版図は最大となった。康熙帝は西洋の文化や科学を採り入れることに熱心で、中国文明と融合した豊かな文化を発展させたため、清朝は自らが中心点となる華夷秩序を再構築することに成功する。この時の清朝のGDPは、現在のレートに換算すると、当時世界最大で現在のアメリカに匹敵《ひってき》するといわれている。近代以降から現在まで中国の指導者が繰り返し「中華の復興」をかかげ、その目標としてきたのは、この時の中国であったといえる。

中国の海禁政策は、一三七一年の明の太祖の時代にさかのぼる。当初倭寇襲来の防御策として「海禁令」が出されたが、その後、密貿易が盛んとなったため、一五六七年海禁政策が緩和されたが、一六四四年清朝の中国支配が開始すると同時に、厳重な海禁政策が施行されるようになる。その最大の目的は、異民族支配（少数による多数の支配）を貫徹するため、海外からの情報を遮断することにあった。この点が徳川の「鎖国」と異なる。

康熙帝は海禁を一部解除し、広州、漳州《しょうしゅう》、寧波《ねいは》、雲台山の四港を開港したが、一七五七年、乾隆帝はそれを強化し、開港を広州一港に限定した。ここでの貿易は皇帝の許可をもらった「広東十三行」(2)と呼ばれる特権商人団（牙行《がこう》(3)―仲買商）が独占した。

清朝は、朝貢貿易体制をとっていたため、自ら積極的に貿易をおこなうことはしなかった。それを可能にしたのは、農業を中心とした自給自足の自然経済であった。中国においておこなわれていた朝貢貿易は、中国側からすれば「外国人に対する一種の恩賜《おんし》」であった。一七九二年、乾隆帝はイギリスのジョージ三世に宛てた勅書《ちょくしょ》のなかで、「天朝の物産は豊かで、ないものはなにもない。もともと外夷《がいい》の物を借りなくても有無を通じている。特に天朝で産する茶・磁器・絹は西洋各国および汝の国の必需品であるから、恩恵をもって授けることとする」と述べている。このような中国の国際感覚、すなわち中華思想が自由貿易体制と国際法にもとづく平等な国家関係の確立を目指していた西洋諸国との間に摩擦を起こすこととなっていくのである。

以上のような中国の国際感覚は、日本にも同様にみられた。江戸時代の儒学者、山鹿素行《やまがそこう》は一六六三年、「日本は天の正道にあたり、大地の中枢を得る「中央の国」であり、我が天下の富と土地の広さをもってすれば、外夷の物に頼らなくても自足できる」と書き記している。また、江戸末期幕府の外国事務担当の官員は、イギリス人に対して、「我々は何世紀もの間、他の世界から孤立していたが、我々自身のために必要なものはすべて生産してきた」と述べている。

朝鮮も開港地を釜山一港に限り、中国同様の海禁政策をとっていた。また、清朝が中国支配をするようになった後は、明朝を引き継いだ「小中華思想」を持つようになり、「二元的中華」の状態が見られた。しかし、中国にとって朝鮮はあくまでも属国であったため、そのような状態は、朝鮮の開国を遅らせる一因となったのである（森二〇一七）。

以上述べてきたように、近代以前の東アジアは共に制限的な対外政策をとっていたが、その目的と方法は大きく異なっていた。その相違点が次に来る「西洋の衝撃」をいかに受容するかの違いとなっていくのである。

註

(1) 国連の規定では「モンゴル」も東アジアに含まれるが、歴史的事件に登場した場合のみ取り上げる。「地域」とするのは、国連の規定では「台湾」を特殊な地域としているためである。「香港」は一九九七年、「マカオ」は一九九九年にイギリスとポルトガルからそれぞれ中国に返還されているが、形の上では「一国二制度」下にあるため、さまざまなデータが独立して出されている。

(2) 「十三行」といっても必ずしも一三あったわけではなかった。有名なものに「怡和行《いわこう》」「同文行」「仁和行」などがあった。

(3) 広州の牙行《がこう》たちのことを一般に「公行《こうこう》」と呼んだ。これは、外国人たちが用いた通称で、「Co hong」、すなわち「Cooperation hong-merchant（行商）」の略であった。

第2章　明治維新から日清戦争へ

1　近代以降の東アジアの国際関係

†「西洋の衝撃」と東アジア

東アジアの近代は「西洋の衝撃」によって幕を開けた。ここでいう近代とは、イマニュエル・ウォーラーステイン（Immanuel Wallerstein）の「世界システム論」に基づく「西ヨーロッパの歴史過程の様相である『近代資本主義』を、非ヨーロッパ世界に流し込む」作用によって達成されるものであった（藤田二〇一〇）。

産業革命を経たイギリスを初めとするヨーロッパ諸国は、世界に市場と原料、安価な労働力を求め、アジア・アフリカに進出した。彼らのいう文明とは、資本主義とそれを支える市民社会の

国	「西洋の衝撃」の内容	時期と経過	開国の状況	備考
中国	英国の制限貿易撤廃、対等な外交交渉権要求	1840年6月、アヘン戦争の勃発	1842年8月清朝の敗北による南京条約(不平等条約)の締結	広州・福州・厦門・寧波・上海の開港。香港島の割譲。多額な賠償金の支払
日本	アメリカの通商・開国要求	1853、54年ペリー提督の軍艦(黒船)来港	54年日米和親条約、58年日米修好通商条約(不平等条約)	下田・箱館の開港、神奈川(横浜)・長崎・新潟・神戸の開港、江戸・大坂の開市
朝鮮	英仏露が相次いで通商・開国を要求	1832〜62年。63年高宗は対外通商を厳禁	清朝との宗属関係を理由に開国を拒否していたが日本と76年日朝修好条規締結(不平等条約)	1870年日本で征韓論(武力による開国)が起きる。英露は日本による朝鮮の開国に期待。釜山、のち仁川・元山の開港

図2-1 「西洋の衝撃」と各国開国状況の比較（ここでいう不平等条約とは、関税自主権の喪失、領事裁判権（治外法権）片務的最恵国待遇をいう）

形成を指した。また、国際法による世界秩序の形成を目指した。新「世界システム」の「力」によるグローバル化は一九世紀後半から二〇世紀初頭にかけて精力的におこなわれた。この時代は帝国主義の時代と呼ばれ、「自らの力では進歩できない」とされた国や地域は「未開国」として植民地となり、その支配下に置かれることを余儀《よぎ》なくされた。

このような西洋型近代以外の近代が想定されなかった潮流の中で、東アジア諸国の「鎖国」状態は転換を迫られ、開国を余儀なくされていく（図2-1）。

†アヘン戦争と東アジア

(1) アヘン戦争

東アジアの国際関係を長く規定していた

華夷秩序は、イギリスの圧倒的な位相の上昇によって、その変容を迫られることになる。イギリスは、市場の潜在力が大きいと判断した中国との貿易の自由化と近代的な外交関係の構築を望んで何度も使節を送った。しかし、清朝はこれに応じようとしなかった。

イギリスでは産業革命によって生まれた中産階級が財力を持つようになり、食文化も変化していった。貴族だけではなく、新興の資本家階級の家でもお茶を楽しむ習慣（アフタヌーンティー）が生まれ、お茶の需要が急増していた。そのため、中国との貿易が必須となったのである。

第1章で述べたように、中国は外国製品には無関心であったため、イギリスの対中貿易赤字（銀の流出）は深刻となった。イギリスは、自国製品が中国で流通することに多大な期待をかけていたが、それは裏切られることとなった。貿易赤字を解消するため、イギリスはインド産アヘンを密貿易する手段に出る。そのため、中国ではアヘンが蔓延《まんえん》し、深刻な社会問題と銀の逆流現象が生じた。当時、清朝はアヘンの栽培と摂取を禁止していたが、一八三〇年にはアヘン密輸の量が一八世紀末の一〇倍に急増したため、その対策は急務となった。三九年アヘン問題対策の役割として欽差《きんさ》大臣に任命され広州に派遣された林則徐《りんそくじょ》がイギリスの商人から没収した二万二九一箱(1)にのぼるアヘンの箱に石灰を混ぜて海に投棄し、イギリス商人を閉め出したことにより、イギリス議会が出兵を決議し、一八四〇年、アヘン戦争が勃発《ぼっぱつ》した。

アヘン戦争はイギリスの勝利で終わり、一八四二年八月「南京条約」が締結された。この条約は、清朝が結んだ最初の不平等条約となった。特に「関税自主権の喪失」は、一九三〇年代まで解消されず、中国の民族産業の発展を阻害した。また、賠償金の二一〇〇万ドルは、当時の清朝の国家収入の三分の一に当たり、その支払のため増税が実行されたことによって農村が疲弊《ひへい》し、農民が流民化する現象が起きた。それが、太平天国運動の要因となっていく。

(2) アヘン戦争と「風説書」が日本に与えた影響

前述した「風説書」が日本の開国に大きな影響を与えたと思われる理由は、アヘン戦争の情報をつぶさに伝えたことにある。アヘン戦争の情報は「別段風説書」の中の「阿片風説書」として一八四〇年から四四年の間に一九件が残されている。ここでは清朝とイギリスが戦争に至った経緯、戦闘の状況、清朝敗北の原因、「南京条約」の内容等がほぼ正確に伝えられている。

このような「唐風説書」の情報をもとに、江戸の著名な学者であった塩谷宕陰《しおのやとういん》が一八四七年に編集、出版したのが『阿芙蓉彙文《あふようい ぶん》』であった。この冊子は、当時の日本の知識人たちに大変注目された。

当時江戸の学者たちは、清朝のアヘン戦争の失敗の原因を次のように分析した（王暁秋一九九一）。

①清朝政府の政治の腐敗と軍事力不足
②清朝の支配層が前時代的で世界の情報に疎く、外国の先進技術を学ぼうとせず、西洋諸国をいつまでも夷狄《いてき》と見なし、軽視したこと
③西洋の武器の優秀さ、優れた技術

この分析のもとに、アヘン戦争は「前車の覆《くつがえ》るは後車の鑑《かがみ》」であるという結論が出された。そして、いたずらに西洋と争うべきではなく、むしろ西洋の技術に学ぶべきであること、また、内政を改革する必要があることも主張されたのである。これにより、「優れた西洋、遅れたアジア」という国際認識が基本的に培われ、開国論の一つの理論的根拠となり、日本を「脱亜入欧」へと向かわせることとなった。このように、日本が「鎖国」をしながらも外国の情報収集に熱心で、「風説書」を編纂しつづけたことは、日本の近代史にとって重大な意味をもつといえる。

アヘン戦争は、アヘンの流入を阻止するために起こされた戦争であったが、南京条約にはアヘン禁止条項は入らず、一八五八年上海で開かれた中英税則会議でアヘン貿易の合法化が正式に認められたため、その後もアヘンは中国に入り続けた。蔣介石《しょうかいせき》が一九三〇年代に「禁煙運動（アヘン撲滅運動）」を全国規模で起こさざるを得ないほど、その影響は長く中国を蝕んだ。ちな

みに、最後の皇帝溥儀も西安事件を起こした張学良《ちょうがくりょう》もアヘン中毒で苦しんでいたのである。

一八五六年にアヘン戦争に続いて起きたアロー号事件（第二次アヘン戦争）は、英仏連合軍の出兵を招き、この時結ばれた天津《てんしん》条約では「外交使節の北京駐在」「内地旅行承認と揚子江《ようすこう》の解放」「キリスト教の公認」などが認められた。また、六〇年には北京条約を結ぶことになったが、このような一連の不平等条約は、アメリカ、ロシアなどの諸外国とも締結されることになり、孫文がいう「次植民地（植民地以下）」の状態に中国は陥《おちい》っていくことになる。

徳川幕府は、隣国中国で起きているこのような新しい波に敏感に反応し、幕府主導の開国に傾いていくのであった。

2 日本の明治維新と東アジア

†日本の開国

アヘン戦争から始まる東アジアのグローバル化は止めることができない速さで進んでいった。日本はアヘン戦争を「天が与えた前車の鑑」としようとし、イギリスが日本にも攻めてくるかもしれないとの危機感をもち、一八四二年それまで施行していた「異国船打ち払い令」を緩和して「薪水給与令《しんすいきゅうよれい》」を新たに出し、外国船に燃料と水・食糧を与えることにした。この目的は、外国との戦争が起きるのを避けることにあった。

このような中で、まずアメリカが捕鯨《ほげい》船や中国との貿易の寄港地として日本との通商を求め、一八四六年、アメリカ東インド艦隊司令長官・ビドル（James Biddle）が浦賀に来航した。幕府はこれを拒否したが、五三年アメリカはペリー（Matthew Perry, アメリカ東インド艦隊司令長官）をフィルモア（Millard Fillmore）第一三代大統領の使節として来航させ開国を迫った。ペリーは翌五四年、軍艦（いわゆる黒船）七隻《せき》を率いて再来航し、軍事的圧力をもって幕府に開国を迫った。この時日本とアメリカが結んだ条約が「日米和親条約」であり、日本の鎖国政策の終焉となったものである。また、五八年には「日米修好通商条約」が締結され、正式に貿易が開始された。

しかし、本条約は関税自主権の喪失、領事裁判権などが入った不平等条約であったため、反対派を押し切ってこれを断行した井伊直弼は、一八六〇年三月二四日、尊王攘夷派の武士たちによって暗殺されることになる（桜田門外の変）。日本においては、領事裁判権の撤廃は一八九四年、関税自主権の回復は一九一一年におこなわれたが、中国が治外法権を完全に撤廃するのが一九四三年、関税自主権の回復が一九三〇年代半ばであることを考えると、早かったといえる。

このようにして開国した日本は、公武合体派、尊王派、攘夷派、あるいは尊王攘夷派等に分かれ、内戦状態（戊辰《ぼしん》戦争）に陥るが、一八六七年一〇月一四日徳川一五代将軍慶喜が「大政奉還」を申し出、翌日朝廷はこれを受理し、一二月九日「王政復古の大号令」を発令した。ここで、徳川の支配は幕を閉じることとなる。

†明治維新——アジア近代化のひな形

（1）「五箇条の御誓文」

一八六八年一月一日の明治政府の発足により日本は新しい時代を迎える。新政府はスローガンとして「百事御一新」を掲げ、政治、経済、社会、外交、文化などのすべて新しくする改革に踏み切った。明治維新という言葉はこれを語源としている。新しく天皇となった明治天皇（祐宮睦仁《さちのみやむつひと》）は、一八五二年一一月三日生まれであったため、一六歳という若さであった。この時から「一世一代の制」が始まり、天皇が変わる度に元号が変わるようになった。

明治天皇は一八六八年四月六日、京都御所で天神地祇《てんじんちぎ》に誓約する形式をもって「五箇条の御誓文」(2)を発布した。これは、近代日本の方向性を決定したと言える。

一　広く会議を興し、万機《ばんき》公論に決すべし

※万機＝政治上の大切なこと、公論：public opinion

二　上下に心を一つにして、盛んに経綸《けいりん》を行なうべし

※経綸＝国を治め、整えること

三　官武一途、庶民に至るまで各々その志を遂げ、人心をして倦《う》まざらしめん事を要す

※倦まざらしめん事＝希望を失わせない事

四　旧来の陋習《ろうしゅう》を破り、天地を公道に基づくべし

※陋習＝古い習慣・考え、公道：共通の道理（国際法）

五　智識を世界に求め、大いに皇基《こうき》を振起《しんき》すべし

※皇基＝天皇による国家の基礎

明治政府は、天皇中心主義の基礎の上に立つ議会政治の重要性を広く知らしめ、グローバルな視点の導入を宣言した。ちなみに、この「五箇条の御誓文」は、一九四六年一月一日に昭和天皇が発布したいわゆる「人間宣言（新日本建設に関する詔書《しょうしょ》）」の冒頭にも出てくるため、意義深い。昭和天皇は、一九四五年九月二七日のダグラス・マッカーサーとの最初の会見でイギリスのような立憲君主制が理想と語ったと言われている。

（2）明治の三大改革

その後、明治政府はただちに三大改革に着手する。三大改革とは、①兵制の改革、②学制の改革、③税制の改革をいう。

①兵制の改革＝明治政府は一八七三年一月「徴兵令[3]」を発布した。これは、国民皆兵《かいへい》を原則とするもので、士族、平民にかかわりなく、満二〇歳に達した男子は徴兵の対象となった。明治政府は自ら統帥権《とうすいけん》を握り、天皇に直属する参謀《さんぼう》本部を設けることによって兵制を確立する。これは、天皇の兵士による軍国日本を形成する基礎となっていく。

②学制の改革＝明治政府は「一般の人民を文明ならしめるのは、『国家の富強安康』をもたらす」という考えのもとで、一八七二年「四民平等」「男女平等」の原則に立つ学校建設に着手し、その後義務教育制度を発足させた（「学事奨励に関する大政官布告」[4]）。当初、全国を八大学区に分け、各学区に大学校一、中学校三二、各中学区に小学校二一〇を設けた。これによって設立された小学校は全国で五万三七六〇校にのぼった。この制度が急速に実行できた理由には江戸時期の各藩における寺子屋、私塾、藩校などの教育重視の政策がもたらした識字率の高さがあったということができる。

③税制の改革＝明治政府は一八七三年七月にまず「地租改正条例」を公布し、本格的税制改

革に取りかかった。その骨子《こつし》は、課税の基準を不安定な収穫高から一定した地価に変更したこと、物納から金納に改正したこと、そして土地所有者を納税者と改めたことであった。この改革により、それまで不統一であった地租は、全国同一の基準で豊凶《ほうきょう》にかかわらず、一律に貨幣で徴収されることになった。近代的な租税体系が整い、近代国家建設の財政の基礎となる。

このような条件の下で政府は産業の振興に力を注いだため、日本の産業革命はスムーズに軽工業、特に繊維工業の分野で目覚ましい発展がみられた。日本は、ひたむきにヨーロッパ諸国の模倣をし、その模倣こそが近代化の証であると考えるようになった。明治においては、衣服、食生活、住居などの基本的な生活様式はもとより、思考、文化までもが急速に西洋化していったのである。このような明治維新と呼ばれる改革は、アジアの近代化のひな形になり、中国においても朝鮮においても「近代化＝日本化」の試みがなされていくのである。

3 福沢諭吉の「脱亜論」と朝鮮・中国の改革運動

†福沢諭吉の「学問のすすめ」

一九世紀後半は帝国主義の成熟期にあたり、西洋列強による世界分割が激しさを増した時期であった。特にアジアへの進出は激化し、中国分割ともいえる列強による勢力拡大の後、ロシア・イギリス・フランスなどは朝鮮に対する侵略行動を精力的に開始していた。「次は日本である」との危機感を高めていた日本が選択した道には、①隣国である中国と朝鮮に日本と同様の改革を期待し、共に西洋の侵略から東アジアを守る方法（興亜論）と②アジア、特に隣国である中国と韓国との区別化を国際的にアピールし、西洋の仲間入りをすることで西洋列強による侵略と分割を回避しようとする道とがあった（脱亜論）。時期によりその双方のオピニオン・リーダーとなったのが福沢諭吉であった。

福沢諭吉は一八三五年一月一〇日、大坂で下級士族（大分・中津藩士）の次男として生まれた（『福翁自伝』二〇〇二）。福沢は幕末の混乱の中でまず、蘭学を身につけようとし、一八五四年長崎においてオランダ語を習得するが、五九年横浜に出た際、ヨーロッパにおいてはオランダ語ではなく英語が主流であることを知る。このままでは西洋人とつきあうことができないと認識した福沢は、独学で英語を学び、一八六〇年一月から幕府の軍艦奉行にしたがって咸臨丸《かんりんまる》で渡米する機会を得る。また、六一年一二月からは幕府の遣欧使節の翻訳方としてヨーロッパ各国をまわる。さらに、六七年一月には遣米使節にしたがって再び渡米する。

これら三回の渡航を通して福沢は、世界には「万国公法（国際法）宗」という宗門があるが、実際には国家間は平等ではなく、「国威」盛んな欧米諸国と遅れた地域の国々は不平等な関係にあること、英国人が「土人」に接する状況は「殆ど同等の人類に接するものとは思われない」ことを目の当たりにする。福沢はこの結果、一国の「文明の立ち後れ」は国際的不平等の最大の要因になることを痛感するに至る。

その後、福沢諭吉の最大の関心事は、いかにして日本を「文明化し、富国強兵ならしめる」かに集中する。福沢はその方法を「学問」にもとめた。福沢がこの考えのもとに一八七二年、出版を開始した『学問のすすめ』は、「学制の改革」と時を同じにしたため、三五〇万部の一大ベストセラーとなり、福沢は「明治政府のお師匠様」、近代化提唱者の代表としての地位を確立する。このことが、福沢をして「明るい明治」を創出させた英明な知識人としての歴史評価をゆるぎないものとしたことは間違いない。

しかし、反面、福沢がアジア蔑視《べっし》を容認し、アジア侵略を正当化した外交政策を強行した

「暗い昭和」に繋がるレールを敷いた責任は免れない、という批判が根強く存在することもまた事実である（安川二〇〇〇）。例えば、福沢が一九八四年から発行された一万円札の肖像に選ばれた時、シンガポールなどで批判が起きた。では、なぜそのようなギャップが生まれたのであろうか。この点を明らかにするために、ここではまず『学問のすすめ』における教育論とそれに基づく国家論について見ていく。

同書は一八七二年二月から七六年一一月にかけて一編ずつ出版され、全一七編で完成している。「初編」の冒頭にある「天は人の上に人を造らず人の下に人を造らず」というフレーズは、日本の歴史教科書でも紹介される場合が多いが、同書を手にしたことのない人は、福沢がこの言葉を自ら語ったかのように誤解している。

福沢の論理展開は次のようなものである。すなわち、一般に「天は人の上に人を造らず人の下に人を造らず」と言われるが、それは真実ではなく、実際には「かしこき人あり、おろかなる人あり、貧しきもあり、富めるもあり、貴人もあり、下人もあり」で、「その有様雲と泥との相違」にも似た格差社会が存在しているのである。福沢はそのような差は、「学ぶと学ばざるとに由《よ》って出来るもの」であると断ずる。

福沢にとって、「学問」は出世のための唯一無比の手段であり、必要条件とされる。福沢は、「人の上に立つ」ために「学問」をしなくてはならないとすすめている。当然、「学問」をしない人は「人の下」に甘んじなくてはならない。福沢はそのような人は学問を修めた人に従わざるを得ないと主張する。これを「弱者切り捨ての論理」と見るかどうか。

また、次の二点をどのように解釈するかで福沢の評価は分かれるように思う。一つは、この論理を国家関係にも演繹《えんえき》したことである。すなわち、国際的に優位に立つために、もしくは先進国に肩を並べるために国家は「学問（近代化・科学技術の導入）」し、「富国強兵」に励む必要がある。それを怠る国は「貧弱なまま」で劣等国（三等国）としての道を歩まざるを得ない。そこに同情の余地はない。なぜなら、それはその国の「学び」が足りないからである。そして、これらの国々は当然優れた国に従うことになる。これは、ラドヤード・キップリング（Rudyard Kipling）の「白人の責務（the White Man's Burden）」など、「帝国主義の論理」に通じる考えである。

もう一つは、「学問」の目的には「本国のためを思うこと我家を思うが如くし、国のためには財を失うのみならず、一命をも抛《なげうち》て惜しむに足ら」ない国民を作り上げることがあり、「報国の大義」を全国に普及させることが重要であることを主張している点である（第三編）。

†朝鮮の改革運動挫折と「脱亜論」

福沢諭吉は、当初興亜論者であったといえる。そのため、一八五八年に自らの教育理念実践

図2-2　福沢諭吉（左）と金玉均（右）

のために設立した慶應義塾に一八八一年から朝鮮人留学生を受け入れ、近代化教育をおこなっていた。そのような中、翌八二年七月二三日、朝鮮の日本公使館が襲撃されるという事件（壬午《じんご》軍乱《ぐんらん》）が起きる。その背景には日本と朝鮮が一八七六年に結んだ「日朝修好条規」があった。この条約は朝鮮にとって近代国際法に基づく最初の条約であった。しかし、日本が朝鮮を独立国として理解したにもかかわらず、朝鮮はこの条約を華夷秩序の中の「自主」権の範囲で理解していた。また、その後の開化政策に対する反発が朝鮮内部には根強く存在したのである（森二〇一七）。

この事件は、朝鮮の謝罪という形で収まったが、その時の使節として訪日したのが朴泳孝《パクヨンヒョ》と金玉均《キムオッキュン》であった。この時二人は福沢と交流している。その後、朴と金は日本の明治維新に倣った近代化を目指すようになり、一八八二年二月から七月にかけて日本に遊学し、慶應義塾と興亜会に所属し、近代化政策を学んだ。帰国後、朝鮮で最初となる民間新聞『漢城旬報』を発行し、近代化を民衆に広めようとした。

このような朝鮮の日本型近代化の進行に危機を感じ、宗主国としての存在を誇示《こじ》しようとした清朝は、三〇〇〇名の兵士を漢城（現ソウル）に進駐させた。壬午軍乱後、朝鮮政府内部は、清朝との関係を基礎に近代化を推進しようとする事大党と日本の明治維新をモデルとして近代化を目指そうとした金玉均・朴泳孝たちの独立党との二大派閥に分裂した。

一八八四年一二月四日、金玉均たちの独立党は、清朝との宗属関係を清算し、国際法上の独立国になるべく、クーデターを起こした。これが「甲申政変《こうしん》」である。しかし、このクーデターは、清朝軍の介入により「三日天下」で終わることになる。首謀者の一部は日本に逃れ、金は福沢宅にかくまわれた。この時、朝鮮では関係者の一族がとらえられ、残忍な方法で処刑された。金の親族も惨殺された。それを知った福沢は、自らが発行し、主筆をしていた『時事新報』の一八八五年二月二三日と二六日号で「朝鮮独立党の処刑（前・後）」という記事を書き、朝鮮の執政党とその背後にいた清朝を激しく非難した。

このように、福沢は当初朝鮮と中国の改革運動に期待をかけ、興亜論を展開した。福沢が『時事新報』を創刊したのは一八八二年三月一日であったが、創刊号の社説は「朝鮮の交際を論ず」であり、いかに福沢が朝鮮問題に関心があったかがわかる。その背後には福沢の西洋列強によるアジア侵略への強い危機意識があった。福沢は、「西洋諸国の文明は日に進歩し、その文明の進歩と共に兵備もまた日に増進し、その兵備の増進と共に併呑《へいどん》の欲心もまた日に増進するは自然の勢い」である、と述べている。これに対抗するためには、アジアが一体となって共同で「西洋人の侵陵《しんりょう》」を防ぐ必要がある。しかし、同盟国となるべき朝鮮と中国の「文明化は遅鈍である」から、このままではこれを防ぐことはできない。

ここから福沢の危機意識は、アジアの「文明化の遅鈍さ」に向かう。隣国の独自の「文明化」を待っていては「日本自体の類焼を予防する」ことができないと主張する福沢は、「我日本の国力を以《もつ》て隣国の文明を助け」ることは、「我日本の責任という可《べ》きもの」であるとの結論に達する。そして、「武力を用いてもその進歩を助け」ようとすることもまたやむを得ないこととする。その方法は、「我国に倣って近時の文明を興せしむるの外な」いのであった。ここにはアジア型近代化の図式が明確化されている。すなわち、日本における「近代化＝西洋化」、そしてアジアにおける「近代化＝日本化」の図式である。この担い手として、福沢は朝鮮の改革派に大きな期待をかけたのである。

一方、「脱亜論」は一八八五年三月一六日の『時事新報』に掲載された社説である。この時点で福沢はすでに朝鮮・中国独自の改革には見切りを付けていたということができる。福沢は、ここで日本がアジアにあって「新たに一機軸を出して主義とする所は、唯脱亜の二字にあるのみ」であると言い切る。その理由として、日本は東アジアに位置しているが、「其の国民の精神は既に亜細亜の固陋を脱して西洋の文明に移」っていることを挙げている。そして、アジア的なものを「固陋《ころう》（頑なに古いものに固執し、新しいものを入れない）」ものであると断定している。

このような認識から、福沢は日本にとって、「然るに不幸なるは」近隣に中国と朝鮮があることであると述べる。なぜなら、両国は「改進の道を知らず」、「交通至便の世の中」にありながら、「政教風俗」において文明を取り入れず、旧態依然のままであるからである。このままの状態では「今より数年を出ずして亡国と為り、其の国土は世界文明諸国の分割」となることは必至であると主張する。

そして、最後に日本は今後「西洋の文明国と進退を共にし、其の朝鮮に接するの法も隣国なるが故にとて特別の会釈に及ばず。正に西洋人が之に接するの風に従て接するべき」であり、「心に於《おい》て亜細亜《あじあ》東方の悪友を謝絶するもの」であると述べている。これは、まさに「脱亜入欧」宣言ともいうことができる。

金玉均は一八九四年三月二八日、上海で閔妃《ミンビ》と事大党が放った刺客《しかく》に拳銃で暗殺され、遺体は朝鮮に運ばれ、八つ裂きにされたあげくに各地でさらし者にされた。それを知った福沢が激しく嘆き、その後起きた日清戦争を「文野の戦争（人と人、国と国との戦いではなく、文明と野蛮の戦いである）」（『時事新報』一八九四年七月二九日）と定義づけたのには、そのような背景があった。

4　洋務運動と日清戦争――東アジアにおける華夷秩序の崩壊

†洋務運動

アヘン戦争後の重税の中で、中国では農民が流民化する現象が生まれた。その中で起きたのが太平天国運動である。指導者であった洪秀全《こうしゅうぜん》は一八五三年三月一九日、南京を占領して天京と改め、太平天国の設立を宣言した。この運動の鎮圧のため、清朝は正規軍（満洲八旗）のみでは困難であると判断し、ついに満洲族ではない漢民族による新軍（湘軍《しょうぐん》、淮軍《わいぐん》、楚軍《そぐん》など）を創設することになる。

中国最初の改革運動となる洋務運動は、これらの新軍の指導者たちが起こしたものである。太平天国は一八六一年六月一日の洪秀全の死後弱体化し、七月一九日に天京が陥落《かんらく》して滅亡したが、湘軍の曾国藩《そうこくはん》、淮軍の李鴻章《りこうしょう》、楚軍の左宗棠《さそうとう》などは、太平天国鎮圧の功績で清朝における発言権を獲得する。彼らは太平軍との戦闘の過程で外国の武器の優秀さを知り、外国から近代的技術を導入する必要性を痛感する。

清朝においては伝統的に外国との交渉事を蔑称で「夷務《いむ》」と呼んでいたが、天津条約でこの通称が使えなくなると、以後対外事項を「洋務」と称するようになった。洋務運動のスローガンは「中体西用」であったが、根幹となる伝統的思想・文化・政治体制を西洋の科学・技術を用いて補完・維持しようというものであった。

洋務運動は清朝が対外交渉に関する事項を処理するため一八六一年一月に創設した「総理各国事務衙門《がもん》」（外務省にあたる）が中心となって展開された。まず初めに、清朝は対外交渉をおこなう外交の専門職を養成するために六二年一一月北京に「京師《けいし》同文館《どうぶんかん》」、六三年三月には上海に「広方言館」を創設した。七二年にはここの学生をアメリカに派遣するなどして人材の育成に力を入れる。すなわち、このように中国の改革運動は、明治維新よりも早く開始されたのであった。

洋務運動によって中国には武器・弾薬、造船、造艦、鉄鋼、コンビナートなど重工業中心の近代的工場、銀行、鉄道、および学校が次々と建てられていく。これらの新しい施設はほとんどが官営であったために、建設費は民衆への増税となってはね返った。清朝は新たに商品通過税である「厘金《りきん》」を創設し、また建設費の多くを諸外国からの借款《しゃっかん》でまかなおうとした。このことは諸外国の中国へのさらなる介入を招くこととなる。

このような清朝の体制内改革は二つの外国との戦争で破綻していく。それは、一八八四年のフランスとの戦争と九四年の日本との戦争であった。これら二つの戦争は中国がながく宗属関係を続けてきたベトナムと朝鮮の「独立」を争うものであり、東アジアにおける華夷的世界秩序の存亡をかけた戦いであった。清仏戦争はフランスの勝利で終わり、ベトナムの独立が決定する。清朝は、その後朝鮮を守るべく介入を強めていく。

†日清戦争――戦争の原因・経過・下関条約

一八九四年三月、朝鮮の全羅道《チョラルド》で重税にあえぐ農民が蜂起した。当時南部朝鮮一帯に流行《はや》っていた秘密結社・東学教団(5)は散発的であった農民反乱を指導し、糾合していく。そのため、この農民反乱は「東学の乱」「甲午農民運動」とよばれ、指導者は、全琫準《チョンボンジュン》であった。彼らは、日本と西洋を排斥《はいせき》して義兵として立ち上がろうと、農民たちの蜂起を促した。

農民運動の鎮圧に窮した事大党は、宗主国である清朝に出兵・援軍を要請する。この清朝の出兵は日本にとって絶好の朝鮮出兵の口実をつくる。日本は公使館・領事館および在留邦人保護のため、六月二日混成一個旅団の朝鮮派遣を閣議決定する。この時は第二次伊藤博文内閣で外相は陸奥宗光であった。

一八九四年六月一六日、日本政府は清朝に対し、①日清両軍による共同での反乱鎮圧、②日清両国委員による朝鮮内政改革、③改革成功までの駐兵、の三項目を提案した。この提案は宗主国である清朝には容認しがたいものであったためこれを拒否したが、内政改革実現まで撤兵しないことを伝えた。日本は七月二〇日、清朝との宗属関係の解消などを要求する「最終文書」を朝鮮政府に手渡した（期限二二日）。

日本は七月二三日未明、朝鮮王宮を武力制圧して閔《びん》氏勢力を封じ込め、国王高宗の父・大院《たいいん》君《くん》をかついで閔《ミン》氏政権を転覆する。大院君は、国王の名義をもって二五日清朝との宗属関係を破棄し、日本に清軍の排除を依頼する。それを受け、日本は八月一日清朝に対して宣戦布告した。日清の開戦に際し、欧米列強は中立の立場をとった。諸外国は中国の優勢を確信していたといわれる。しかし、大方の予想に反して戦局は日本に有利に展開した。特に陸上戦において平壌会戦を制し、海戦において中国の誇る新設の「北洋」「定遠」「鎮遠」の連合艦隊を破ったことは日本にとって大きな勝因となった。

日清戦争の講和交渉のため、一八九五年三月二〇日、直隷《ちょくれい》省総督兼北洋大臣となっていた李鴻章が全権大使となって、随員一二五名と共に来日して本格的に開始する。華夷的世界秩序を長年にわたって維持し続けてきた中国にとって、自ら外交交渉に出向くこと自体歴史的屈辱であった。講和交渉は赤間関《あかまがせき》（現・下関）の料亭・春帆楼《しゅんぱんろう》でおこなわれた。日本側の全権大使は伊藤博文と陸奥宗光であった。三月二四日、李鴻章が講和に反対する慶應義塾の福沢の一門下生に至近距離から襲われ、負傷するという事件があったが、四月一日から講和条約交渉が開始されたのである。

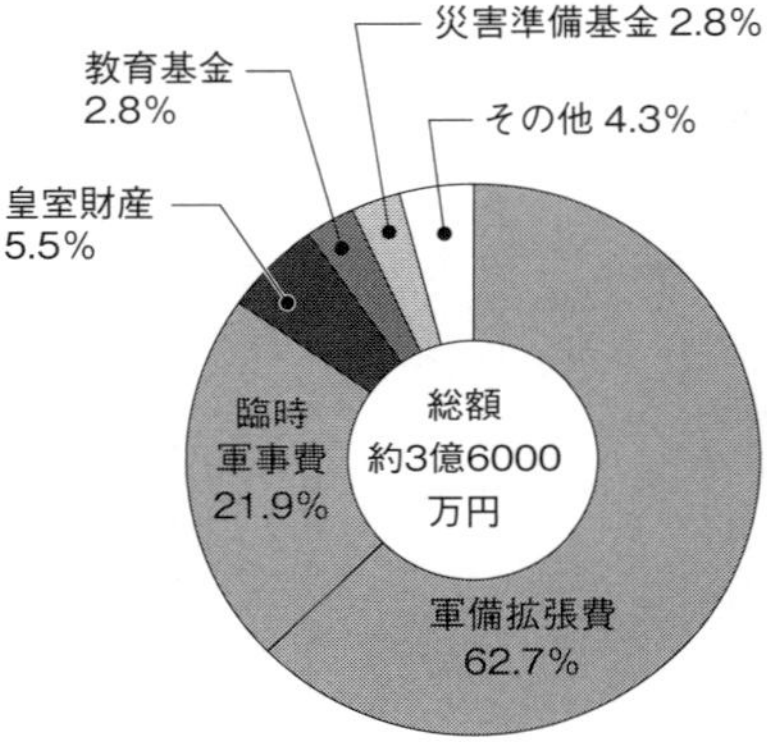

図2-3　日清戦争で得た賠償金の使い道の内訳

日本側が中国に提示した講和条件は、①朝鮮の「独立」の承認、すなわち清朝と朝鮮の宗属関係の解消、②遼東《りょうとう》半島[6]および台湾・澎湖《ほうこ》島の割譲、③清朝の通貨であった「庫平銀《こへいぎん》」による二億両（テール）[7]の賠償金の支払い、④日清通商航海条約の締結、⑤沙市《さし》・重慶・蘇州・杭州の開市・開港、⑥租界における治外法権の承認、そして⑥中国国内における工場敷設権の承認などであった。日清講和条約（下関条約）は四月一七日に締結された。

この下関条約により、日本は欧米諸国と同様の条件をもつ不平等条約を隣国中国に認めさせ、帝国主義列強に匹敵する権利を中国国内に持つようになる。日本はこれにより朝鮮を植民地支配する基本的条件を得た。また、日本はこのとき得た賠償金で銀本位制から金本位制に切り替えることができ、世界の金融市場に参入する条件を整える。同時にそのほとんどを軍備増強に使用し、軍国日本への足がかりを得る（図2-3）。ちなみに、工場敷設権の獲得は列強にも認められたため、諸外国の中国への経済進出を激化させ、中国の「次植民地」状態を加速させることとなった。

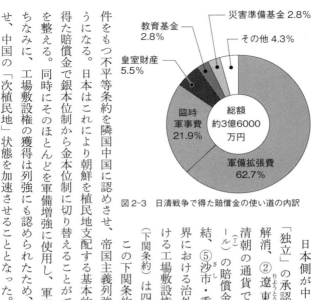

†台湾の領有——植民地支配の開始

台湾は欧米ではFormosa《フォルモサ》（ポルトガル語の「美しい島」）と呼ばれる。中国の元朝の時に二度台湾遠征が企てられたが、いずれも失敗し、その後は倭寇の根拠地となっていた。一六二四年になってオランダが台南にゼーランディア（Zeelandia）城（別名安平城、紅毛城など）を建設し、全島を占領し、東インド会社の拠点とした。

一六六一年、明の遺臣・鄭成功《ていせいこう》がオランダ人を追放して独立政権を樹立したが、八三年、清朝が鄭氏を滅ぼして占領し、台湾府を設置して統治を開始する。一八五八年の天津条約で開港し、洋務運動の一環として電線・道路の敷設、特産物の樟脳《しょうのう》・精糖・製茶などの振興がはかられた。一八八五年、清朝は台湾省を設置して、直接統治を開始したが、初代巡撫《じゅんぶ》に任命された劉銘伝《りゅうめいでん》は近代化政策実施のため土地の調査などを積極的におこなっていた。

下関条約締結時、李鴻章は台湾と澎湖島の割譲に最後まで抵抗したが、日本は軍事上、また資源獲得の観点からこれを譲らなかった。一八九五年五月一〇日、伊藤博文は海軍大将であった樺山資紀《かばやますけのり》を初代総督に任命して台湾総督府をおき、植民地支配を開始した。しかし、台湾割譲に怒った住民が抵抗運動を起こし、台湾巡撫であった唐景崧《とうけいすう》が台南で台湾民主国を樹立して、激しく抵抗したため、全島を征服したのは一八九五年一〇月半ばになってからであった。その後九七年の台湾総督府官制により統治は軍政から民政に完全に切り替えられた。九八年第四代総督（二代目・桂太郎、三代目・乃木《のぎ》希典《まれすけ》）となった児玉源太郎の下で民政局長（のち民政長官）となった後藤新平が就任してからは、本格的な「植民地統治の練習地」としての支配がはじまる。彼らは劉銘伝がおこなった近代化政策を継承し、鉄道・道路・港湾の建設、拡張をおこない、基幹産業である樟脳の保護育成をおこなった。

また、暑い台湾の気候を考え、道路を広くとり、道の真ん中に街路樹を植え、日陰を作り、下水道を完備し、衛生状況を改善させた。医師でもあった後藤は、台湾に近代的な病院と医学校（台湾総督府医学校：現台湾大学医学部）を建設し、風土病であったペストやマラリア撲滅に邁進《まいしん》した。さらに、アヘン吸引の禁止に関しては、急速におこなわず、まずアヘンに高額の税をかけて、購入しにくくすることで、常習者が徐々に減少する方法をとった。さらに、サトウキビやサツマイモの普及と改良に大きな成果を残していく。

5　日清戦争後の中国

†変法運動

一八八四年の清仏戦争、九四年の日清戦争は清朝の弱体を露呈した。その後中国は「日本化」による「近代化」に踏み切る。それがいわゆる変法《へんぽう》運動である。変法運動はまず洋務運動への反省と批判から開始された。洋務運動が清朝の高級官僚によって指導された運動であったのに対して、変法運動は中級および下級の官僚によって起こされた運動であった。

変法運動の中心人物は康有為《こうゆうい》であった。康有為は広東省で科挙により挙人となるが、都に上ることは叶わず、地方の役人となった。康有為は早くから洋務運動に疑問をもち、日本の明治維新を高く評価していた。康有為が着目したのは日本の「変法」、すなわち制度改革であった。

康有為は一八八八年、一回目の「上書《じょうしょ》（皇帝への進言）」をおこなう。この時の「上書」は完全に黙殺される。その後も康は「上書」を続け、その回数は都合六回にいたる。四回目の「上書」が時の皇帝・光緒帝《こうしょてい》の手元に届いたのは、一八九五年五月のことであった。これは、一八省一〇〇〇余人の挙人の名を連ねたものであり、「公車上書」と呼ばれる。(8) ここでは、このままでは中国は列強によって分割統治される危険があるので、富国強兵のために資本主義を導入し、外国留学を促進し、教育を充実することなどが主張された。また、第五次「上書」の時は、明治維新を論じた『日本明治政変考』を著している。

光緒帝が康有為の「上書」を取り上げたのは、第六回目のことであった。光緒帝は伯母である西太后《せいたいごう》と咸豊帝《かんぽうてい》の子である同治帝《どうちてい》の死後、一八七五年、わずか四歳の時に位についた。それ以後実権を握ったのが西太后であった。光緒帝は一八九八年二七歳になって初めてこのような状況を覆し、自ら政治をおこなうべく、康有為の改革案を採用したのである。

一八九八年一月の第六次「上書」には、

①日本の明治維新に倣い、変法をおこなうこと
②「上書」の自由を認め、優秀者を抜擢すること
③制度局を新設して政治機構を改革すること
④科挙のための旧態依然とした教育制度を改め、新式学校を創ること
⑤君主専制の政治制度を改めて議会制を導入すること

などが主張されていた。

光緒帝は同年六月一一日この康有為の「上書」を大幅に取り入れた「変法の上諭」を発布した。それは、一般に「光緒の新政」「戊戌《ぼじゅつ》の変法」などと称される。主な内容は以下の通りである。すなわち、

①科挙の廃止

②日本の学制に倣った京師大学堂[9]以下新式中小学堂の設立
③官制の改革（無駄の根絶・役人の整理）
④新式軍隊の整理
⑤翻訳局の開設（外国との交渉ができる人材の育成）
⑥新聞の発行（『時務報』を政府の機関紙とする）
⑦「上書」の自由

などであった。

これらの政策は日本の明治維新を模倣して作成されたものであり、多くの点で共通する。しかし、決定的な違いがある。それは、康有為が主張した議会の創設が謳《うた》われていなかったことであった。その意味では「光緒の新政」には限界があったといわざるを得ない。光緒帝はこれらの政策を実行にうつすため、康有為と同時に梁啓超《りょうけいちょう》、黄遵憲《こうじゅんけん》、譚嗣同《たんしどう》らの変法派の官僚を採用した。

このような新政に対して、西太后を中心とするいわゆる守旧派は激しく反対し、変法派に欠けていた軍事力を集中することで変法派を孤立させ、ついに同年九月二一日、クーデターを起こして光緒帝を幽閉し、変法派を逮捕する。中心人物であった康有為と梁啓超は日本に逃れて、大隈重信や犬養毅の支援を受け、改革運動を継続する。しかし、譚嗣同らは二八日処刑されたため、変法派は壊滅的な打撃を受けた。その後西太后は皇帝の名をもってすべての改革を停止することを通告する。この事件を一般的に「戊戌の政変」という。また、光緒帝らの改革はちょうど一〇〇日で終わったため、「百日維新」とも呼ばれる。

†義和団事件

あくまでも改革に反対していた西太后と守旧派の側近グループに政策転換を余儀なくさせたのは、義和団《ぎわだん》事件であった。義和団とは、山東省に発生した白蓮《びゃくれん》教の分派である八卦《はっけ》教系の秘密結社をいう。一八九八年天災が頻発し、流民が大量に発生すると、それを吸収して巨大化した。彼らは社会が混乱し、貧しくなったのは外国侵略が原因であるとして、西洋の象徴であるキリスト教会を襲うようになる。それを当時は仇教《きゅうきょう》運動と称した。

一八九九年になると、仇教運動の組織の一つ、義和拳《ぎわけん》は大規模な排外運動を起こすようになる。その後義和拳が「扶清滅洋《ふしんめつよう》」をスローガンとして掲げると、清朝は「団」の名を付与して義和団とし、半合法化する。義和団は次第に山東以外にも波及し、各地で排外運動を繰り返すようになる。そして、ついに四月六日天津・北京を占拠する。これに対して列強は六月一〇日、自国民保護のため八カ国（英・露・仏・独・米・墺・伊・日）が連合して出兵した。その状況を見た西太后は、義和団の力を利用して一気に外国勢力を駆逐しようとし、列強に対して宣戦布告をおこなう。それは、一九〇〇年六月二一日のことであった。

日本は公使館書記生が殺害されたことを理由に、八カ国のなかでも最も積極的に出兵し、その主力となった。日本にとって、この時の出兵は列強の仲間入りをする絶好の機会であると認識された。日本はここで貢献することによって、中国における列強と同等の権益と地位を得ようとし、義和団平定後も最も長く北京に駐留し続ける。

八カ国連合軍は八月一四日北京を占拠し、西太后は翌日光緒帝を連れて北京を脱出し、西安に逃れる。翌一九〇一年九月七日に結ばれた「辛丑《しんちゅう》条約」（北京議定書）は不平等条約のとどめを刺すものとなった。この条約は八カ国に加えてスペイン、ベルギー、オランダも参加し、合計一一カ国と締結された。その内容の主要なものは以下の通りである。

①外国人を殺害した都市の科挙を五年間停止すること
②四億五〇〇〇万両を、関税と塩税を担保にして三九年賦（年利四分）で支払うこと
③公使館区域を定め、その防衛のため外国軍を常駐させること
④大沽《たいこ》砲台、および北京と海岸にいたる間の砲台を撤去すること
⑤中国人が排外活動に参加することを、永久に禁止すること

などであった。

賠償金、四億五〇〇〇万両は天文学的な数字であり、当時の清朝の歳入の一〇年分以上にあたった。この支払いは清朝の財政を壊滅的な状況へと追い込んだ。また、科挙の停止などは、完全な内政干渉であったし、特に、外国軍の常駐と防衛上必要な砲台の撤去は、まさに清朝が「洋人の朝廷」となったと揶揄《やゆ》されるにあまりあるものがあった。義和団事件は、中国を「次植民地」状態に陥れる決定的事件となったのである。

†西太后の制度改革と留日ブーム――「学び舎」としての日本

西太后とその側近グループはここに至って初めて、改革の必要性を痛感するようになる。一九〇一年一月、西太后は逃亡先の西安で制度刷新に関する上諭《じょうゆ》を発した。ここでは光緒帝の「百日維新」において提唱された改革案のほとんどすべてが復活されたのである。

西太后の改革案は清朝にとっては思い切ったものであったが、民間からは根本的な改革ではないという強い不満が出された。そのため、西太后は「百日維新」では提唱されなかった立憲君主制への移行を決意し、五大臣を一九〇五年七月、西洋各国に派遣し、同年九月、ついに改革案にとどまっていた科挙を廃止することを発表した。また、翌年九月には「予備立憲」の上

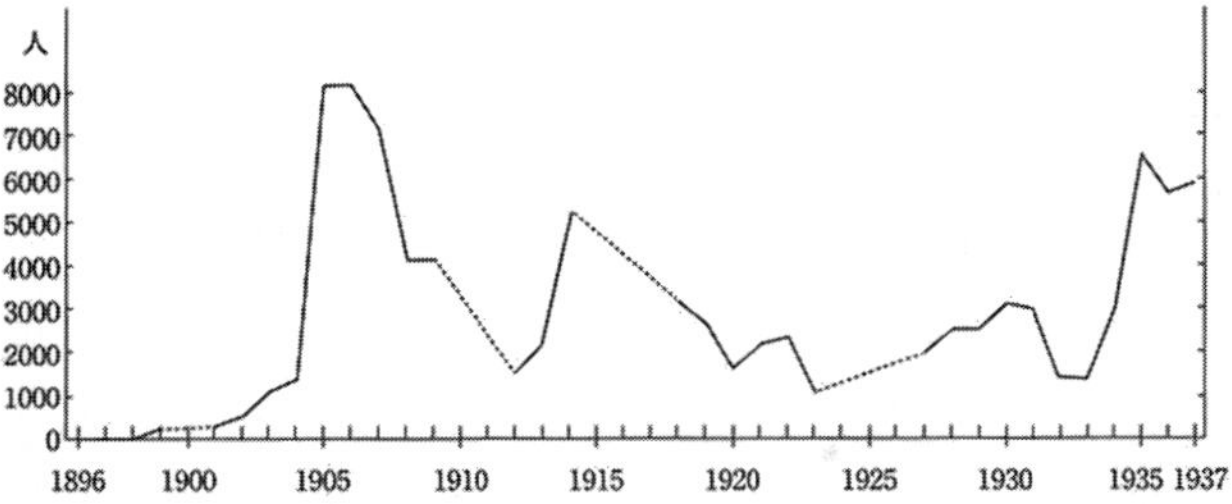

図2-4　中国人留日学生数の推移（さねとうけいしゅう『中国人日本留学史』くろしお出版、1981年をもとに作成）

論を発し、立憲の準備にかかるのであった。

このような中国の制度改革の中、留学ブームが起きた。一九〇五年はちょうど日本がロシアとの戦争に勝利した年でもあったため、多くの学生が軍事、医学、経済、科学技術などを学ぶために留日した。

前述した康有為は、変法の担い手を養成するため、日本への留学を積極的に推進しようとした。それと時を同じくして、洋務派の代表的人物で高級官僚であった張之洞《ちょうしどう》もまた日本留学の必要性を主張していた。張は、一八九八年に『勧学篇』を著して、ドイツ流の軍事技術の場として日本を選び、日本留学を推進していくことを決定する。張之洞は『勧学篇』外篇の「遊学」に、「出洋（留学）一年は西書を読むこと五年に勝《まさ》る」「外国学堂に一年入るは中国学堂三年に勝る」と述べた。また、日本留学は渡航費が安いため、同じ費用で派遣する人数を増やせる上に、日本語と中国語が漢字文化圏で共通しており学習しやすいという利点を挙げた。

すなわち、清朝末期においては洋務派、変法派共に日本留学を政策として推進していく状況が生まれた。その後、清朝が一九〇五年に科挙の廃止を決定すると、科挙に代わる「学び舎」としての日本留学がさらに重要となり、官費留学だけでなく、自費留学生も一気に増え、その数は年間八〇〇〇人を超し、戦前のピークとなった（図2-4）。ちなみに後に中国国民党の指導者となる蒋介石《しょうかいせき》、汪精衛《おうせいえい》（兆銘）、胡漢民《こかんみん》などもこの時の留日ブームに乗って、留学している。日本は、このような留学生を受け入れ、近代的な教育をおこなうことで、中国の近代化に期待をかけたのである。

註

（1）一箱にはアヘンが六〇kg入っていた。アヘンは当時一kg二〇ドルで取引されていた。したがって、一箱は一二〇〇ドルであった。当時の清朝の一年間の国家収入が約六〇〇〇万ドルであったことから換算すると、林則除の投棄したアヘンの総額は、その四割にあたる。それまで中国からはそれだけの額の銀貨がイギリスに流れていたことになる。このことは、銀貨の高騰を招き、農民に増税として跳ね返り、農村疲弊の原因となった。

（2）「五箇条の御誓文」は参与であった由利公正《ゆりきみまさ》・福岡孝弟《ふくおかたかちか》が起草・修正し、木戸孝允が加筆・修正して完成し、副総裁の岩倉具視に提出したものであった。

（3）「国民皆兵」の方針は版籍奉還直後から大村益次郎によって立案され、山県有朋によって具体化された。当初は戸主・嗣子・養子・官吏・学生（官立・医学部のみ）・代人料（二七〇円）を払った者は免役されたが、その後改正が加えられ、免役規定を縮小して「国民皆兵」の義務を強化した。

（4）ここでは「一般の人民（華士族農工商及婦女子）必ず邑に不学の戸なく、家に不学の人なからしめん事を期す」とあり、「人の父兄たる者」に「其子弟」を「学に従事」させることを義務づけた。これは、日本の義務教育の理念の基本となった。

（5）「東学」とは「西学（キリスト教）」に対する東方、朝鮮の学の意味である。一八六〇年に崔済愚《チェジェウ》によって創始された新興宗教である。伝統的な民間信仰を基礎に、儒教・仏教・道教の教えをとり入れた独自の教義をもつ。西洋や「西洋化」した日本から押しつけられる近代化に反発した。

（6）遼東半島はいわゆる「三国（露独仏）干渉」（四月二三日）への対応として、日本は一八九五年五月四日代償金三〇〇〇万両で清朝に返還することを閣議決定した。

（7）二億両は当時のレートで日本円三億一〇〇〇万円にあたり、日本の国家歳入の二年半分にのぼった。賠償金は七ヵ年割賦で支払われた。

（8）「公車」とは、北京に上り、科挙試験を受けた挙人の別称である。

（9）京師大学堂は北京大学の前身である。

第3章 韓国併合・辛亥革命と東アジアの変動

1 韓国併合——植民地支配と抵抗の開始

†日清戦争後の朝鮮情勢

東アジアの一九一〇年代は、激動の時代となった。この時代に起きたことが、現在も続く歴史認識問題の遠因となったことは否めない。特に、朝鮮の植民地化は、対日歴史認識問題だけではなく、朝鮮半島の分断化という現状につながる問題でもある。

原朗《はらあきら》が『日清・日露戦争をどう見るか』で指摘するように、日清戦争同様、日露戦争の背景には「朝鮮の支配権をめぐる」対立があった。韓国併合は一九一〇年であるが、日本の朝鮮支配政策は、日清戦争以前から着々と進められていた。当初の計画は、清朝の影響下から朝鮮を独立させ、親日政権による日本型の近代化を推進することで、日本の影響下に置くことにあった。

前章で述べたように、日本は清朝に宣戦布告する直前の七月二三日、朝鮮王宮を占拠して、閔妃《びんひ》《ミンビ》（明成皇后）一派を廃して、大院君を擁立《ようりつ》する。しかし、下関条約に露独仏の三国が干渉し、遼東半島の返還が決まると、閔妃一派はロシアに接近して親露政策をとり、日本の影響を除こうとした。この時、朝鮮は第二次金弘集《キムホンジプ》内閣であった。金は一八九四年から科挙の廃止、断髪令などを次々と出したため、「小中華思想」をもつ守旧派の反発を買ったが、その時朝鮮公使であった井上馨と共に親日的な改革を推進しようとした。しかし、この改革は再び閔妃派が勢力を盛り返したことで、失敗に終わる。

井上に代わり一八九五年、朝鮮公使となった三浦梧楼《みうらごろう》は、この事態を打開すべく、一〇月八日、兵士を伴い王宮（景福宮）に侵入して大院君を擁してクーデターを起こし、閔妃を殺害し、遺体を運び出して焼き捨てるという暴挙に出る。この事件は、アメリカ人の教官とロシア人顧問に目撃されていたことから、国際問題となり、日本は三浦を解任して召還することで、事件の沈静化を図った。この事件後、親露派は後退し、金弘集が第四次内閣を発足させるが、民衆の反日感情は悪化し、九六年一月には大規模な「義兵運動」が起きた。金は、軍隊を派遣してこの運動を鎮圧しようとしたが、その間に親露派がクーデターを起こし、国王高宗をロシア公使館に移し、親露政権を樹立した。金は殺害され、親日派は日本に亡命する。

その後、高宗は一八九七年二月、宮殿に戻り、同年一〇月皇帝となり、国号を「大韓帝国（以後、韓国）」とすることを発表した。その後、独立協会派（元開化派系）と親露派の対立が激しくなった。独立協会派は、近代的な立憲君主制を目指して、「万民共同会」を組織し、ハングルだけで書かれた初めての新聞である『独立新聞』を発行するなどして、民衆に文明開化の必要性を訴えた。このような動きに対して、高宗は九八年一二月に強制的に独立協会と万民共同会を解散させ、九九年皇帝専制を保証する憲法「大韓国国制」を公布し、独裁を強化したのであった。

†日露戦争と東アジアの国際関係

ロシアは韓国に対する影響力を強めると同時に、満洲、遼東半島の支配に対して、積極的な行動をとるようになる。一九〇〇年七月、ロシアは義和団事件への八ヵ国出兵の際、満洲に単独出兵して占領し、日本に韓国の中立化を提案したが、日本にとって、これは受け入れられないことであった。

このようなロシアの満洲、韓国に対する積極策に対して、日本ではイギリスと同盟関係を結んで対抗すべきとする意見が強くなる。対ロシアで利害の一致を見た日英両国は、一九〇二年一月、ロンドンで「日英同盟協約」に調印した。日本にとって、長年「栄光ある孤立」を守ってきた大国イギリスとの同盟は大変光栄なことと歓迎された。また、アメリカがこの同盟成立直後にロシアの満洲独占に強く抗議したことも日本の追い風となった。

ロシアは、満洲独占を合法化しようと清朝に圧力をかけ、条約締結を迫ったが、日米英の反対と中国における「拒俄《きょが》運動（反ロシア運動）」が起きる。「拒俄運動」は日本の留日学生の間でも激しく展開された。このようなロシアの野心を削ぎ、満洲と韓国に対する日本の影響力を確立するために起こされたのが日露戦争であったといえる。

日露戦争の結果、一九〇五年八月にアメリカのポーツマスで結ばれた条約では、

①ロシアは、大韓帝国における日本の政治上・軍事上および経済上の利益を認め、日本の大韓帝国に対する指導、保護および監督に対し、干渉しない

②旅順、大連およびその周囲の租借権に関連して、ロシアが獲得した一切の権益・財産を日本に移転交付する

③長春・旅順間鉄道とその支線およびこれに附属する一切の権益・財産、鉄道に所属する炭坑をロシアより日本に移転交付する

④ロシアは、北緯五〇度から南のサハリン、すなわち南樺太《からふと》を日本に譲渡する

などが決まった。

これにより、日本は韓国に対する圧倒的優位な国際的な地位を得ると同時に、旅順・大連を支配下に治め、満洲支配の足がかりとなる南満洲鉄道（満鉄）を獲得した。ポーツマス条約に対しては、賠償金がないこと（ただし、戦争に費やされた実費は払い戻された）などに不満をもつ民衆が暴動（日比谷焼き討ち事件）を起こしたが、東アジアへの本格的な進出という視点から見れば、その効果は大きかったといえる。

図3-1　初代統監・伊藤博文（中央）

†韓国併合

一九〇四年八月、日本は第一次日韓協約を結んで財政・外交に関する日本人の顧問を政府に任用させることを認めさせた。翌年一一月、伊藤博文を特使として派遣し、第二次日韓協約を締結して一二月に韓国統監府を設置した。伊藤は初代統監に就任した（図3－1）。ここから韓国は外交権を失い、保護国化が進んだことになるが、このような状況に怒った民衆は各地で激しい義兵運動を起こすようになる。

さらに、一九〇七年七月には第三次日韓協約が成立し、日本が行政・司法なども管理し、軍隊も解散させた。また〇八年一二月、日本は農業拓殖事業をおこなう国策会社である東洋拓殖会社（東拓）を設立した。この会社は韓国王室と日韓民間が共同出資した半官半民の特殊会社で、本社は設立当初漢城（後の京城―ソウル）にあった（一七年東京に移る）。一〇年三月からは土地調査の開始と同時に土地の買収も始めるが、農民の抵抗にあい、思うようには進まなかった。

一九〇九年七月六日、日本政府はついに韓国併合案を閣議決定する。このような状況下、韓国人の日本に対する反発は高まっていき、一〇月二六日には非公式にロシアの財務大臣・ココツェフと会談するためにハルビン駅を訪れた伊藤博文が反日活動家の安重根《アンジュングン》に拳銃で暗殺されるという事件が起きる（図3－2）。この時、伊藤は統監の職を退いていた。安重根は、ロシア官憲に共犯者と共に拘束された後、日本領事館に身柄を引き渡され、旅順の地方法院で五回の公判の後、一九一〇年二月一四日、死刑判決を受けた。この事件は、日韓併合を加速させることとなった。

安重根は、日本にとっては暗殺者、テロリストであるが、韓国では「義士」「ナショナリズムのシンボル」として英雄扱いされている。ソウルの南山公園には一九七〇年に「安重根義士記念館」が建設され（二〇一〇年リニューアル）、二〇一四年一月には中国のハルビン駅構内にも同名の記念館が日本の抗議にもかかわらずオープンしている（図3－3）。

図 3-2　安重根

図 3-3　ハルビン駅の安重根記念館

森山茂徳の『日本近代史の中の朝鮮』には安重根が旅順の監獄の中で書いた手記（外務省編『日本外交文書』）の意訳が記載されているが、その「伊藤の罪悪」一五の理由には「閔妃を暗殺させた」「義兵を暴徒として殺戮《さつりく》根絶やしにすること十余万を数えた」「青年の外国遊学を禁止した」「韓国を日本の属邦とすることを宣言させようとした」ことなどが挙げられている。しかし、森山は「安重根は伊藤博文を『敵』として糾弾《きゅうだん》しているが、日本を『敵』として同列に糾弾していない」、「日本は『回心』して東洋平和の実現に努力すべき存在であり、それを促すために彼は伊藤を暗殺したと述懐している」とし、「むしろ日本への期待がみられ、その意味では『敵』の顕在《けんざい》化の認識は不徹底ともいえる」と指摘している。

日本は、一九一〇年六月「韓国に対する施政方針」を閣議決定し、五月末に新たに統監を兼任することとなった陸軍大臣・寺内正毅《まさたけ》が八月に韓国の李《イ》完用《ワニヨン》首相に併合の覚書きを手渡した。李首相は伊藤博文の暗殺事件後の〇九年一二月、やはり襲撃され、負傷した人物であった。併合に関しては韓国の閣議でも決定され、一〇年八月二二日、「韓国併合に関する条約」が調印される。その第一条には「韓国皇帝陛下は韓国全部に関する一切の統治権を完全且《かつ》永久に日本国皇帝陛下に譲与す」、第二条には「日本国皇帝陛下は前条に掲げたる譲与を受諾《じゅだく》し且全然韓国を日本帝国に併合することを承諾す」（国立公文書館、明治四三年条約第四号）とある。

八月二九日、条約が正式に公布され、韓国皇帝は退位し、大韓帝国はその短い歴史を閉じた。このように日韓併合は、形式的には韓国皇帝と日本の天皇、日韓両政府の合意の下におこなわれていった。日本は、この併合が韓国国民の民意であること、日本と韓国が平等な立場で一つの国家になったことを国際的に宣伝した。日本はこの時、欧米諸国からの承認を最重要視し（森山二〇二四）、各国は「『併合』が朝鮮人民の幸福をもたらすもの」と認めた（朴慶植一九七三）。そして、各国の要望に応えて、治安維持のため武断統治に踏み切ったのである。ちなみに、この年の韓国の人口は約一三三一万三〇〇〇人、日本の人口は約五〇七二万人、台湾の人口は約三三四万人であった（『大日本帝国統計年鑑』一九一〇）。

その後、韓国皇室は日本の皇室に入り、高宗の七男であった李垠《イウン》は皇族に準ずる王族の王世子（英親王《えいしんのう》）として日本に居住し、学習院から陸軍士官学校に進み、日本陸軍の中将となる。李垠は一九二〇年、梨本宮《なしもとのみや》家の長女方子《まさこ》と結婚し、戦後も日本にとどまったが、六一年朴《パク》正熙《チョンヒ》大統領によって韓国籍を認められ、六三年、日韓国交正常化交渉開始後の一一月、夫婦で帰国した。

韓国人民の怒りは、日本と共にこのような事態を容認した韓国皇室と政府にも向けられたことは言うまでもない。清朝成立から「小中華思想」を強め、儒教の伝統を守ろうとしていた多くの朝鮮人にとって、日本との併合は容認しがたいものであった。その抵抗として、新政府樹立を目指す動きが出てくることは当然であった。しかし、その変動は宗主国であった中国でまず起きることになる。

2　辛亥革命――アジアで初めての共和国・中華民国誕生

†背景・清朝の体制内改革の失敗――「明治憲法」と「欽定憲法大綱」

前章で述べたように、西太后は一九〇六年九月に「予備立憲」の上諭を出し、〇八年八月二七日「欽定憲法大綱」を公布し、「予備立憲期」を九年と定めた。この「憲法大綱」は基本的に「大日本帝国憲法」を模倣しようとしたものであった。

ここでは、まず両者の比較分析を試みる。

（1）「大日本帝国憲法」（明治憲法）の制定

①自由民権運動の展開

日本における憲法制定運動は、自由民権運動によって開始された。その中心となった板垣退助は土佐藩出身で、明治政府の内務大臣などを歴任していたが、征韓論を主張して敗れたあと、下野《げや》し、一八七三年、征韓派を集めて愛国公党を結成した。翌七四年一月一七日『民撰議院設立建白書《みんせんぎいんせつりつけんぱくしょ》』を左院に提出したが、これは東アジアで最初の国会開設請願となった。その後、板垣と共に下野した薩摩藩出身の西郷隆盛の私学校生徒らの暴動をきっかけとして一八七七年、西南戦争が起き、西郷の自決で決着する。

自由民権運動はこの一連の動きを背景として全国化する。明治政府は一八八〇年、集会条例などの言論弾圧の法令を発布して対抗するが、これを止めることはできなかった。板垣は「五箇条の御誓文」の第一条を重視し、国会の設置と憲法制定の根拠とすることを主張した（板垣『我国憲政ノ由来』）。板垣の特徴は「「君主主義」と「民本主義」は対立せず同一不可分」としたことにある（板垣『立国の大本』）。板垣は全国の自由民権運動家に、一八八一年までに憲法草案を作成するように呼びかけたのである。

その呼びかけに呼応して、各地の政治結社はそれぞれが理想とする憲法草案や「私儀憲法」

を作成して公表した。主なものに、立志社の「日本憲法見込案」、植木枝盛《うえきえもり》の「東洋大日本国国憲按」、交詢社《こうじゅんしゃ》の「私儀憲法案」などがあるが、一八七九年から八一年の間にその数は一〇以上になった。このように、日本においては憲法制定の要求はまず下から起きたのである。

これらの憲法草案では天皇は軍事権を握り、行政を司るが、立法権は国民全体に属することなどが主張されている。

②明治憲法制定とその特徴

明治政府はこのような自由民権運動を厳しく取り締まる一方、自らの主導で立憲政治を実現させようとする。一八八二年から八三年、伊藤博文一行は訪欧し、ドイツやオーストリアの法学者、政治学者からプロイセン憲法や、ヨーロッパ諸国の政治、法律を学んだ。帰国後、伊藤は立憲政治の前提となる政治機構をまず改革する。「大日本帝国憲法」制定までの改革過程は次の通りである。

(1)華族令《かぞく》公布（一八八四年七月）　華族は公・侯・伯・子・男の五爵《しゃく》に分けられ、江戸時期に大名や公家であった人々に加えて、明治維新後国家に功労のあった人々を新しく華族とした。その結果政府首脳のほとんどに爵位が与えられることとなった。この目的は議会開設の際、貴族院（上院）の選出母胎とするためであった。
(2)内閣制度の創設（一八八五年一二月）　新しく内閣総理大臣を置き、その統轄のもと九人の国務大臣（外務・内務・大蔵・陸軍・海軍・司法・文部・農商務・逓信《ていしん》）を選出した。初代の総理大臣には伊藤博文が就任した。
(3)地方自治制度の確立（一八八八〜九〇年）　伊藤内閣はドイツ人顧問モッセの助言を受けてドイツの地方制度を模倣して地方自治制度を確立する。
(4)諸法律の制定（一八八〇〜九〇年）　法律に関しては、フランス人ボアソナードらの助言によりヨーロッパ流の法体系が取り入れられた。一八九〇年までには「憲法」「刑法」「民法」「商法」「民事訴訟法」「刑事訴訟法」の六法が整備し、近代的法体系が完成する。

明治政府はこのような環境整備をおこないつつ憲法制定作業をすすめていった。伊藤博文は一八八六年から井上毅《いのうえこわし》、伊東巳代治《いとうみよじ》、金子堅太郎《かねこけんたろう》らと共に、ドイツ人の法律顧問・ロエスレル、モッセらの助言を得て憲法の起草をおこなう。この憲法草案は明治天皇臨席のもとで審議され、一八八九年二月一一日に公布、一一月二九日に施行された。

次に、抜粋《ばっすい》を載せる（国立国会図書館「憲法条文・重要文書―大日本帝国憲法」）。

第一条　大日本帝国は万世一系の天皇之を統治す
第二条　皇位は皇室典範の定むる所に依り皇男子孫之を継承す
第三条　天皇は神聖にして侵すべからず
第四条　天皇は国の元首にして統治権を総攬《そうらん》し此の憲法条規に依り之を行う
第五条　天皇は帝国議会の協賛を以て立法権を行う
第六条　天皇は法律を裁可し其の公布及び執行を命ず
第十一条　天皇は陸海軍を統帥す
第十三条　天皇は戦を宣し和を講し及諸般の条約を締結す
第三七条　凡《すべ》て法律は帝国議会の協賛を経るを要す
第五五条　国務各大臣は天皇を輔弼《ほひつ》し其の責に任ず

明治憲法の最大の特徴は、第一条で主権が天皇にあると明記したことにある。また第三条で天皇が「神聖」な存在であるとしていることは、「万世一系《ばんせいいっけい》」の天皇制の伝統を引き継ぐものとなっている。これが一九三〇年代には「現人神《あらひとがみ》」説を生み出していく。しかし、政治上の権力で最も重要な政策決定権、すなわち法律を策定する権利がどこに属するのかという問題に関しては、解釈の余地を残すという性格を持っていた。

それは、第五条と第六条、および第三七条に見られる。第五条において、立法権は天皇と議会の「協賛」が必要であるとされる。しかし、第六条においては、「天皇は法律を裁可し」とある。この「裁可」という言葉は、当時「議会の協賛による法律案に天皇が許可を与えること」の意味で使われた。ここからすると、立法は「議会→天皇」の流れと解釈することができる。さらに、第三七条では法律の制定は帝国議会の協賛を経る必要があると明記されている。さらに、第五五条は天皇には法的・政治的責任がなく、国務大臣にすべての責任があるとなっている。すなわち、天皇主権を謳いながら、議会が大きな権限を持ち、天皇には責任を問わない政治構造と解釈することが可能となる。ここは、福沢諭吉などの明治の知識人の「天皇政治社外論」「一切の政治的決定の世界からの天皇のたなあげ」の主張（安川二〇〇〇）につながり、のちに述べる美濃部《みのべ》達吉《たつきち》の「天皇機関説」の根拠ともなっている。

康有為などの変法派の着眼点も日本における議会の重要性にあった。では、西太后は「明治憲法」を模倣してどのような憲法を公布したのであろうか。

(2) 清朝の「欽定憲法大綱」

「欽定憲法大綱」は「君上の大権」に関する条文十四カ条と「臣民の権利義務」に関する条文九カ条の二三カ条からなる（沈雲龍主編『中華民国憲法史料』）。次に「君上の大権」の抜粋を掲げる。

一　大清皇帝、国を統治し、万世一系にして永遠に尊敬し、推戴《すいたい》される
一　君上は神聖にして尊厳なるもので、侵犯すべからざるものなり
一　君上は法律を欽定公布し、施行し、議案を発交する権利を有する
一　君上は議院を開・閉・停会及び解散する権利を有する
一　君上は海陸軍を統率し、軍制を編制する権利を有する
一　君上は宣戦・講和・条約を訂立する権利を有する
一　君上は戒厳を宣告する権を有し、緊急時には臣民の自由を制限する権利を有する
一　君上は司法権を総攬する権利を有する

この憲法の最初の二条は「明治憲法」にきわめて類似しているということができる。しかし、皇帝の権限は天皇のものと比較して絶大となっている。皇帝は法律を決定する権利を独自に有し、議案は皇帝から議会に発交（引き渡す）される。すなわち、政策決定権は完全に皇帝一人の手に握られる事になる。そればかりか、皇帝には議会の開会・解散、停会の権利および司法権をも付与されている。さらに、戒厳令の発布をもって国民の自由を制限する権利をも与えられている。ここに、議会の介在する余地はまったくない。これは、形を変えた皇帝専制の延命

に他ならなかったといえる。

このように、西太后主導の制度改革には大きな限界があった。そのことは、立憲と改革に期待をかけてきた清朝末期の知識人・大衆に大きな失望を与えた。中国はその後一気に「革命」すなわち、清朝打倒へと傾いていく。清朝は、本憲法発布後の光緒帝、西太后の相次ぐ死(一九〇八年一一月一四、一五日)も相まって弱体し、滅亡へと向かう。中国が明治維新を模倣した近代化に失敗した最大の原因は、その憲法の違いにあったといっても過言ではない。ここから中国は、日本とはまったく異なる近代化の途《みち》を模索することとなるのである。

†孫文と辛亥革命

清朝末期には、改革派と同時に革命派が存在していた。その代表的人物はいうまでもなく孫《そん》文《ぶん》(1)である。孫文は一八六六年一一月一二日、広東省香山県(現・中山市)翠亨村に生まれた。当時広東省には同地出身であった洪秀全の太平天国運動の余韻《よいん》が色濃く残っていたため、孫文は幼い頃、洪秀全を英雄とする話を聞いて育った。のち、孫文が発表する「三民主義」のうちの「民生主義」には太平天国の土地政策(天朝田畝制度《てんちょうでんぽせいど》)などさまざまな影響が認められるのである。

孫文が革命思想を抱くようになった間接的要因は、兄・孫眉《そんび》のハワイにおける成功(牧場の経営）があった。一八七九年、孫文は兄を頼ってハワイへと向かう。孫文は八三年六月までホノルルのイオラニ（Iolani）・スクールなどで教育を受け、アメリカ型の民主主義およびキリスト教の強い影響を受ける。ハワイには今も孫文がイオラニ・スクールに通う像があり、子どもたちは、孫文の手をなでると勉強ができるようになると言われているので、ピカピカに光っている。孫文はこの四年の間に中国がいかに遅れた封建社会であるかを痛感する。また、法整備の必要性、科学技術の利便性をも実感する。一方で孫文はハワイの時期、辮髪《べんぱつ》を切らず、チャイナ服を好んで着ていた（図3－4）。

孫文は一八八三年七月故郷に戻るとただちに村民に対して政治改革の必要性を宣伝し、村に根強く残っていた封建的迷信や廟《びょう》などの偶像を破壊するなどして地主と対立するようになった。その年の一一月香港で洗礼を受けた孫文は、牧師から「逸仙《いっせん》（Yat San広東語）」の名前を授けられる。翌八四年におきた清仏戦争の敗北によって、孫文は「清廷の傾覆を決し、民国創建の志」をもち始める。

図3-4　ハワイにある孫文像（著者撮影）

その後香港の医学校に進んだ孫文は、医者になる勉強をするかたわら、革命の準備を着々とおこなう。一八九三年、広州で病院に勤務していた孫文は、中国で初めての革命団体であり、中国国民党の原点となった「興中会」結成の準備を始める。この時考えられた最初のスローガンは、「駆除韃虜、恢復華夏（満洲族を追い出し、中華を回復する）」であった。そして、翌九四年一一月二四日、ついにホノルルで興中会を成立させた。この時点では、スローガンにさらに「創立合衆政府」の文字が付け加えられた。すなわち、孫文の革命運動の当初の目的は、満洲族による異民族統治を終結させ、中華を復活させるためアメリカ型の政府を創立することにあった。

清朝打倒をスローガンとする孫文の革命運動は、中国国内では非合法とされたために、活動の拠点は海外においた。特に日本において孫文は多くの支持者を得ることができた。宮崎滔天《みやざきとうてん》、平山周《ひらやましゅう》、頭山満《とうやまみつる》、山田良政、梅屋庄吉、犬養毅、大隈重信らは日本における孫文の生活全般を支援したばかりか、革命運動への資金援助をもおこなった。彼らは、孫文が清朝を打倒し、日本型の近代国家を樹立することに期待をかけたのである。

孫文は中国において成立していた他の革命団体、華興会[2]、光復会[3]と興中会の連合をすすめ、一九〇五年に中国同盟会の結成を決定し、八月二〇日、東京赤坂で成立大会[4]を開催する。（図3-5）中国同盟会は三団体の大同団結で実現したものであったため、その党義[5]は最大公約数的なものになった。

①現在の悪劣な政府の転覆、②共和政体の建立、③真の世界平和の維持、④土地の国有化、

⑤中日両国の国民的連合、⑥世界列国に中国革命への賛同を要求、といったものであった。すなわち、清朝の崩壊と共和国の建設を日本の協力で実現することが三団体の合意事項であった。もし、これが実現していたら、日中関係は大きく変わっていたであろう。

中国同盟会はその後、中国において何度となく革命蜂起をおこなったが、いずれも清朝の新軍に阻止され失敗に終わった。孫文は清朝から指名手配を受け、日本にも居ることができず、東南アジア、ヨーロッパ、アメリカを転々として革命への理解と支援を訴えた。

図 3-5　中国同盟会ホテル・オークラ東京の記念碑

辛亥革命と中華民国臨時約法

中国国内では中国同盟会とは別に多くの革命団体が成立し、各自清朝打倒の活動をおこなっていた。江蘇《こうそ》の励志《れいし》会、強国会、四川の公強会、福建の益聞会、湖北の日知会、江西の易知社などは、一九〇五年前後に中国で成立した革命団体であった。また、〇七年、同盟会の活動方針に不満をもった焦達峰《しょうたつほう》、孫武、居正《きょせい》ら留学生一〇〇名が東京で設立した共進会は、「平均地権」を「平均人権」に改め、国内と辺境における同時蜂起を目指し、清朝の新軍内部で重点的にオルグ活動をおこなっていた。

新軍とは一九〇一年に清朝が陸軍の全面改革をおこなって編成された新式陸軍のことであり、全部で三六鎮《ちん》あった。鎮とは、駐屯する場所を表し、軍隊の編成単位としても使われる。さらに励志会は一九一一年一月三〇日に文学社と改名し、五月には共進会と連合し、その社長である蔣翊武《しょうよくぶ》や社員である詹大悲《せんだいひ》などは武漢新軍に潜入し、同調者の獲得と革命思想の普及に努めた。

一九一一年五月、清朝の郵伝大臣であった盛宣懐《せいせんかい》が本来地方の管理下にあった鉄道を外資導入によって国有化する政策を発表する。清朝は、それを担保に外国からの借款を受けようと企図した。それまで民間の資本家達は立憲派を支持しつつ、自らの資本で鉄道施設権を買い戻す努力をしてきた。そのため、鉄道国有化には強い反発が起き、各地で鉄道利権を守るための「保路運動」が発生したが、四川における運動が市民、農民を巻き込む最も激しいものとなった。

八月二四日、成都では市民によるゼネストが実行され、九月八日には成都近郊で同盟会や会党・哥老会《かろうかい》に指導された農民が保路同志会を組織して武装蜂起をおこなった。清朝は「保路運動」鎮圧のため湖北新軍の一部を派遣した。新軍兵士は主に土地のない貧農や学校に行けない農家の子弟で構成されていた。この時、共進会や文学社のメンバーは新軍内部でオルグ活動をおこない、革命派を拡大することに成功していた。このように、辛亥革命は、国民全体が参加し、国民全体の利益のために闘う「全民革命」の側面があった（黄克武二〇一二）。

九月二四日、文学社と共進会は武昌で新軍代表六〇名と会議を開き、武装蜂起のための組織を結成した。文学社の蔣翊武が指揮をとり、共進会の孫武が参謀長に就いた。一〇月九日、孫武らは漢口のロシア租界内のアジトで密かに爆弾を製造していたが、これが誤って爆発した。警察の手に革命派の名簿が押収され、摘発《てきはつ》されることを怖れた革命派は急遽武昌起義を決定し、一〇日夜、一斉に蜂起した。すなわち、辛亥革命を直接指導したのは孫文ではなく、文学社社員と同盟会から離反した共進会メンバーであった。この時、両革命団体が組織した新軍兵士は五〇〇〇人に達していたのである。辛亥革命における孫文の不在は、中華民国臨時政府における彼の指導力に影を落とす一因となった。

孫文はその日アメリカのコロラド州デンバーにいた。孫文が辛亥革命を知ったのは二日後の一二日のアメリカの新聞記事においてであった。孫文は急遽《きゅうきょ》帰国の途につくが、辛亥革命の感想を「武昌の成功は予想外のこと」であったと述べている。ロンドン、シンガポール、香港経由で一二月二五日、上海に帰着した孫文は、二九日すでに独立を果たしていた一七省の都督府代表会議によって中華民国臨時大総統に選出された。この時の得票は、孫文一六票、黄興一票（浙江省）であった（『東京朝日新聞』一九一一年一二月三一日）。

一九一二年一月一日、孫文は、南京で大総統就任を宣誓し、中華民国元年を宣言する。しかし、孫文の臨時大総統職は短命に終わる。それは、孫文が長く中国国内を離れていたために、

①清朝の首都であった北京を抱える北方に孫文および中国同盟会の影響力がほとんど及んでいなかったこと、②孫文が独自の軍事力をもっていなかったこと、また、③大衆に基盤をおいていなかったことなどが原因となった。そのため、臨時大総統の地位は北方で圧倒的な軍事力をもち、清朝皇室にも影響力をもつ北洋軍閥を率いる袁世凱《えんせいがい》に移る。孫文では清朝最期の皇帝・溥儀（ラスト・エンペラー）の退位を実現できないという判断がそこにはあった。この経緯が後に、中国の南北分裂を招く最大の要因となったことは明らかである。

袁世凱は一九一二年三月一〇日、北京で臨時大総統就任を宣言し、翌一一日、孫文と宋教仁《そうきょうじん》が起草に大きく関わった「中華民国臨時約法」全五六条を発布する。これは、中国ばかりでなくアジアで初めての民主憲法となった。主な内容は、以下の通りである。

第1条　中華民国は中華人民がこれを組織する。
第2条　中華民国の主権は、国民全体に属する。
第3条　中華民国の領土は、二二省と内外蒙古《もうこ》(6)、西蔵、青海とする。
第4条　中華民国は参議院、臨時大総統、国務院、法院がその統治権を行使する。
第5条　中華民国の人民は、一律に平等で、種族階級宗教の区別はない。
第6条　人民の有する自由権（人民は言論著作刊行および集会結社の自由を有するなど）

第12条　人民は選挙権および被選挙権を有する。
第16条　中華民国の立法権は、参議院がこれを行う。
第29条　臨時大総統および副総統は参議院の選挙において、総員四分の三以上の出席で、投票総数の三分の二以上を得票した場合当選する。

この憲法が十分に機能していれば、中国は日本より三五年も早く民主化していたことになる。しかし、結果的に本憲法は袁世凱の帝制復活という動きの中で廃止を余儀なくされた。「臨時約法」に基づいて一九一三年二月におこなわれた第一次総選挙は、中国同盟会が他の革新政党と連合して結成した国民党[7]と袁世凱側が結成した共和党[8]との指導権争いとなったが、国民党の勝利で終わる。このことが袁世凱を追いつめ、テロと独裁へと向かわせることとなる。

袁世凱はまず三月二〇日宋教仁《そうきょうじん》を暗殺し、四月二六日各国と「善後大借款協定《ぜんごだいしゃくかんきょうてい》」を締結し、外国からの借款で自らの軍事力の増強をはかる。これに対する反発が強くなると、袁は五月三一日、突然南京の国民党機関を閉鎖する。この暴挙に対して、各地に反袁闘争が勃発する。これを一般に辛亥革命の第二革命と呼ぶ。しかし、この革命は圧倒的軍事力を誇る袁世凱側の勝利に終わる。

第二革命に勝利した袁世凱は一九一三年一〇月六日、北京で正式に中華民国大総統に就任し、一一月四日、国民党に解散命令を出し、国民党籍議員の資格を剝奪する。また、ロシアからの援助を得るため、「臨時約法」が主張した外蒙古の領有権を放棄し、自治権を認める「中露声明」を締結する。さらに袁は一四年一月一〇日、国会に解散命令を出し、五月一日には「臨時約法」を廃止し、新たに大総統の権限を拡大した「中華民国約法」を自ら起草し、公布する。また一二月には「大総統選挙法」を修正し、これまでの「任期五年、再任は一度まで」を「任期一〇年、無制限に連任可」とした。まさに、終身大総統を目指したのである。それでも満足できなかった袁世凱は、次第に帝制復活を目論むようになる。その動きは、同時期に起きた第一次世界大戦を契機とする日本の中国侵略政策の明示化である「対華二十一カ条の要求」と大きく関連し、東アジアの国際関係史を次のステージへと導いていくこととなる。

†辛亥革命と日本

(1) 日本政治への影響

辛亥革命のニュースは、日本でも関心が高く、各新聞は連日その状況を報道した。櫻井良樹の分析によると、辛亥革命は日本の対中国外交政策の多様化、そして「中国政策が混迷する契機」をもたらした。すなわち、ここから対中外交のチャンネルの多極化が開始すると理解することができる。これは日中戦争終了後も継続し、中国の対日政策をも複雑化させていく。櫻井によると、辛亥革命は日本の政局にも大きな混乱をもたらし、一九一二年一二月から始まる大正政変を結果した。日本の対応は清朝を擁護し立憲君主制を樹立させようとするグループと、革命派を支持して中国の近代的民主国家成立を望むグループとに大きく分かれ、時に「強圧的」なあるいは時に「親善的」な対応をおこなうようになる契機となったのである（櫻井二〇〇九）。これは政界ばかりでなく、財界、言論界、一般社会にも見られる現象となった。対中外交の多極化現象は、日中戦争期にも戦後にも見られる日本外交の一つの特徴となる。

(2) 日本社会への影響

日本では日露戦争後、反戦・非戦思想や運動が盛んになっていった。その理由は、日露戦争は日清戦争に比べ、軍事費約八倍、動員兵力約四・五倍、戦死者約六・八倍と国民の負担が巨大化したからである。それは、増税になって跳ね返った。ポーツマス条約に賠償条項がないことで、民衆が暴動を起こしたのはそのためである。また、多くの若者が徴兵され、戦死、もしくは負傷した。このような中で内村鑑三や幸徳秋水《こうとくしゅうすい》、堺利彦らの非戦論に加えて、ロマン主義の歌人の立場から謳った与謝野晶子《よさのあきこ》の「君死にたまふこと勿《なか》れ」（『明星』一九〇四年九月）などが世に反戦を訴えた。

このような非戦論・反戦論の一部は日本に社会主義の風潮を生み出した。社会主義に関しては、日本がアジアの中で最も早く普及したといえる。資本主義の導入が明治維新と同時だったことも大きな要因となった。工場労働者に対する待遇の悪さ、度重なる対外戦争による重税は、資本主義に対して社会主義が台頭する背景としては十分過ぎるものであった。

このような社会風潮に対して、一九〇八年七月第二次桂太郎内閣は、社会主義者を厳しく取り締まる方針を決定した。そのような中で、一九一〇年五月いわゆる「大逆事件《たいぎゃく》」が起き、幸徳秋水らに死刑宣告が下る。「大逆事件」は文学界にも大きな衝撃を与え、石川啄木や徳富《とくとみ》蘆花《ろか》などは、幸徳を救う運動をおこなうと同時に日本の朝鮮支配に対しても批判的な見解を発表したのである。

そのような日本の状況の中で起きた隣国中国の辛亥革命による共和制の成立は、日本の思想界にも大きな影響を与えた。主権在民、法の下での平等、言論の自由、それらを保障した憲法の発表は、日本でも大きな話題となった。特に、男女平等は「良妻賢母」を強いられ、参政権や相続権を認められていなかった日本の女性たちの解放運動に影響を与えていくこととなる。

註

(1) 孫文は、「号」を「日新」「逸仙」「中山」といった。文献によっては、「孫逸仙」「孫中山」と称する場合もある。また、日本名をもち「中山樵《なかやまきこり》」「高野長雄」と称した。中国と台湾では「孫中山」が一般的。英文表記は、Sun Yat-sen である。
（2）華興会は、湖南省で一九〇三年一一月成立した革命団体で、黄興・宋教仁らが中心。
（3）光復会は、一九〇四年一一月上海で成立した革命団体で、蔡元倍・章炳麟が中心。
（4）この成立大会は犬養毅の盟友で実業家であり、衆議院議員でもあった坂本金彌邸（大倉喜八郎所有）で開催された。同邸は、ホテル・オークラ東京となっている。近所に孫文が一時住んでいた家がある。
（5）この党義は孫文、黄興、宋教仁が共同起草したもので、『民報』創刊号（一九〇五年一一月、『民報』は同盟会の機関誌であった）に発表された。ここでは孫文の「三民主義（民族・民権・民生）」の原型となる「三大主義」も提示された。
（6）外蒙古は辛亥革命が勃発すると、一一月三〇日ロシアの支援のもと清朝に対して独立を宣言し、一二月五日「大蒙古国」を設立する。以後ロシアの強い影響下に入り、今日に至る。中華民国期、特に蔣介石はこの独立を認めず、中国固有の領土と粘り強く主張したが、ヤルタ密約で現状維持が認められ、戦後蔣介石もやむなく独立を認めた。
（7）国民党は一九一二年八月二五日同盟会、統一共和党、国民共進会、国民公党、共和実進会が連合して成立した。理事長に孫文、理事に黄興、宋教仁らが就いたが、袁世凱の迫害を受け、散会を余儀なくされた。その後孫文は一九一四年六月東京で中華革命党を立ち上げる。これが中国国民党の前身となる。
（8）共和党は一九一二年五月九日統一党、民社、国民協進会、民国公会等六団体の連合によって成立した。理事長には黎元洪《れいげんこう》が就任し、袁世凱の支持母体となった。

第4章

第一次世界大戦・ロシア革命と東アジア

第一次世界大戦は、東アジアにも大きな影響をもたらした。日本は、いち早く参戦し、大戦中に中国に「対華二十一カ条の要求」を受諾させた。そのような中で一七年に起きたロシア革命とウィルソンの民族自決主義を唱えたアメリカの台頭が東アジアに与えた影響は大きかった。それらは、日本では「大正デモクラシー」につながり、韓国では三・一運動から上海で「大韓民国臨時政府」が成立した。また、中国では五・四運動後、一九二一年に中国共産党が結成された。

1　第一次世界大戦と「対華二十一カ条の要求」

†第一次世界大戦と日本の参戦

一九一四年七月二八日、バルカン半島問題を契機として勃発した第一次世界大戦は、日本の対中国政策の大きな転換点となった。本大戦は、主に独墺対英仏露の戦争となった。アメリカはモンロー主義外交の基本を貫き、一七年まで中立を守ったが、日本は開戦後一カ月も経たない八月二三日、日英同盟に基づきイギリスが参戦を求めてきたことを理由に対独宣戦を布告する。この時は大隈重信内閣であったが、元老・井上馨は大隈に手紙を書き、「今回欧州の大禍《だいか》乱《らん》は、日本国運の発展に対する大正新時代の天佑《てんゆう》にして、日本国は直に挙国一致の団結を以て、此天佑を享受せざるべからず」（歴史学研究会編二〇〇〇）と提言した。

また、外相であった加藤高明は、参戦の理由を「一は英国からの依頼に基づく同盟の情誼と一は帝国が此の機会に独逸の根拠地を東洋から一掃して、国際上に一段と地位を高めるの利益」であると緊急臨時閣議において説明をした。さらに山県有朋は、「独逸を敵にする充分な理由はないが、日本の参戦決定は正に中国に関係する政策を確定するためである」とより具体的な説明をしている。日本の参戦の意図は明らかであった。

日韓併合後の日本は、次の目標を中国におく。日本は中国進出においてヨーロッパ諸国に比べ、経済・外交など諸側面で出遅れていると認識していた。先に述べたように、下関条約で割譲された遼東半島は三国干渉によって返還を余儀なくされたため、日本は中国進出の拠点となる新たな土地を渇望していたのである。特に日清戦争後の日本は軽工業だけではなく、製鉄を中心とした重工業の目覚ましい発展が見られた。日本は軽工業製品の市場として、また重工業の原料供給先として中国に着目していた。

日本は第一次世界大戦でヨーロッパの国々が中国から離れることを好機として、中国進出政策を具体化させる。日本の目的は、①ドイツが山東省にもっている権益を引き継ぐこと、②満洲における権益を安定させること、そして③中国に対する政治的影響力を強化することであった。それは、「対華二十一カ条の要求」(以後、「二十一カ条」)に集約されていく。

†「二十一カ条」と排日運動の展開

「二十一カ条」の原案は、田中義一《ぎいち》と明石《あかし》元二郎《もとじろう》が中心となって作成し、一九一四年一一月半ばには完成していた。外相・加藤高明は中華公使であった日置益《ひおきえき》を北京から帰国させ、一二月三日「二十一カ条」に関する訓令を発した。日置はこれをもって一二月五日北京へ戻る。北京に戻った日置は年が明けた一月一八日袁世凱大総統に会見を申し入れて手交し、二〇日正式に中華民国外交部に送付した。この時、日置はこの内容を公開しないように申し入れたが、その内容に驚いた袁と外交部は、国内外に問題を公にする目的のため、二二日新聞紙上に公表する。これを知った英・仏・露はただちに日本に対して詳細の説明を要求した。また、アメリカは、「第五号要求」に多大な関心を示した（黄紀蓮編二〇〇一）。このことは日本にとって誤算となった。後に、日本が本要求のいくつかの条項を撤回または保留とした理由はそこにあった。日本が最初に提出した主な「二十一カ条」の内容は図4－1の通りである。

第一号：山東省のドイツ利権を日本が継承する
第二号：南満州・東部内蒙古について、旅順・大連の租借権と鉄道経営権を99年間延長する
第三号：漢冶萍公司（中華民国最大の製鉄会社）を日中共同経営とする
第四号：中国沿岸の港湾・島嶼を不割譲とする
第五号：中国政府に日本人政治財政および軍事顧問を雇用し、警察を日中合同とする

図4-1 「二十一カ条」要点

この内容を見ると、ドイツが占有していた山東省に関する権益を戦争終結後、中国にではなく日本に交渉権を渡すこと、鉄道施設権の承認、南満洲、東部内蒙古における日本の優先権の承認などを要求している。なかでもこれまで帝国主義諸国でも要求しなかった内容が、「第五号要求」であった。これは、完全に中国の主権を無視した内政干渉の申し入れであり、国家権力の中枢である警察権への介入は植民地支配にも匹敵する内容であった。また、日本は「付記」によって、袁世凱の地位を守ることを明記することで袁世凱政権にアピールし、交渉をス

ムーズに運ぼうとした。当初第一～四号は「必ず実行すべき絶対的条項」、第五号は「希望条項」となっていた。

袁世凱および中国外交部は事の重大さを認識し、そのままでの受諾には強く抵抗した。そのため、一九一五年二月二日から四月二六日の間、日中は二五回にわたる交渉を重ねた。その交渉の記録は詳細に残されている（黄紀蓮編二〇〇一）。中国側の第一次修正案（二月九日提出）には山東省の利権は承認するが、膠州湾《こうしゅうわん》を返却することなど、自国の権利を守ることに必死であった。また、「第五号要求」に関しては、「交渉しがたい」として最初から突っぱねている。

日中両国は交渉を重ねた結果、四月二六日、日本が最終的修正案を提出し交渉を打ち切る。各国からの批判が大きかった「第五号要求」は、警察に関する条項を「撤回」し、保留となっていたが、それでも中国には受け入れがたいものであった。五月一日、中国は自ら「最終修正案」を提示するが、日本はこれに不満を示し、五月七日最後通牒をつきつけ、四八時間以内の返答を要求した。この時日本は艦隊を派遣して厦門・呉淞・大沽に集結させ、山東・南満洲に増兵して軍事的に中国を威圧した。このような状況下で袁世凱は四八時間内にあたる九日ついに受諾を表明したのであった。中国では、五月七日と九日の両日が「国恥《こくち》記念日」となり、各地に反日運動が起こった。

中国における排日・反日の原点は、「二十一カ条」にある。馮玉祥《ふうぎょくしょう》の軍隊は、五月七日から

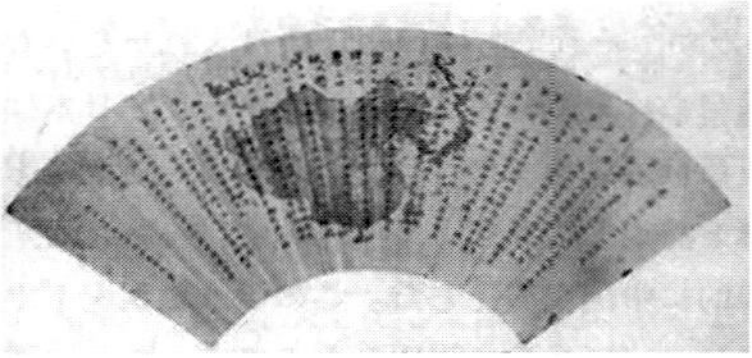

図 4-2　日貨不買ビラ・排日扇子（「廿一条問題に籍口せる武漢地方の排日風潮」漢口日本商業会議所、1923 年 8 月 25 日）

九日の国恥記念日に将校たちが「国恥紀念日」と書かれたベルトを身につける習慣を守っていた。それは、後に述べる一九二八年の済南事件《さいなんじけん》の時も同じで、彼らはそのベルトをして済南を防衛したのである。蔣介石が自らの日記の冒頭に「雪恥（恥をそそぐ）」と毎日書き始めるのも済南事件の年の国恥記念日からであった。

またその後、各地には「排日団体」が陸続と組織され、毎年「国恥八週紀念日（五八記念日）」の二カ月前から新聞紙上では「国恥」の宣伝を出し、日本製品（仁丹、ライオン歯磨き、味の素など）の宣伝は掲載しないこととし、「日貨不買」などのビラを配るなどして一般市民に対しても「国恥」を忘れないための運動を展開した。特に武漢などでは激しく展開されたため、日本人居民に対する暴行事件なども多発した。また、漢口では裏面に「二十一ヵ条」の条文が印刷されたいわゆる「排日扇子《はいにちせんす》」が配られた。このようにして、中国においては一九一〇年代半ばから反日・抗日の素地が形成されていったのである（図4－2）。

2　ロシア革命とウィルソンの民族自決主義の東アジアへの影響

　第一次世界大戦中、国際政治史上きわめて重大な出来事が起きた。それらは、二〇世紀の国際政治史の特徴となり、現在にも大きな影響を残している。その一つはロシア革命であり、もう一つはアメリカの台頭である。

†ロシア革命と東アジア

（1）革命以前のロシア

革命以前のロシアは、ツァーリズムと呼ばれた皇帝専政による支配体制であり、権力は皇帝一族と一部の貴族が独占し、国民の大部分は「農奴」と呼ばれる農民であった。農奴は、大土地所有者（貴族）に隷属し、土地と共に売買される農民を指した。このような中で資本主義は未発達であり、中産階級が出現する素地がなかった。

　ヨーロッパにおいてはナポレオン戦争が一七九九年から一八一五年の間に起きた。そのため、ヨーロッパの工場が封鎖され、工業製品の輸出が停止した。これを契機にロシアでは工場制手工業が盛んになる。また、パリに出兵した青年将校たちは、自由主義、民主主義、社会主義思想を知り、それをロシアに持ち帰る。彼らは秘密結社「救済同盟」を結成し、ツァーリズムに対する批判をおこない、改革を要求し、一八二五年一二月、武装蜂起した。これをデカブリストの乱という。これは準備不足のため鎮圧され、ニコライ一世によってツァーリズムはかえって強化された。

しかし、ロシア皇室はクリミア戦争の敗北を機に近代化の必要性を痛感し、アレクサンドル二世の時の一八六一年二月一九日「農奴解放令」が出された。これにより①領主制の廃止、②人格的自由（移動・婚姻等）、③土地所有権が保証されるようになった。しかし、その代わりとして重税を課せられたため、農民は土地を追われて流民化し、農民反乱が頻発する。そのような中で、ロシアの都市知識人層に社会主義思想が広まる。彼らはナロードニキ運動を起こし、ヴ・ナロード（人民の中へ）をスローガンとした。ロシアにおいて世界で最初のマルクス主義による革命が起きたことには以上のような背景があった。

(2) マルクス主義のロシアへの普及と革命

二〇世紀の世界を二分するまでに影響力を持つようになったマルクス主義の創始者であるカール・マルクス（Karl Marx）は、一八一八年ドイツで生まれた。ユダヤ人弁護士の子で、ベルリン大学で法律・哲学を学ぶ。四二年『ライン新聞』を創刊して政府批判をするが、発行禁止となり、四三年、パリに出て執筆活動をおこなった。この時サン・シモン、フーリエなどの社会主義者と接触し、ベルギーで四七年「共産主義者同盟」に参加し、四八年フリードリッヒ・エンゲルス（Friedrich Engels）との共著となる『共産党宣言』を出版し、六七年には『資本論』を出版した。

ここでは唯物史観が提起され、社会は「支配階級」（搾取）と「被支配階級」（被搾取）から成り立ち、「これまでの歴史はすべて階級闘争の歴史であった」ことが主張された。そして、資本主義が発達した時代においては、労働者階級による資本家階級に対する革命が起き、世界は次第に共産主義（階級も搾取もない平等社会）になることが予言されたのである。

一八九八年、ロシアにおいてプレハーノフ（Plekhanov）、レーニン（Lenin）らマルクス主義による「ロシア社会民主労働者党」が結成された。レーニンはボルガ河畔のシンビスクで一八七〇年に生まれ、兄が皇帝暗殺を企てたとして処刑されたことを機に一七歳で革命運動に参加、一八九五年、ペテルブルクにて労働者解放闘争同盟を結成した。一九〇〇年、スイスに亡命し、非合法機関誌『イスクラ（花火）』を発行してマルクス主義のロシアへの普及を推進した。

「ロシア社会民主労働者党」は一九〇三年、①プレハーノフ率いるメンシェヴィキ（少数派、当面はブルジョア民主主義革命を目指した）と②レーニンが率いるボリシェヴィキ（多数派、労働者中心・

農民との同盟、一気に社会主義革命を目指した）とに分裂した。

（3）第一次ロシア革命

日露戦争の最中の一九〇五年一月九日（旧暦、日曜日）、ペテルブルクでガボン神父（ロシア正教）に先導された民衆（主婦が多かった）が「平和を願い生活苦を皇帝（ニコライ二世）に訴える」デモ行進をおこない、一四万人が参加した。これに対して軍が出動し、一斉射撃をおこない、一〇〇〇人の死者をだす。これは、世界史上「血の日曜日事件」と呼ばれているが、その後全国で抗議の農民暴動・労働者のデモが起き、六月には「戦艦ポチョムキン号」の水兵が反乱を起こし、全国的にゼネストが展開された。この時、史上初のソヴィエト（搾取階級を廃除して構成される労働者・農民・兵士による評議会）が結成された。皇帝は、事態を収拾するため、議会制の導入を検討したが、実現はされなかったため、ロシアは一気に革命へと向かう。

（4）二月革命（一九一七年三月一二日）

ペトログラード（第一次大戦後ドイツ式のペテルブルクから改称）で暴動（婦人・労働者・兵士による）が起きる。第一次世界大戦の長期化・消耗戦化でロシア国内では武器弾薬ばかりでなく、成年男子の半数が戦争に動員されたため、生産活動が停滞した。大都市に対する食糧を始めとする生活物資の供給量は戦前の半分以下になっていた。ロシア宮廷内部は戦争続行派と終戦派に分裂したが、ニコライ二世が退位し、続行派の弟・ミハイルが即位したことに民衆が激昂し、三月一六日ロマノフ王朝が崩壊し、長期にわたったツァーリズムが終わった。

その後、ケレンスキー(Kerenskii、社会革命党)がブルジョアジーを主体とした臨時政府を組織したが、彼らは社会主義革命を阻止するため、英仏と連合して戦争続行することを強調した。

(5) 十月革命(一九一七年一一月六〜七日)

レーニンは「二月革命」後スイスから帰国し、「四月テーゼ」を発表。「すべての権力をソヴィエトへ」と呼びかける。レーニンは、民衆の絶大な支持を得、臨時政府とボリシェヴィキの二重権力構造が出現した。一一月六日から七日にかけてボリシェヴィキは武装蜂起をおこない、政権を奪取する。八日、レーニンは全ロシア・ソヴィエト大会を開催し、権力の掌握を宣言した。九日にレーニンが発表した「平和に関する布告」は、世界に大きな衝撃を与えた。ここでは全交戦国に対して「無併合・無賠償による即時講和」が提議され、戦争とそれをもたらした帝国主義に対する徹底的な批判が展開されたのである。この布告は、植民地国と帝国主義国双方に強い影響を与えた。

また、ロシア諸民族の完全な平等と自主権の確立が宣言され、世界で最初の社会主義国となるソヴィエト連邦社会主義共和国（以後、ソ連）がモスクワを首都として成立するのは、一九二二年になってからである。

†アメリカの台頭

(1) アメリカの二つの外交戦略と第一次世界大戦への参戦

アメリカの基本的な外交戦略には二つの路線があると考えられる。一つは、マニフェスト・デスティニー（Manifest Destiny 明白な天命／自明の理）である。これは、東部の一三植民地から開始したイギリス系移民がアメリカ全土を支配するため、西部開拓を正当化する標語であったが、アメリカによる普遍的価値観（独立、自由、民主、平等、人権など）の世界への普及につながる。「世界の警察」「核の番人」としての役割もこの範疇に入る。

もう一つは、モンロー主義である。これは、アメリカの第五代大統領ジェームズ・モンロー（James Monroe）が一八二三年に出した「アメリカのためのアメリカ」宣言であり、「孤立主義外交」の基本精神となった。これら二つの外交戦略をアメリカは巧みに使い分け、二〇世紀を「アメリカ一人勝ちの時代」にすることに成功したということができるが、その契機となったのが第一次世界大戦であった。

アメリカは大戦が勃発しても、当初は不介入のモンロー主義を貫いた。しかし、ドイツの潜水艦による無差別攻撃によってアメリカの船舶が被害を受ける危険が高まったため、一九一七年四月対独宣戦布告をおこなう。モンロー主義は自国が攻撃された場合、不介入主義を放棄できることを謳っている。中立を守った約三年間、アメリカは工場生産が停止したヨーロッパ諸国に自国の工業製品、武器、鉄鋼、石油などを輸出し、多額の富を得た。この戦争特需でアメリカは債務国から債権国へと転換し、米ドルが世界の通貨となるきっかけをつくったのである。

(2) ウィルソンの「十四カ条」

アメリカは、植民地獲得よりも、一八九九年に国務長官であったジョン・ヘイ(John Hay)が提起した門戸開放主義を実践していた。そして一九一八年一月第二八代大統領であったトマス・ウッドロウ・ウィルソン(Thomas Woodrow Wilson)が「十四カ条の平和原則(Fourteen Points)」を提起する。ウィルソンは、プリンストン大学の教授で国際政治学者であったが、自らの講義ノートを基にした「十四カ条」を発表した。

この「十四カ条」でアジアに大きく関連するものが第四条「軍備縮小」、第五条「植民地問題の公平な解決(民族自決主義)」、第一四条「国際平和機構(国際連盟)の設立」であった。これは、レーニンの「平和に関する布告」を強く意識し、アメリカが戦後構想を提起することで、国際社会における影響力を確立することを企図して発表されたものと考えられる。民族自決主義は、植民地支配に苦しんでいた諸国に大きな期待を与えることになる。また、実際に国際連盟がジュネーブを本部として発足した。しかし、アメリカ自体は、議会の承認が得られず、加盟していない。理由は、モンロー主義の原則が崩れる恐れがあるためであった。

†ロシア革命・民族自決主義の東アジアへの影響

(1) 日本における社会主義の普及と中国

前章で述べたように、日露戦争は軍国日本への形成を加速させると同時に、非戦論・反戦論をも生み出し、それが社会主義運動へとつながる動きを見せた。マルクス、エンゲルスの『共産党宣言』は、日露戦争が起きた一九〇四年の一一月一三日に堺利彦と幸徳秋水の訳で彼らが発行していた『平民新聞』の創刊一周年を記念して掲載された。これは、サミュエル・ムーアの英訳からの重訳であったが、アジアでは初めてのものとなった。本紙は即日発禁となり、二人は新聞条例違反で罰金刑を受けたが、様々な方法で翻訳の出版は継続された(玉岡二〇一一)。

この時期は一九〇五~六年に続き、アジアから、特に中国からの留学生が急増した時期であった。彼らの中には、日本で社会主義の洗礼を受け、それを中国に持ち帰り、活動を開始するケースが多く見られた。中国共産党の創始者となった陳独秀《ちんどくしゅう》(成城学校)、李大釗《りだいしょう》(早稲田大学)、周恩来(東亜高等学校予備校)、そして日本語の『共産党宣言』を中国語に訳して一九二〇年に上海で出版した陳望道《ちんぼうどう》も早稲田大学などで学び、中央大学の法学部を卒業している。彼らは、同時期に東京で志を同じくして帰国した留日派といえる。

例えば、李大釗は早稲田大学在学中に社会主義思想に傾倒し、「二十一ヵ条」と、後に述べる袁世凱の帝制復活に対して、留日学生の代表として東京で反対運動を展開し、後に「青春中華の再造」を主張したのである（野村二〇一八）。その内容は袁世凱とは大きく異なったが、「中華の復興」を若き社会主義者も主張したことは、大変興味深い（図4－3）。

図4-3　周恩来の東亜高等学校跡、現・神田神保町愛全公園（著者撮影）

(2) 中国における帝制復活

袁世凱は「二十一ヵ条」を受諾した五月八日に声明を出し、①中国政府は三ヵ月にわたって平和的に解決しようと努力したが、日本の最後通牒のため受諾せざるを得なかったこと、②「第五号要求」は中国の主権を侵すものであったので必死で拒んだこと、③「臥薪嘗胆」の精神で、軍事、政治、外交、財政を刷新して国力をつけ、十年後には日本に報復する覚悟であること、④もし、国力をつけないと亡国の危機に直面することなどを国民に向かって説明した（黄紀蓮編二〇〇一）。すなわち、中国が日本に対抗するための必須条件は「中華の復興にあり、そのためには帝制を復活しなくてはならない」、袁世凱の主張はそこにあったのである。

一九一五年八月三日、袁世凱の米国人法律顧問であったF・J・グッドナウ（Goodnow）が『亜細亜日報』に掲載した「共和と君主」という論文に、帝制復活は端を発する。それは、グッドナウが中国に三年間住んだ経験から書かれたものであった。ここでは「学校の欠如、人民の知的水準の低さ、政治参加の欠如、専制君主の伝統、列強の干渉と侵略にさらされた厳しい国際環境などの要因を指摘し、共和制が中国には適さないという主張」（山田二〇〇二）が展開された。その結論は、「中国の現状は立憲君主政体の採用を適当とする」というものであった。これを受けて袁の支持者たちが帝制運動を開始する。

袁世凱の帝制復活は、清末の知識人を代表する楊度《ようたく》・厳復《げんふく》・劉師培《りゅうしばい》らの学者によって鼓吹《こすい》された。彼らは、八月二三日、籌安会《ちゅうあんかい》という「共和か、君主か」を研究する学術団体を設立すると同時に、国家の統一、富強のためには君主制が望ましいとする「君主救国論」を展開し、袁の即位を誓願する運動を起こしたのである。

袁世凱の皇帝への即位は一応国民代表大会の投票によった。この時は代表一九九三名の全員が君主立憲に投票している。それは、この投票が袁世凱支持の参政院の厳重な監督下に置かれたことに起因していた。参政院はこの投票結果をもって一九一五年一二月一一日、袁世凱を皇帝に推戴し、一六年元旦をもって「洪憲《こうけん》元年」とし、袁は洪憲皇帝と名のることが決定した（及川・山田一九九六）。

このような袁世凱の帝制復活に対して、各地で激しい反対運動が起きた。特に唐継尭《とうけいぎょう》・蔡鍔《さいがく》らは取り消しを要求し、一九一五年一二月二五日には雲南省の独立を宣言し、護国軍を組織し、討袁護国運動を再開したのである。これを辛亥革命の第三革命という。孫文もその活動拠点を日本に移して、反撃の機会をうかがった。一六年になると、貴州省・広西省などが独立し、三月二二日ついに袁は帝制取り消しを余儀なくされ、六月六日、失意のうちに病死する。

（3）中国の新文化運動

中国における大衆レヴェルでの反帝制運動は、新文化運動という形で現われた。新文化運動はまず反儒教から起こった。中国は一九〇五年の科挙の廃止によって儒教の束縛から解き放たれたはずであった。しかし、それは長く続かなかった。袁世凱は自らが権力を握ると、儒教を国教とする「尊孔運動」を展開したのである。

その最初のものは袁が正式に大総統に就任した直後の一九一三年一〇月三一日に公布された「中華民国憲法草案」（いわゆる「天壇憲法草案」）に見られる。その第一九条には「中華民国人民は、法律によって初等教育を受ける義務を有する。国民教育は孔子の道を以て修身大本と為す」とあり、義務教育と儒教を教育の根本とすることが明記されたのである。その後、尊孔運動は本格化する。これに対して反対を表明したのが北京大学教授となっていた陳独秀であった。

陳独秀はグッドナウが「共和と民主」を発表した直後の一九一五年九月一五日、北京で『青年雑誌』を創刊する。『青年雑誌』は一年後『新青年』と改称し、後中国共産党の機関誌となった。陳はその巻頭論文「青年に告ぐ」の中で、袁世凱が儒教をイデオロギー的支柱として伝統社会の復活、強化をはかったことに対して真っ向から対決姿勢を見せた。陳は中国の伝統社会を「奴隷的・保守的・退嬰的・鎖国的・虚文的・空想的」であるとして徹底的に批判し、「自由的・進歩的・進取的・世界的・実利的・科学的」な社会を生み出さなくてはならないと主張した。陳は「社会が変わるには、政治体制の変革だけでなく、むしろ人々の意識の変革こそが重要であると気づいた」として、服従することに馴らされた国民の精神革命（「倫理革命」）を提唱したのである。

陳独秀のこのような提唱に多くの知識人が賛同し、『青年雑誌』『新青年』上で持論を展開した。ここでは儒教は「奴隷の道徳」「自由平等の今日には適さない思想」であるとして厳しく批判された。この場において、胡適《こせき》・魯迅《ろじん》などの中国近代を代表する文学者も活躍した。特に胡適が「文学改良芻議《すうぎ》」において主張した「白話《はくわ》（口語）文」の提唱は、これまで知識人に限られていた文学の大衆化に役立ったのである。

このようないわゆる新文化運動は、北京大学を舞台に展開された。学生たちの間では欧米の民主主義と科学が特に重視された。それは、当時学生たちの間で流行った言葉が「徳先生」と「賽先生」[1]であったことからもわかる。李大釗は一九一八年一月、学長であった蔡元培《さいげんばい》に招かれて北京大学の図書館の主任として赴任した。そして、『新青年』に「庶民の勝利」と「ボルシェヴィズムの勝利」などの論文を次々に発表し、ロシア革命と共産主義の理論を紹介した。李は同時に学内にマルクス主義研究会を設立し、その普及に邁進したのである。

3 三・一運動と五・四運動

このような中で、第一次世界大戦は一九一八年一一月一一日、ドイツの降伏によって終結する。その戦後処理（ヴェルサイユ条約）は、戦勝国であった英仏日などの国益を優先し、植民地問題を棚上げにした矛盾に満ちたものとなった。しかし、その本質が露呈するまでの間、植民地支配に苦しんでいたアジア諸国は、ウィルソンの民族自決主義が実現されるものとして大きな期待を寄せたのであった。

図 4-4　「独立宣言」記念碑（著者撮影）

†三・一運動

東アジアにおいては、まず朝鮮で一九一九年三月一日「大韓独立万歳運動」が全国レヴェルで起きる。いわゆる三・一運動である。一九一〇年の日韓併合後も朝鮮人たちは国内外で独立運動を根強く展開していた。国内では朝鮮総督府の統治下でも密かに独立運動団体を組織し、義兵活動も継続させ、中国の東北地方や沿海州でもその活動はおこなわれていた。そのような朝鮮において、アメリカの民族自決主義実現への期待は大きく膨らみ、これを頼りとした民族活動家たちは一九年一月から独立運動を国内外で一斉に起こすことを計画した。

三・一運動のきっかけを作ったのは、日本にいた朝鮮人留学生たちが出した独立宣言であった。一九一九年二月八日、東京神田の在日本東京朝鮮ＹＭＣＡ（現・在日本韓国ＹＭＣＡ）では「朝鮮留学生学友会総会」が予定されていた。ここで、準備されていた日本語と英語の「独立宣言」を発表し、それを日本の政治家や各国大使館に送った。この中心となった「朝鮮青年独立団」の主要メンバーは検挙されたが、残りは朝鮮に渡り、三・一運動を計画したのである。

この時の独立宣言は、現在も在日本韓国ＹＭＣＡの資料室で見ることができ、正面玄関脇には記念碑がたてられている（図４－４）[2]。

一九一九年三月一日、京城を初めとする主要都市で、一斉に民衆たちが「大韓民国独立万歳！」を叫び、その運動は農村にまで及んだ。この運動は、軍隊と警察によって鎮圧されたが、李承晩《イスンマン》や金九《キムグ》などの活動家は上海で孫文の支持を受け「大韓民国臨時政府」を樹立し、李承晩を大統領に選出した。その後、李は主にアメリカのハワイで活動することとなった。南北朝鮮の分断はこれを起源とするということもできる。

孫文の死後、中国国内での大韓民国臨時政府の独立運動は、蔣介石が金九を保護して、継続させていく（家近二〇一七）。

†五・四運動

中国（中華民国北京政府）は大戦勃発当時中立を宣言していたが一七年八月一四日、対墺宣戦し、連合国の一員となった。したがって、中国は戦勝国であった。中国はその戦後処理を決めるパリ講和会議での民族自決主義に期待し、大戦中に締結した「二十一ヵ条」は、一方的な強迫によるものであるとして、その無効を要求する請願書を提出した。しかし、日本は袁世凱などの中国の代表者が公式に結んだ条約であることを主張したため、日本との関係を重視した英・米・仏は四月二九日「条約の神聖」を理由に中国の主張を却下する決定を下した。

この決定が中国に伝わると、大衆の間に強い失望と欧米に対する不信感がわき起こった。一九一九年五月四日北京大学を始めとする十余の大学・専門学校の学生二〇〇〇人余りが天安門に集結して、「二十一カ条」反対の大規模なデモを起こす。このデモは、「二十一カ条」の時の中国代表であった曹汝霖《そうじょりん》・章宗祥《しょうそうしょう》等の罷免《ひめん》要求、自宅襲撃にまで拡大した。いわゆる五・四運動である。

その後、中国の学生・知識人たちは、欧米への失望の反動としてロシア革命を理想化し、レーニンの「平和に関する布告」に期待をかけるようになる。レーニンは、共産主義による世界革命の実現を目指したが、現実には社会主義革命を資本主義が発達していない国で起こすことは時期尚早であると判断し、方向転換を図る。一九一九年七月、コミンテルン[3]はその第二回大会において「民族・植民地問題についてのテーゼ」を採択し、民族解放運動を社会主義革命の中に組み込むことを決定した。また同時に、いわゆる「カラハン宣言[4]」を発表し、「外国領土の一切の掠奪の拒否、外国民族の一切の強制的併合、一切の賠償の拒否」を主張し、中国に対して帝政ロシアが締結した不平等条約を廃棄することを宣言した。そのことは清末から不平等条約に苦しめられていた中国人民を深く感動させることとなる。このような状況下、孫文も五・四運動で見られた大衆のエネルギーに注目し、一四年七月に亡命中の東京で設立した中華革命党を一九年一〇月一〇日、中国国民党として改組し、ソ連への傾倒を強め、革命の新たなる展開を目指すようになる。

4 中国共産党の成立と国民革命の展開

†中国共産党の成立

一九二〇年三月、ヴォイチンスキーを団長とするコミンテルン代表団が秘密裏に北京を訪れ、陳独秀に接触する。コミンテルンの依頼を受けた陳は李大釗と相談の上、中国共産党の前身となる共産主義小組の設立に奔走する。八月中国の労働運動の中心であった上海で最初の共産主義小組が設立され、『共産党宣言』の中文訳が出版されるなど、その基礎作りが整う。これを受けて、二一年春までの間に北京、武漢、長沙、済南、広州等で共産主義小組が成立し、また『新青年』ばかりでなく、『共産党』『労働者』などの雑誌が次々と創刊された。これに参加したメンバーのほとんどは、新文化運動の推進者か五・四運動の参加者であった。

一九二一年六月、上海共産主義小組は、ソ連から新しく中国に派遣されていたマーリンの指導のもと全国代表大会開催を各地の小組に通達し、七月二三日、上海の李漢俊《りかんしゅん》の兄の家で中国共産党第一回全国代表大会（一全大会）を挙行する。

この時各地の小組から出席した代表は一三名であったが、国内外の七つの共産主義小組から派遣された。すなわち、上海：李漢俊・李達《りたつ》、北京：張国燾《ちょうこくとう》・劉仁静、湖北：董必武《とうひつぶ》・陳潭秋《ちんたんしゅう》、湖南：毛沢東・何叔衡《かしゅくこう》、広州：陳公博・包恵僧、山東：王燼美《おうじんび》・鄧恩銘《とうおんめい》、そして留日学生代表：周仏海《しゅうふつかい》であった。陳独秀は、官憲の尾行がついていたため出席ができず、包恵僧を代理とした。

共産主義の活動は非合法であったため、秘密裏におこなわれたのである。最年長者は四五歳の何叔衡で、最年少者は一八歳の劉仁静であり、平均年齢二八歳の若い集団であった。ちなみに毛沢東はちょうど二八歳であった。この中の李達、包恵僧は後に離党し、また、陳公博、周仏海などは親日派に転向している。

会議は三〇日に党の名前を中国共産党とすること、設立記念日を七月一日とすること、プロレタリアのブルジョアジーに対する階級闘争を闘争目的とするなどを決定して閉会し、総書記に陳独秀、組織主任に張国燾、宣伝主任に李達を選出した。この時、全国の党員数はわずか五七名に過ぎなかった。ちなみに、二〇二三年末の中国共産党員数は、約九九一八万人であった（東京新聞web、二〇二四年六月三〇日）。

以上述べてきたように、「二十一カ条」は、中国にさまざまな影響をもたらした。それは、政治的立場、階級を超え、中国人に衝撃を与えた。中国にとってそれは、まぎれもなく国家的屈辱であり、危機であった。その危機意識が中国共産党を生み出す機運を醸成し、中国革命を新たなステージへと導いたといえる。

†第一次国共合作と国民革命、全国統一

中国においては中国共産党成立後、コミンテルンの指導の下、孫文の中国国民党と共産党との合作が推進された。いわゆる第一次国共合作は、一九二四年一月、広州で開催された第一次中国国民党全国代表大会において成立した。この時は、結党間もない共産党員が国民党に加盟する形（二重党籍）の合作となったが、国民党内には反対する者も少なくなかった。孫文の最大の目的は、独自の軍隊をソ連の指導と援助をもって創設することにあった。そのため、広州に近い黄埔《こうほ》島に陸軍軍官学校（黄埔軍官学校）が建設され、蔣介石が初代校長に任命される。

孫文は、南北を統一すべく一九二四年一一月一〇日「北上宣言」を発表し、上海から海路日本経由で北京に入ることを決め、一一月二四日、神戸に到着した。この時おこなったのが「大アジア主義」の演説である。孫文はアジアと欧米の文化は基本的に異なっていることを強調し、日本に対して、「仁義道徳」を基礎とするアジア固有の文化に回帰し、欧米に対抗するため中国と連帯することを訴えたのである（嵯峨二〇一六）。

北京入りした孫文は一九二五年三月一二日、肝臓癌を悪化させ、死去する。その遺嘱《いしょく》には「中国の自由・平等」の達成、不平等条約の撤廃を早期に実現することが最も重要であると述べられていた。この目標を誰が引き継ぎ、達成するのかについて国民党内部は、三民主義の解釈とその実現方法、共産党との合作継続の是非をめぐって分裂するが、共産党は国民革命の過程で組織が拡大し、国民党の指導権を脅かす存在になっていく。

一九二七年四月一二日、蔣介石は上海で反共クーデターを断行し、一八日南京に反共の国民政府が発足する。同年七月国共合作を基盤とする武漢政府主席であった汪精衛《おうせいえい》は分共を決定し、国民党の統一が実現、二八年一月、北伐《ほくばつ》が再開される。蔣介石は、前述したように留日ブームに乗って〇六年に日本に軍事留学した学生の一人であった。振武学校卒業後一〇年冬から辛亥革命勃発まで日本陸軍の高田連隊に入隊して訓練を受けた経験のある蔣は、日本語も堪能で日本理解も深く、信頼関係を築いていた恩人、友人知人も多かった。そのような蔣にとって、北伐途上の二八年五月三日に自らが体験した済南事件は衝撃的出来事であった。済南は五月一一日に居留民保護の名目で日本軍に占領されるが、蔣の最大の目標は日中間の平等の達成にあった。

国民革命軍は一九二八年六月北伐を完成後、南北中国を統一し一〇月一〇日、南京国民政府が全国支配を開始する。南京国民政府は孫文の三程序（軍政、訓政、憲政）に則って国家建設を開始するが、最終目標が憲政であることを好意的に受け止めた欧米諸国は、不平等条約の一部（関税自主権）を撤廃する。このことは、中国に民族資本発展の可能性を与えたが、これに危機感を持ったのが日本であった。中国の経済発展の可能性は、アジアにおける唯一の先進国と自負していた日本の地位を脅かしかねない。その後日本は満蒙などの既得権益を守ることに専念するようになる。

註

（1）「徳」は「徳莫克拉西」（デモクラシー）、「賽」は「賽因斯」（サイエンス）の略であった。

（2）「二・八独立宣言資料室」（東京都千代田区神田猿楽町二―五―五）

（3）コミンテルン（Comintern）は、Communist International の略で、第三インターナショナルともいう。中国では、共産国際と称する。一九一九年三月レーニンによって設立され、四三年五月まで存在した。世界に社会主義革命を実現するための指導機関とされた。

（4）カラハン（Karakhan）はソ連の外務人民委員代理であった。

第5章 日中戦争への道

1 第一次世界大戦後の世界情勢と東アジア

†アメリカの繁栄とワシントン体制

(1) アメリカの繁栄

第一次世界大戦終結後、ウィルソンの後一九二一年三月から大統領となったウォレン・ハーディング(Warren G. Harding)大統領は、「アメリカが一番」の方針を打ち出し、内需拡大を重視し、モンロー主義へ回帰した。アメリカは、大戦中に得た巨万の富を背景に戦後世界の商業・金融市場における支配的地位を確立することに成功する。

貿易においては、輸出超過が十数年継続し、世界の金の半分がアメリカに集中し、米ドルは世界の基軸通貨となり、世界の富の四〇％を独占するようになる。例えば、世界の重工業に占めるアメリカのシェアは、鉄鋼・四〇％、銅・六〇％、石炭・五〇％、石油・七〇％、自動車・八五％であった。そのため、日本と中国も共に対米依存が強くなっていく。日本は、鉄鋼や石油を一九四一年の夏まで対米輸入に頼っていた。また、南京国民政府の指導者となった蒋介石は、アメリカからの支持と同情に基づく様々な援助を引き出すため、精力的な外交戦略を展開していく。

(2) ワシントン会議と「九カ国条約」

ウィルソンの「十四カ条」の第四条は、軍縮であった。戦後、アメリカは軍縮会議を主催するようになる。一九二一年一一月から翌年二月にかけて、ハーディング大統領が提唱してワシントン会議が開催された。そこでは、「四カ国条約(米英仏日)」「九カ国条約(米英仏日伊蘭中葡白)」、そして「海軍軍備制限条約」が締結された。これらの条約に基づいた国際関係をワシントン体制という。

軍縮に関していうと、海軍の主力軍艦の保有トン数の縮小が決められ、英米五に対して、日本三、仏伊一・六七、一〇年間の主力艦および航空母艦の新造を中止することなどが決められた。この決定は、海洋国家である日本にとっては厳しいもので、特に海軍内部に強い不満を残すことになった。

一九二二年二月六日に締結された「九ヵ国条約」は中国の主権を尊重し、中国に対する「領土保全・機会均等・門戸開放」を推進する内容であった。目的は、日本の中国に対する独占的な影響力拡大を阻止することにあった。それに先駆けて締結された、英米の仲裁による「山東還付条約(二二年二月四日調印、六月発効)」で山東省の既得権益のほとんどが無効になり、山東駐屯軍も撤退が決定していた。南京国民政府の指導者となった蔣介石は、繰り返しこの「九ヵ国条約」を日本の侵略の非合法性を国際社会に訴える根拠としたのである。

2 日本の不況と世界大恐慌

†大正デモクラシーの展開

第一次世界大戦の戦争特需で経済発展したのは、アメリカばかりではなかった。日本もこの間輸出を飛躍的にのばし、大幅な貿易黒字となって外貨準備高も過去最高となった。このため海運業、造船業などの重化学工業が盛んになり、本格的工業国へと発展する。このような好景気を背景として、日本では「大正デモクラシー」が展開された。

施行年	条件（直接国税）	性別・年齢	人口比	備考
1889	15円以上	男25歳以上	1.1%	制限選挙
1900	10円以上	男25歳以上	2.2%	制限選挙
1919	3円以上	男25歳以上	5.5%	制限選挙
1925	制限なし	男25歳以上	20.8%	男のみ普通選挙
1946	制限なし	男女20歳以上	48.7%	男女普通選挙
2016	制限なし	男女18歳以上	83.3%	男女普通選挙

図5-1　日本の選挙権の推移

明治天皇の死去により、明宮嘉仁《はるのみやよしひと》が即位し、一九一二年七月三〇日から大正時代が開始した。前章で述べたように、日露戦争は非戦論・反戦論、社会主義、女性解放運動の傾向を生み出した。その流れの中で東大教授であった吉野作造が提唱した「民本主義」が盛んになっていく。吉野は『中央公論』を舞台として時代を代表するイデオローグになっていく。「民本主義」は、Democracyの訳であるが、民主主義が「主権在民」を意味するため、その使用を避けた。具体的には普通選挙の推進などを主張した。日本の選挙制度は、現在まで以下のように推移した（図5－1）。

大正デモクラシーの結果、男子に限っては普通選挙が実現する。この時、女性の参政権を求め、女性解放運動も盛んになった。平塚らいてうは、一九一一年九月に雑誌『青鞜《せいとう》』を創刊して、男性中心の家族制度に反対して、女性の自由と自立を呼びかけた。市川房枝は新婦人協会を舞台に、女性の政治参加を目指す運動を起こして活躍した。この中で教員、看護婦、電話交換手、バスの車掌などの職業婦人、「モダン・ガール（モガ）」が増え、女性の社会進出が活発化したが、参政権獲得は戦後まで実現しなかった。

吉野作造の主張の中で、東アジアに関するものは、注目に値する。吉野は、三・一運動、五・四運動に共感を示し、「民本主義」を国際関係にまで拡大する主張をおこなった（吉野一九八七）。また、石橋湛山《たんざん》は『東洋経済新報』において論を張り、日本の植民地支配に反対し、国内の政治・経済・社会の充実を優先する「小日本主義」を主張した。しかし、その一方で軍部は第一次世界大戦後のワシントン体制、デモクラシーの風潮の中で、自らの影響力低下に対して危機感を強め、その復権の機会をうかがうようになる。

†日本の不況と世界大恐慌

第一次大戦終結後、欧米諸国がアジア市場に復帰すると、日本の輸出が低下し一気に不況となった。日本では世界に先駆け一九二〇年代初頭に大不況が起き、中小企業の多くが倒産し、その影響は労働者、農民に及び、米騒動や労働争議、ストライキが多発するようになった。労働組合の全国組織である日本労働総同盟は一九二一年、日本農民組合は二二年に成立している。

国際的にも日本は孤立の途を歩まざるを得なくなる。日本は一九二〇年一月に設立された国際連盟の常任理事国に英・仏・伊と並んで就任し、四大国の一つになったが、ワシントン会議

図5-2　アメリカでの関東大震災救済運動

では日本が「二十一カ条」で得た既得権益の多くを手放すこととなった。その後日本は二四年六月、加藤高明内閣の外相となった幣原喜重郎《しではらきじゅうろう》の下、国際協調外交を展開し、二八年八月にはパリで日本を含む一五カ国が「不戦条約」を締結し、三〇年四月にはロンドン海軍軍縮会議が開かれるなど、国際協調の時代が表面上は続くこととなる。

しかし、その一方で日本の国内は不況による社会不安が高まっていった。特に一九二三年九月一日に起きた関東大震災は、午前一一時五八分、東京・横浜を中心に関東一円を直撃した大地震で、マグニチュードは七・九であった。死者・行方不明者は一四万二八〇七人、家屋の全焼・全壊が五七万六二六二戸というきわめて大きなものであったため、日本経済は壊滅状態に陥る（図5-2）。

さらに日本の不況に拍車をかけたのが世界大恐慌であった。一九二九年一〇月二四日の「暗黒の木曜日」、ニューヨーク・ウォール街の株の大暴落に端を発する世界大恐慌の波は、各国に及び、イギリスやフランスは自国の植民地を中心とするブロック経済の保護貿易体制をとるようになる。このため、日本では輸出産業が低迷し、工場の倒産が相次ぎ、失業率は一五％にもなった。農村は疲弊し、女工に出すだけでなく、娘の身売りなどもおこなわれるまでになった。

このような状況の下、日本では不況による失業対策として、また不満の解消として大陸、特に満洲（中国東北部）への進出を望む声が高くなる。特に陸軍・国家主義団体・野党であった立憲政友会や中国に利権をもつ実業家たちは、幣原外交を「軟弱外交」と非難し、中国への強硬策を求めるようになる。

3 日本の軍事侵攻——済南事件と満洲事変

†済南事件と反日団体の組織化

一九二七年四月に成立した南京国民政府の最大の目標は、辛亥革命の失敗により南北に分裂していた中国を統一し、孫文の遺教となる三民主義による国家建設を実現することにあったが、そのためには、中華民国の正統政府を自認していた北京政府を打倒する必要があった。当時、北京政府を統治していたのは満洲に基盤を持つ奉天軍閥の張作霖《ちょうさくりん》であった。張作霖は、日露戦争時に当時中佐であった田中義一に救われたことがあり、一六年に奉天督軍兼省長に就任すると、日本陸軍士官学校出身者を積極的に採用した。そのような張作霖に対して日本は寺内内閣の頃から支持をし、また朝鮮銀行を通して多額の借款をおこなった。日本は張との関係を強化することで、満洲への影響力を強化していく。しかし、張作霖が六月に「中華民国陸海軍大元帥」に就任した頃には日本との関係で齟齬《そご》が見られるようになり、東北部各地では反日運動が組織されるようになっていた（西村二〇一七）。

蔣介石は、南京国民政府内部ですぐに権力を掌握したわけではなかった。胡漢民《こかんみん》などの長老は、蔣介石の権力を軍事のみに閉じ込めようとした。そのため、蔣は一九二七年八月に下野せざるを得なくなり、九月二八日から約四〇日間にわたる生涯最後となる日本訪問をおこなった。その間親友であった宮崎滔天の息子の龍介と行動を共にし、旧知の日本人、内田良平、萱野長知《かやのながとも》、渋沢栄一、犬養毅、梅屋庄吉などと会った。彼らは孫文時代からの中国革命の支持者であり、蔣が絶対的な信頼を寄せている人物たちであった。このような日本人との交流がその後の対日政策に大きな影響力を持つことになる。また、最後には首相であった田中義一と非公式ながら会談をもった。

この蔣介石の最後の日本訪問の目的は、一般的に有馬温泉（兵庫県）に逗留していた宋美齢《そうびれい》の母親を訪ね、美齢との再婚の許しを請うことと、首相兼外相であった田中義一と会談をもつためであったといわれている。しかし、田中との会談は当初予定に入ってはいなかった。それが実現できるかどうかは、蔣にとっては重要な意味をもっていた。蔣は二四日の東京でのインタビューに「東上の目的は全然政治的意味ではなく、……田中首相は目下御旅行中だから面会することはできないと思う」と答えている（『東京朝日新聞』一九二七年一〇月二四日付）。

ようやく蔣介石が田中首相と会えたのは、一一月五日になってからである。当日の「蔣介石日記」によると、同日の午前は民政党の浜口雄幸《はまぐちゆきお》総裁を訪問し、午後には田中首相を訪問し、それぞれと日中関係の今後についての会談をおこなっている。田中との会談の場所は官邸ではなく、青山の私邸であり、非公式であった。五日は土曜日であったが、新聞紙上に発表された首相の週末日程には蔣との会談は入っておらず、その日田中は午後三時四二分東京駅発の列車で腰越の別荘に行く予定であったため（『東京朝日新聞』一一月五日付）、急遽実現したことがわかる。

会談には田中の側近の佐藤安之助少将と張羣《ちょうぐん》が同席した。会談の内容は佐藤が記録し、「田中首相蔣介石会談録」（「帝国ノ対支外交政策関係一件・松本記録」、外務省外交史料館史料）として残されている。両者の発言を抜粋すると、次のようになる。

田中「列強中貴国に最も利害関係を有するものは日本なり　日本は貴国の内争には一切干渉

せざるべきも貴国に共産党の跋扈《ばっこ》することは断じて傍観しがたし　此《この》意味に於て反共主義者の貴下（蔣介石―筆者注）が南方を堅むることは日本としても大いに望む所にして……日本の利権其他を犠牲とせざる限りに於て貴下の事業に対し充分の援助を惜しまざるべし」

「……日本の張作霖に対する態度なり　世間動《やや》もすれば日本が張を助くるものの如く称道するものあれど全く事実に相違す　日本は絶対に張を助け居らず　物質は勿論助言其他一切の援助を為し居らず　日本の願ふ所は唯満洲の治安維持にあるのみ安心あり度し」

蔣「今よりただちに北伐を行ふ事を不可なりとする御高論に対しては全然同感なり　南方を堅めて而して後方を伐つべきことも亦同様なり」「自分は共産党が跋扈せば起つべし」

田中「貴下の共産観は自分の夫《そ》れと同様なりと確信しあり」

蔣「支那に排日の行はるるは日本が張作霖を助け居るものと思はざればなり……支那の国民は軍閥が日本に依頼し居るものと誤解しあり　故に日本は吾人同志《ごじんどうし》を助けて革命を早く完成せしめ国民の誤解を一掃する事必要なり　而して事如此《ことこのごとく》なるにては満蒙問題も容易に解決せられ排日は跡を絶つべし」

蔣はこの時、自らがおこなう北伐に対して、日本の理解を求め、出兵をしないように要請した（家近二〇一三）。しかし、その期待は大きく裏切られることになる。

一九二八年五月に起きた済南事件は、中国全土に反日運動を組織化し、拡大させる役割を果たした。同年一月に国民革命軍総司令に復職した蔣介石は、四月七日に北伐を再開させ、全国統一を目指し、山東へと向かった。蔣介石は、日本人とその居留地の安全を守ることを日本政府に約束したが、馮玉祥の北伐軍が済南入りし、さまざまな反日宣伝工作をおこない、日本軍との対決機運を高め、日本人に対する虐殺、暴行、略奪が横行していた。これに対して、田中義一内閣は四月一九日、あくまでも居留民保護の名目で第二次山東出兵を閣議決定し、翌二〇日に発表し、その日のうちに天津からの派遣軍を済南に到着させた。

蔣介石は北伐再開の前の三月六日、日本の新聞記者を夕食に招待して演説をおこなった。この時蔣は、「われわれは、日本が、あらゆる友邦諸国のうちで、国民革命の意義をもっともよく了解し、革命を妨害するようなことはしないと信じている」「このことを日本の国民と政府に、よく伝えて欲しい」と語った（『蔣介石秘録』7）。しかし、この蔣の願い、また会談時の約束も空しく、田中首相は第二次山東出兵に踏み切った。そして、山東に派遣された第六師団は、四月二六日に青島を経由して済南に入る。

日本の山東出兵を知った蔣介石は、四月二〇日の「日記」に「北伐が阻止されることがあれば、党国の前途はない。我はただ恥を忍び、重荷を背負い、意志を固く持って闘うのみである」と記している。ここからは、蔣が北伐完成のため日本との全面衝突は避けたいと考えていたことがわかる。蔣の率いる第一集団軍は五月一日済南に到着した。その日の「日記」には、次のようにある。

「沿道には日本軍が配備され、鉄条網の後方で銃剣を光らせ、厳しい警備体制を敷いていた。わが軍隊と人民は警備線を通過することも許されなかった。……われわれは堪え忍ぶしかない」。

蔣介石は、北伐完成という大目標の前で各軍に日本軍との衝突を避けることを通告する。しかし、五月三日、日本軍は済南城に対して砲撃を開始し、市内でも戦闘が起きた。これが済南事件である。それを知った蔣は、「日記」に「どうして衝突が起きたか分からない」と書いている。その後、蔣は日本軍とのさらなる戦闘を避けるため泰安に退いたが、五月七日、第六師団長であった福田彦助は、蔣に対して「五カ条の要求」を突きつける。そこには事件に関係した「高級武官の処刑」「日本軍に抗争した軍隊の武装解除」「一切の反日的宣伝その他の厳禁」などが書かれていた。また、蔣の「日記」によると、この要求が書かれたのは正午で、渡されたのが午後四時、要求実行期限はその日の夜一二時という理不尽なものであった。

八日には日本軍が総攻撃を開始し一一日には済南全域を制圧した。一〇日、国民政府は日本の山東出兵と済南事件を国際連盟に提訴したが、一二日には却下されたのである。

この事件が中国社会に与えた影響は大きかった。まず、この時期は歴史的な事件の記念日（五・四運動の記念日と「二十一ヵ条」の「国恥記念日」）と重なった。特に、馮玉祥とその将校たちはその意識が強く、毎年五月七日には「国恥紀念日」と書かれたベルトを身に付けることを習慣としていた。中国の中国国民党の機関紙（『中央日報』『広州民国日報』『民国日報上海版』など）では反日広告と「侵略」「国恥」の文字が踊った。蔣介石が自らの「日記」の冒頭に「雪恥」と書き始めるのは一九二八年五月九日からであるが、これは当時の新聞で、世論の影響があったと思われる。

上海では日貨排斥運動が開始され、全国反日会が組織された。一九二八年七月二一日には「全国反日団体代表大会」が開催され、全国から代表一〇〇余名が参加し、「全国反日会組織大綱」が決議された。また、同時に「国貨提唱運動」が展開され、「国貨維持会」が全国規模で組織され、各地方の新聞に広告を掲載し、国貨の使用を呼びかけた。八月下旬には北京学生連合会が大規模な排日運動を起こし、各種の排日伝単（ビラ）を作成して配布し、「対日経済絶交宣言」を発表した。

このような反日運動は、天津総商会などの反対などもあり、次第に下火になっていった。天津で発行されていた『大公報』は、きわめて冷静な報道をおこなっていたのである。しかし、この時の反日の組織化と運動の経験は、満洲事変後の全国的な抗日運動の母体となり、日中戦争につながっていくのである。

†張作霖爆殺事件から満洲事変へ

(1) 張作霖爆殺事件

北伐軍が北京にせまる中、張作霖は最後の最後までの抗戦を主張したが、最終的には奉天への撤退を決意し、一九二八年六月三日未明、北京から特別列車を仕立てて奉天に向けて出発した。列車は四日午前五時半、奉天近くに差し迫った際に爆破された。現場は、京奉線が下を満鉄線が高架を走る十字に交差した場所であった。日本の新聞はおおむね「南方便衣隊」が「埋設した爆弾」が炸裂したと一斉に報じた。しかし、これは関東軍高級参謀であった河本大作《こうもとだいさく》が首謀したものであったことが後に判明している(家近二〇一五)。この事件は、当時「満洲某重大事件」といわれた(図5-3、図5-4)。

国民革命軍は六月七日、張作霖不在の北京に無血入城し、北伐の完成を宣言する。北京の天安門には中華民国国民政府の国旗である青天白日満地紅旗《せいてんはくじつまんちこうき》がはためいた。一二月二九日張作霖の長男であった張学良は、三民主義の遵法《じゅんぽう》と国民政府への服従を表明して「易幟《えきし》(国民政府の旗を掲げること)」をおこない、蔣介石は実質的な全国統一を完成させた。この学良の国民政府への参加が日本にとっては満蒙支配の危機と映った。その後、軍部の動きが活発化する。

一九三一年九月一八日夜半、奉天（現・瀋陽《しんよう》）郊外の柳条湖《りゅうじょうこ》で満鉄(1)の線路が爆破されるという事件が起こる。関東軍はこれを中国側の仕業であると発表してただちに軍事行動を起こし、奉天・長春などの都市を占領した。しかし、実際にはこれは武力行使の口実をつくるため、板垣征四郎《せいしろう》大佐、石原完爾《いしわらかんじ》中佐らの関東軍参謀の一部が起こした謀略であった。これを、一般に満洲事変という。また、中国においては「九・一八事変」という。この時国民政府は蔣介石の「安内攘外《あんないじょうがい》」政策(2)のもと、国内における最大の敵・共産党勢力を壊滅させる作戦（剿共戦《そうきょうせん》）の展開、また揚子江で起きていた大洪水の被災民の救済と援助要請を優先課題としたため、国際連盟に提訴するにとどまり、全面戦争には至らなかった。その蔣の判断の背景には、基本的な日本への信頼があった。蔣は、当時犬養毅に期待し、軍部の行動は「猪突的」と判断していたのである（家近二〇一二）（図5－5）。

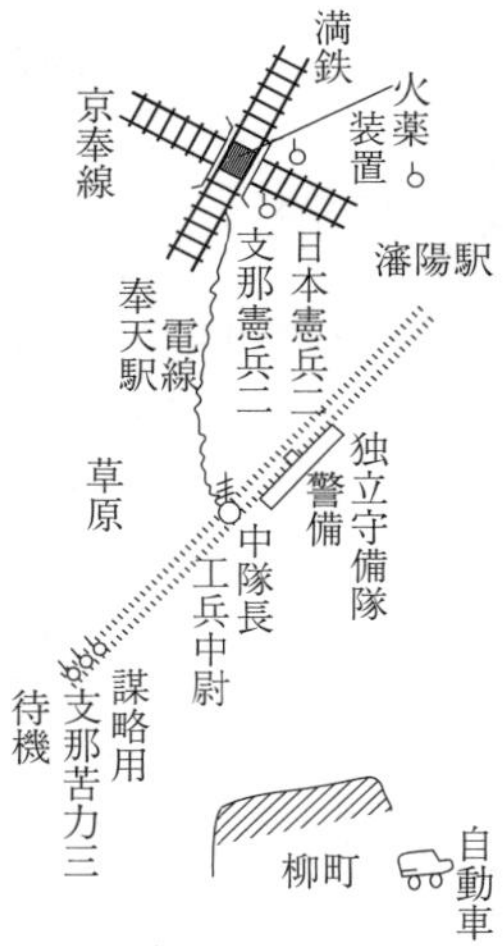

図5-3　張作霖爆殺事件の現場の地図（筒井清忠編『昭和史講義』）

満洲事変後満蒙は実質上日本の支配下に入る。関東軍はその後満蒙に新政権を樹立して国民政府から切り離し、

図5-4　爆破された車両（中国・国際戦略研究基金会編『対日戦争史録――写真・記録集』1995）

日本が自由になる独立国をつくろうとする計画を進める。そして、一九三二年三月一日清朝最期の皇帝・溥儀を担ぎ出して「満洲国」を建国する。しかし、そのことが日本をさらに国際的に孤立させることとなる。このような一連の日本の行動に対日不信感を深めた国際連盟は、満洲問題調査のためにイギリスのリットン(Lytton)を代表とするリットン調査団を派遣し、調査団は三二年一〇月一日報告書を発表した。それに基づいて国際連盟で満洲国の正当性が否決されると、三三年三月二七日松岡洋右《まつおかようすけ》が日本の国際連盟脱退の演説をおこなった。蔣介石の不戦・不抵抗は共産党からは激しく非難されたが、日本の連盟脱退を結果したことで、外交上の勝利と見ることができる。

(2) 蔣介石の朝鮮独立支援活動

日本は、三・一運動が予想外に全国規模で激しく展開されたことに反省し、武断統治から文治統治へと転換させたため、朝鮮社会は大きく変わった。都市開発が進み、道路、学校、病院が建設され、近代化していった。京城(ソウル)には多くの日本人も移住し、「内鮮一如」の政

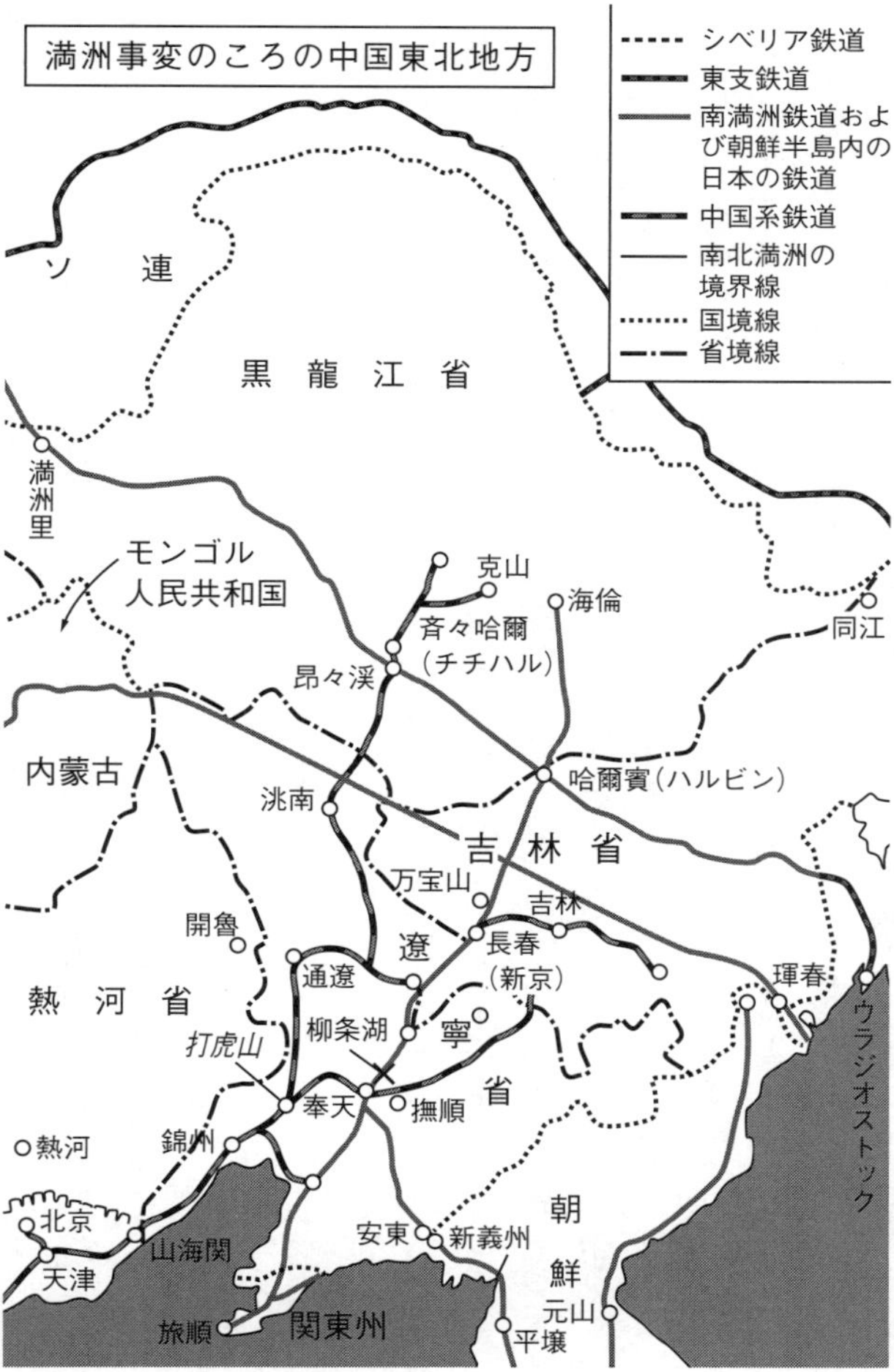

図 5-5　満洲の地図（加藤陽子『戦後の日本近現代史』）

策の下、日本語教育や日本文化（大衆映画・歌謡曲など）が急速に普及した。

一方、朝鮮独立運動は主に海外でおこなわれていた。特に国際的な民間団体であったIPR（太平洋問題調査会）をその承認の場として利用する動きは、その設立時からあった。朝鮮IPRは、YMCAを母体として日本とは独立した団体として独立運動を展開しようとした。(3)

蔣介石は、このIPRを自らの外交戦略実現の場として重視し、一九二九年の第三回京都IPRから政治介入するようになる。奇しくも、第四回IPRは中国の杭州で一九三一年一〇月に開催が予定されていた。その直前に満洲事変が起きたわけであるが、日本との矛盾を解決する場として重視した蔣はその場所を上海に代えて、開催を決断する。その後中国IPRに対して関与を強め、大韓民国臨時政府承認の場として利用しようとしたのである（家近二〇一七）。

大韓民国臨時政府においては、金九が臨時政府の代表となり、中国国内で活動をおこなっていた。国民政府は孫文を引き継ぎ、一貫して臨時政府を日本の弾圧から保護する立場をとった。蔣介石と金九は、一九三三年初め、南京の中央軍官学校で初めて会った。この時、蔣は「東方の各民族は、孫中山先生の三民主義に合致する民主政治をおこなうのがよかろう」と話したという。金九は、二年以内に日本、朝鮮、満洲で同時に暴動を起こす計画を話したが、蔣はまず武官を養成することが必要だと話した（金九自叙伝二〇〇九）。その結果、その年の一二月、洛陽にあった軍官学校第七分校内に正式に班が設置され、金九が推薦した九二名の朝鮮人学生が二年間の正規軍事訓練を受けることになったのである。

大韓民国臨時政府は、中国国内を転々としたが、一九四〇年に重慶に定着し、金九は蔣介石の支援により「国軍」としての「光復軍」を創設し、太平洋戦争が勃発すると、中国と共に日本に宣戦布告した。この金九の臨時政府は、アメリカ・イギリス・ソ連などからの承認を受けるべく国際活動を活発におこない、蔣はこれを全面的に支持したのである。

(3) 満洲国と満蒙開拓団

東アジアの歴史を考える上で、日本の満洲支配は戦前戦後を通して大きな意味をもつ。日本から満蒙とよばれた地域は、現在の中国東北三省および内モンゴルの一部一帯を指したが、この地域に全国から入植した日本人は二七万人にのぼる。

満洲国は、日本人、満洲族、漢族、朝鮮人、モンゴル人の五族が「協和」する国家を目的に一九三二年三月一日に建設された。首都は新京(長春)であった。清朝最後の皇帝であった溥儀が皇帝に就いたが、実権を握ったのは日本の関東軍[4]であった。日本は、国内の失業対策と満洲国への影響力強化、ソ連に対する防衛のため、満蒙開拓団を送り込んでいく。また、朝鮮からも開拓団は送り込まれた。国内で最も多かったのが長野県で、三万三〇〇〇人が移住したが、飯田・下伊那《しもいな》地方からはその四分の一にあたる八四〇〇人が送り出された。「満洲に行けば二〇町歩の大地主になれる」という誘い文句に乗って、農家の次男、三男が送り出されたのである（寺沢二〇一三）。

彼らは、日本政府や地方自治体の勧誘によって渡満したが、その行く末は悲劇的であった。一九四五年八月八日の突然のソ連参戦とそれに伴う満蒙への軍事侵攻によって、彼らの十数年の開拓の努力は水泡に帰したばかりでなく、虐殺や、捕虜収容所への抑留、命からがらの逃避行の中で、日本人残留孤児が生まれた。彼らが日本に帰国するには長い年月が必要であった。この時、日本軍とその家族はいち早く引き揚げたが、開拓民のほとんどは取り残されたのである。二〇一三年四月に開館した「満蒙開拓平和記念館」（長野県下伊那）は、その記録と記憶（オーラルヒストリー）を保存している。

4 日本の軍国化――暗い昭和への道

†五・一五事件

一九二〇年代のワシントン体制下の軍縮ムードは、満洲事変の「成功」で一変し、日本は再び戦争熱を帯びるようになる。しかし三一年の一二月一三日、立憲政友会の犬養毅が首相となった。犬養はアジア主義者であり、孫文や蔣介石の支援者でもあった。犬養は、満洲事変を話し合いで解決する道を模索した。その意味では蔣と同じ考えだったと言える。しかし、そのような犬養の対応を勢いのある軍部は「軟弱」と批判するようになる。

一九三二年五月一五日の日曜日、海軍の青年将校と陸軍の士官候補生の一団が拳銃を持って首相公邸に乱入し、犬養を暗殺した。この背景には日本がロンドン軍縮条約に調印した不満があった。次期総理には軍人出身の斎藤実《さいとうまこと》が就任したのである。

蔣介石にとって最も信頼する政治家・犬養毅が立憲政友会の党首となったことは、きわめて歓迎すべきことだった。犬養が一九三一年九月の統一地方選挙で勢力を拡大したことを中国の新聞は詳細に伝えている（『華北日報』一九三一年九月八日）。蔣は犬養を「最も熱心な」中国「親善政策」の「主唱者である」として高く評価していた（蔣介石一九三三）。犬養が政権を樹立する可能性が出たことは、済南事変を起こした田中義一内閣以降の日中関係悪化の改善を期待させるものとなった。政友会は対外強硬論を主張したが、犬養自身は「軍部の独走に憂慮の念を抱いており」、満蒙問題が「一歩誤れば国を無底の陥穽に転落させる」ことになると危惧していたのである（玉井一九九六）。だからこそ犬養の死は、蔣にとって対話路線の相手を失うという衝撃的なものとなった。その後日本では「大正デモクラシー」で活発化した言論の統制が厳しくなっていく。

†二・二六事件

明治憲法は、先に述べたように解釈の可能性と含みをもった憲法であった。その中から美濃部達吉などの「天皇機関説」も生まれていた。このような風潮を一変させたのが一九三六年二月二六日のいわゆる二・二六事件であった。これを起こしたのは皇道派の青年将校に率いられた下士官一四〇〇名であり、首相官邸などを一斉に襲撃して斎藤実内大臣、高橋是清《たかはしこれきよ》蔵相などを殺害し、天皇親政の政治を実現する「国家改造」の「昭和維新」を画策した。しかし、内閣を打倒することを昭和天皇が「拒絶した」ため、クーデターは二九日に鎮圧され、失敗に終わる。その後、軍部では石原莞爾の満洲派が急速に台頭することになる(筒井二〇一五)。また、天皇を神格化(現人神説)する風潮が日本社会で定着し、それが植民地においても皇民化運動となって展開されることとなる。

この事件が蔣介石に与えた影響は大きかった。二・二六事件の翌日の「日記」に蔣は「これにより禍乱は日ごとに深まり、侵略は必ずや激しさを増すだろう」と書いている。蔣の危機意識は、他の中国人にとっても同じであった。特に、中国共産党は蔣介石に一九三五年から一致抗日を呼びかけていたのである。日本の天皇を中心とする軍国化と抗日運動の全国化、本格化は大きな渦となり、東アジア全体を巻き込んでいく。

5　西安事件——抗日の全国化・組織化

†原因

一九三六年一二月一二日早朝に起きた西安事件は、中国近代史においても日中関係史においても重大な事件であった。事件の首謀者は張学良と楊虎城《ようこじょう》で、その攻撃の対象となったのは蔣介石である。目的は、蔣が遂行していた安内攘外政策を転換させ、中国共産党と共に「一致抗日」を実行させるための「兵諫《へいかん》」（武力に訴えていさめる）、クーデターであった。日中は同じ年にクーデターによってそれぞれの国の方向性を決めたといえる（家近二〇一九）。

西安事件が起きた日は、蔣介石の第六次剿共戦が発動される予定の日であった。もし、この作戦が予定通り実行されていたら、共産党の根拠地は壊滅的な状態になっていたであろう。それを阻止した張学良には中国共産党史、それに基づく中華人民共和国の歴史教科書において、一貫して「偉大な愛国者」という高い評価が与えられている。

張学良は一九〇一年六月三日生まれで、西安事件の時は三五歳であり、蔣介石よりも一四歳年下であった。学良と蔣は、二八年六月四日の早朝に起きた張作霖爆殺事件の直後から急接近した。学良の立場は、満洲事変後きわめて微妙となった。三一年八月一六日、蔣は学良に電報で「今後、日本軍がどのように東北で挑発してこようとも、我が方は不抵抗を構え、つとめて衝突は避けなくてはならない」と伝えていたのである。そのため、学良は「不抵抗将軍」と揶揄されることになる。

張学良は日本によって多くの拠り所を失った。父親と家、先祖の墓、支配領域で経済的な基盤でもあった故郷、そして誕生日である。張作霖が爆殺された日は、奇しくも学良の誕生日の翌日であった。そのため、彼は翌年から誕生日を祝えなくなる。学良にとって、満洲を失うことは、自分だけでなく、自分の部下である東北軍の兵士たちの故郷も奪われることでもあった。部下に対する責任という点からしても、不抵抗は辛い選択であったと言える。西安事件の背景にはこのような学良の想いがあった。

一九三五年一〇月一日、蔣介石は西安で成立した「西北剿匪《そうひ》総司令部」の総司令に就任し、学良を副総司令に任命する。西安においては、実質的には総司令の役割を学良が担い、指揮をとることになった。学良と東北軍兵士たちは満洲事変以来、ようやく定住の地を得たことになる。西安で学良が住んでいた瀟洒《しょうしゃ》な洋館は、現在は「西安事変記念館」として一般公開されている（図5-6）。

中国では全国的な抗日ナショナリズムのボルテージが日増しに高まり、国民政府への圧力となっていく。それでも蔣介石は一九三六年二月初め張学良に陝西《せんせい》省北部の紅軍に対する徹底した囲剿《いそう》（共産党を滅ぼすこと）を指示した。しかし、その時にはすでに東北軍兵士たちの共産党と戦う士気は落ちており、学良に兵士たちはかえって、共産党とではなく、日本と戦う決断を迫る（NHK一九九一）。そのような学良に対して、中国共産党が接近し、四月九日学良は延安のカトリック教会を秘密裏に訪ね、周恩来と一致抗日を達成するために会談する。この時の会談で「共産党の軍隊は国民党軍に編入されること」「紅軍という名称は廃止すること」「抗日戦勝利後は、共産党を合法的な政党として認めること」などが決まった。

図5-6　西安の張学良公館跡（著者撮影）

†西安事件とその影響

西安事件は一二月一二日の早朝、張学良軍が蔣介石を西安郊外の華清池《かせいち》（執務室としていた）で捉え、市内に幽閉し、剿共戦の停止、蔣介石を中心とする抗日民族統一戦線の結成を迫った軍事クーデターであった。幽閉後、国民政府の強硬派は武力進行などを主張したが、妻であった宋美齢や義理の兄の宋子文《そうしぶん》などは蔣の救出を優先し、西安に向かった。中国共産党は、学良らの行動を歓迎したが、コミンテルンの意向を受け、蔣を人民裁判にかけることなどは避け、周恩来を交渉人として派遣した。この時、コミンテルンは共産党ではなく、蔣介石の国民政府に抗日の全指揮を託そうとしたのである。

二五日の午前中、蔣介石は事件後初めて周恩来と会談した。周は剿共戦即時停止を要求し、蔣はこれを承諾したが、その代わりとして、全国統一と全国軍隊の指揮を蔣が統率すること主張した。これに対して、周は「紅軍は蔣先生の指揮を受け、中央の統一を擁護」すると約束した(「蔣介石日記」一九三六年一二月二五日)。その日の午後蔣は解放され、南京に帰る。同行した学良は身柄を拘束され、そのまま長い幽閉生活に入るのであった。

この事件は、次のような影響をもたらした。

(1) 宋一族の権力掌握、親日派の衰退

西安事件勃発後、国民党内部で起きた蔣介石救出をめぐる対立は、妻である宋美齢の「思い」が優先される結果となり、決着した。空爆を含む武力進行を主張したメンバーに対し美齢は蔣を見殺しにして、権力の座をねらっているとの疑いまで持った。その代表的な存在であった何応欽《かおうきん》・戴季陶《たいきとう》は日本留学経験者で、蔣とも古くからの仲間であった。彼らは、親日派とも呼ばれており、強硬な反共主義者でもあった。事件解決後、彼らの立場は弱くなり、和平交渉

にも影響をもたらすこととなる。

事件解決後権力を掌握していく宋一族は、欧米派と見られていた。美齢は、戦闘機が何応欽によって使われ、蔣の命の危険があったということを理由に、事件後自らが空軍を指揮することを蔣に申し出る。そして、中国空軍の充実のため、顧問にクレア・リー・シェンノート(Claire Lee Chennault, 中国名・陳納徳)を採用し、「飛虎隊《ひこたい》」を創設させるなど、政治的な関与を深めていく。蔣の対米依存には、美齢の影響が強く見られる。

(2) ナショナリズムの激化

国民政府は、西安事件を単なる軍内部の争いとして、報道規制を敷いた。しかし、それにもかかわらず、中国の世論は一気に抗日に傾いた。一九三七年になると、中国各地では日本人に対する暴行や日本関係施設の破壊事件が頻発した。盧溝橋事件の当事者となった支那駐屯軍の司令部があった天津でも西安事件後、「学生の集団が抗日を叫びながら日本租界を堂々と練り歩いたり」、「露骨に日本人を馬鹿にする言動をとったりするようになった」のである(広中二〇一九)。

このような状況下で日本は、中国が西安事件の過程を通じて統一されたこと、蔣介石が強力な指導者であること、日本が高揚する中国ナショナリズムの対象となっていることを認識する

(岩谷二〇一五)。そのことが日本の既得権益保護、華北分離政策を加速させることになる。

註

(1) 南満洲鉄道の略。日本の満洲支配の象徴的存在。調査部をもち、中国の政治・経済・社会などの多方面に関する精力的な調査活動をおこなった。その報告書は現在貴重な資料となっている。

(2) 一九三一年七月二三日、当時南京国民政府主席であった蔣介石は、南昌行営において「全国同胞に一致安内攘外を告げる」書を発表した。これによると、「安内」は国内の反対勢力の駆逐と国内の統一を意味し、「攘外」は帝国主義国との国際的不平等の解消を意味した。

(3) Institute of Pacific Relations の略で一九二五年にハワイのホノルルで設立された組織。日本名、太平洋問題調査会、中国名、太平洋国際協会・太平洋会議。国民外交の場とされた。

(4) 関東軍とは、遼東半島、長春・旅順間の鉄道などの利権を守るため、一㎢あたり一五名以内の守備兵を置く権利を得て、一九一九年から駐留していた軍隊を指す。関東軍司令部のもとに置かれた。一個師団と独立守備隊六大隊から編制されていた。兵力は一万二〇〇〇〜三〇〇〇であった。

第6章　日中戦争——戦争の東アジア❶

1　世界の中の日中戦争——国際社会は日中戦争をどのように見ていたのか

†なぜ、「歪な戦争」「宣戦布告なき戦争」だったのか

一九三七年七月七日の盧溝橋事件から開始されたと言われている日中戦争は、一九四一年一二月八日の日米開戦の翌日に中国が日独伊に宣戦布告したことで、第二次世界大戦の一部に組み込まれた。その過程で中国は国際的な地位を飛躍的に上げて終戦を迎え、戦後五大国の地位を獲得するに至る。

しかし、それまでの日中戦争は歪《いびつ》な戦争と言われた。なぜなら、日中双方が宣戦布告をしないままで戦局が拡大し、日本軍は中国の奥地へと引き込まれ長期戦となったからである。当時

の国際法では、戦争はどちらか一方の国家が宣戦布告してから開始されるものとなっていたのである。

第一次世界大戦の戦後処理から生まれた国際連盟は、「戦争の違法化と、違法な戦争を引き起こした国に対する制裁―制裁の組織化―が重要な機能の一つであった」(小田他一九七六)。そのため、一定の範囲で戦争を禁止したが、それは完全ではなかった。その欠陥を是正するために締結されたのが一九二八年の「不戦条約(戦争の放棄に関する条約)―ケロッグ・ブリアン協定(Kellogg-Briand Pact)」である。日中は共にこの条約に加盟していたため、宣戦布告をすることは、この不戦条約に違反することになったのである。

それでも日中は、盧溝橋事件勃発後、双方共に宣戦布告を何度も検討していた。しかし実行には至らなかった。その理由には日本では臨時軍事費捻出問題、昭和天皇の懸念、中国ではソ連の動向への顧慮(加藤二〇〇七)など当事者間の事情が考えられるが、ここではアメリカ「中立法(Neutrality Act)」の存在を挙げたいと思う。管見の限り、「中立法」への最初の着目は一九六一年に出版された秦郁彦の『日中戦争史』の中に見られる。

「中立法」は、一九三五年八月に成立したものであるが、この時は時限立法であった。その後改定を経て三七年五月に正式に成立した。その目的は、アメリカがヨーロッパで起きる戦争に巻き込まれることを避けることであり、前述したモンロー主義を維持すべしという国内世論を反映したものであった。同時に「周辺諸国の戦争勃発を抑止する力を持っていた。つまり中立法は、いっぽうではアメリカの孤立を保障し、他方では経済制裁と同様の働きをなしうる特殊な法」（加藤二〇〇七）であった。

主な内容は、以下のようである。

①交戦国双方への軍需品（兵器・弾薬・軍用機材類）の輸出と借款供与を禁止
②兵器生産に関係のある物質・原材料の輸出制限・禁止
③交戦国双方への金融上の取引制限
④交戦国船舶によるアメリカ国民の旅行の禁止

「中立法」への言及は、「蔣介石日記」の中でも、國史館の檔案《とうあん》史料の中でも、頻繁に見ることができる。蔣は国際世論に訴え、欧米から同情と援助（武器、資金）を引き出すための外交戦略を展開していた。また、日中戦争開始後はフランクリン・ルーズヴェルト（Roosevelt）大統領に密着し、対日参戦を促す直接交渉を頻繁におこなったが、障害であると認識されたのがこの「中立法」であった。また、共産党の機関紙『紅色中華』でも「中立法」の動向は詳細に述べられ、関心の高さを知ることができる。一方、日本は資源が乏しかったため、石油、鉄鋼などの燃料や原材料の輸入に関して、アメリカ、そしてイギリスとその植民地に大きく依存していた（図6－1）[1]。

†戦争か、紛争か

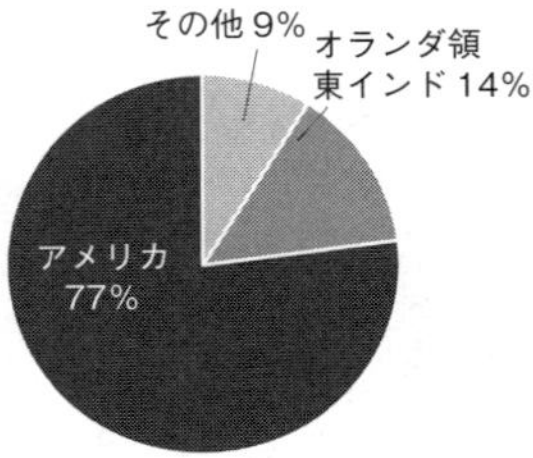

図6-1　日本の石油依存度（1940年）

盧溝橋事件勃発後の状況を日本は、当初「北支事変」、その後は「支那事変」と呼んだ。新聞などでは「日華事変」の文字も散見できる。これは、事態を軽く見せるための日本の軍部の工作であったと十五年戦争史観では批判されるが、グローバルな視点からすると、国際的な評価と一致していたといえる。

蔣介石が盧溝橋事件勃発後最も望んだことは、各国の利権が絡む国際都市であった上海や南京に対する日本軍の侵攻に対して、非難する国際世論が起き、各国に自然発生的に日貨排斥運動や日本との協力関係を断絶するなどの国際制裁（経済封鎖）の動きが起きてくることであった。しかし、日本はこの時期、アメリカの方針があくまでも「支那事変」を戦争とは見なさず、「中立法」の適用をおこなわず、不介入政策を堅持するものと確信していた（『東京朝日新聞』一九三七年一二月八日付夕刊）。確かにこの時期のイギリスの公文書を見ると、イギリスやその植民地であったオーストラリアなどは日中戦争を「中日紛争」（Sino-Japanese Hostilities or Incident）

と呼び、一九四一年一二月の太平洋戦争勃発までは日本に対して主だって敵対的な立場をとることはなかった。筆者はかつてロンドンとキャンベラの軍事博物館を訪ねたことがあるが、日米開戦を境として展示が変わっていたと記憶している。また、ソ連は日本との武力衝突は極力避けようという方針を貫いたのである。

日中戦争開始時の国際社会の評価で象徴的なものは、一九三七年一一月三日からブリュッセルで開幕した九カ国条約会議の決定に見ることができる。蔣介石は、この会議の決定に大きな期待をかけていた。また、日本は同会議には不参加であったが、高い関心を示した（『東京朝日新聞』一九三七年一一月三日）。しかし、蔣介石の期待に反して、九カ国条約会議は一一月一五日に「宣言」を発表し、あくまでも「中立」の立場を堅持する姿勢をみせ、日中両国の武力衝突の継続は「会議参加国の生命財産に重大な損害を与えている」とし、「即時停戦を共同で勧告」した（『中央日報』一九三七年一一月一六日付）。

このような「宣言」の内容に対して、国民政府を代表して出席していた顧維鈞は一一月二三日の会議で演説をし、強い不満と憤りを表明し、「日本の侵略に対して中国は再度抗議し、同時に各国が物質上の援助を中国に与え、並《ならび》に兵器・弾薬および金銭的援助を日本に与えることを停止すべきこと」を力説した（『新中華法』一一月二四日）。それでも、一一月二四日同会議は英米仏の起草した「第二次宣言書」を発表し、あくまでも「商務財政上の相互利益の目的」から

「軍縮と非武力の原則」を貫く必要を強調した上で、「無定期延期」を宣告して閉幕したのである（家近二〇一一）。

すなわち、九ヵ国条約会議参加国は、中国における自国の経済活動継続および利益の視点から日中の武力衝突を終結させようとし、中国が望んだ日本に対する国際制裁はおこなわない方針を貫いた。日本はこのような九ヵ国条約会議の状況をつぶさに報道し、国際社会が下した裁断を当然のことと報道したのである（『東京朝日新聞』一九三七年一一月二四日付）。

この会議の結果は、国民政府にも大きな衝撃となった。蔣介石が上海からの撤退に躊躇《ちゅうちょ》したのは、本会議に「負の影響を与える」ことを憂慮《ゆうりょ》してのことであったが、孔祥熙《こうしょうき》や居正などの中国国民党の重鎮からも中国の劣勢を見て、日本との和平に応じるべきとの声があがったのである（岩谷二〇二四）。このように、日中戦争が八年という長期戦になった原因の一つには国際社会の複雑な思惑があったと考えられる。

2　日中戦争の開始——盧溝橋事件から南京事件まで

(1) 発砲事件

盧溝橋事件は、一九三七年七月七日夜半に発生した。盧溝橋は、北京の郊外、西南へ二〇kmほどの永定河《えいていが》にかかる石橋で、一一八九年に建設された。マルコ・ポーロ(Marco Polo)の『世界の記述』(『東方見聞録』)の中で橋の欄干にすべて形の異なる大小四八五頭の獅子の彫刻が施されていることから「世界で一番美しい橋」と紹介されていた。そのため、欧米ではMarco Polo Bridgeと呼ばれ、盧構橋事件はMarco Polo Bridge Incidentといわれている(図6-2)。

盧溝橋事件研究の代表的なものには、安井三吉『盧溝橋事件』、秦郁彦《はたいくひこ》『盧溝橋事件の研究』、江口圭一『盧溝橋事件』、肥沼茂『盧溝橋事件 嘘と真実』などがある。「蔣介石日記」など最新の史料を使って分析したものには広中一成『牟田口廉也《むたぐちれんや》』、岩谷將《いわたにのぶ》『盧溝橋事件から日中戦争へ』がある。

七月七日、日本の支那駐屯軍の中の豊台《ほうだい》駐屯の歩兵第一連隊(連隊長・牟田口廉也)の第三大隊八中隊約一三〇名の兵士は、盧溝橋付近宛平《えんへい》県城北側で夜間演習をおこなっていた。このすぐ近くには中国軍(宋哲元《そうてつげん》配下の国民革命軍第二九軍)が駐屯し、永定河堤防付近で夜間工事をおこなっていた。

午後一〇時四〇分頃、何者かが二度にわたって支那駐屯軍の演習場に向け発砲した。日本軍は中国軍が発砲したと判断し、警備召集をかけ、五〇〇名の部隊を出動させる、翌八日午前三時半頃、再び銃声を確認した日本軍は戦闘準備に入る。一木《いちき》清直《きよなお》大隊長は五時半に総攻撃を命じた。発砲したのが何者かについては、①日本側の陰謀説（日本軍の誰かが味方に向かって発砲した）、②第二九軍兵士の発砲説、③中国共産党の計画的行動説、④中国軍の誤認発砲説、⑤偶発説などがあるが、発生から八〇年以上経った現在まで真相は明らかにはなっていない。

しかし、中国の概説書および歴史教科書では日本軍の陰謀説がほとんどである。例えば、一九九七年に愛国主義教育の拠点として盧溝橋の近くに建設された「中国人民抗日戦争記念館」のパンフレットには「日本軍は演習を口実に中国軍を攻撃した」とある。

図6-2　盧溝橋（著者撮影）

(2) 事件発生後の日中両国の対応

日本は、事件発生直後は不拡大政策をとった。参謀本部作戦部長であった石原完爾は増兵を禁じ、停戦交渉をおこない、一一日午後八時に第二九軍との間に現地協定を成立させた。中国側の対応に関していうと、蔣介石は事件の詳細な報告を八日朝に宋哲元からの電報で受けた

（「蔣中正総統文物」）。宋は日本軍が夜間演習時に宛平県城を占領することを意図して城を包囲攻撃したので、二九軍が正当防衛をおこなった旨を報告した。そのため、蔣は日本が先制攻撃をしたとの認識をもつに至る。蔣は宋に宛平を固守することを指示した。

一方、東京では現地で停戦協定が成立する前の一一日の午後六時半に閣議が開かれ、関東軍、朝鮮軍および日本からの派兵を決定する。近衛《このえ》文麿《ふみまろ》首相は、事態拡大は望んでいなかったが、派兵を決定すれば、「中国軍は折れて出るはず」で、事件は短期間に片付くと信じていた（庄司一九八八）。結果的に、石原完爾らの「不拡大派」が「拡大派」の「一撃論」に圧倒されたということになり、中国軍に一撃を加え、抗日政策を転換させようという考えがその後、陸軍内部で主流になっていく。

日本軍の北平への本格的な進攻を知った蔣介石は「大戦は免れない」が、同時に「不戦不和」「一面交渉、一面抵抗」を国策としていかざるを得ない考えを七月二七日の「日記」で記している。ここで書かれた「不戦不和」政策こそが蔣介石の戦略の最大の特徴となり、日本軍は奥地に引き込まれ、泥沼の日中戦争を戦うことになったと考えることができる。二八日日本軍は全面攻撃を開始し、翌二九日には永定河以北の北平・天津地区をほぼ制圧した。

七月二九日、宋哲元軍の北平撤退を午前三時の電話で知った蔣介石は記者会見を開き、「本日の平津の役で日本の侵略戦争が開始された」「今、最後の関頭に至った」として全国の民衆に国家のために犠牲を払い、最後の勝利を勝ち取ろうと呼びかけたのである（『中央日報』一九三七年七月三〇日付）。

一方、共産党の機関紙『紅色中華』が盧溝橋事件を最初に報じたのは七月一三日のことであった。ここでは、「日寇の挑戦的な行動は、絶対に偶発的でない」ということが主張されている。

(3) 中国の抗日民族統一戦線の結成と中ソ不可侵条約

その後中国においては、西安事件時の合意通り、抗日民族統一戦線の準備が着々となされ、共産党は七月一四日国民党に「国共合作公布に関する宣言」を手渡し、今後国民党を決して敵とせず、ソヴィエト政府を取り消し、紅軍を国民革命軍に改編し、孫文の三民主義実現に向けて共に努力する用意があることを伝え、第二次国共合作交渉に入る。

その過程の中で、国民政府はソ連との不可侵条約を締結する。同条約は八月二一日、南京で調印されたが、有効期限は五年であった。その約一カ月後の九月二二日に第二次国共合作が成立し、中国は抗日戦を戦う国家体制を固める。

†上海戦

北平と天津を失った蔣介石は、八月に入ると、「応戦」から「決戦」準備へと入る。この時期、蒋が最も力を入れたのが空軍の整備と日本軍の軍事拠点に対する空爆計画の実行であった。一九三七年五月、宋美齢の強い要請を受けて第一次世界大戦時に活躍したアメリカの陸軍航空隊大尉であったシェンノートが国民政府の軍事顧問（航空参謀長）として国民政府に雇われた。シェンノートはその後、中国空軍の創設のために教官としての役割を果たしていく。

蒋介石は空爆計画の実行場所を上海に決定する。なぜ、上海なのか。それは、華北では中央軍の軍事的基盤が弱く、日本には対抗できないが、上海には諸外国の共同租界があったため、上海において日本軍が軍事行動を起こせば、国際制裁が日本に下り、中国が有利に和平交渉をおこなえると判断したためであった。

上海における空中戦の準備は宋美齢とシェンノートによって密かに進められる。蒋が美齢から「空軍戦闘準備」が完成したとの報告を受けるのは八月一〇日であった。この時期、日本においては、中国側の抗戦が上海で準備されているとは想像しておらず、各新聞は国際都市上海に抗日戦が及ぶことはないと論評している（『東京朝日新聞』一九三七年八月五日）。

しかし、日本側の見解に反して中国側の上海戦準備は着々と進んでいた。八月一三日朝、上海の宝楽安路の空き家からの機関銃射撃があり、日本陸軍部隊が淞滬《しょうこ》鉄道を越えて宝山路《ほうざんろ》に突入、そこを守っていた保安隊に向かって発砲し、戦闘が開始された。翌一四日、国民政府は「自衛抗戦声明」を発表し、「日本の侵略は、国際連盟規約、九カ国条約、不戦条約を破壊するものである」ことを強調し、日本が国際法や条約に違反していることを強く訴えた（『中央日報』一九三七年八月一五日）。

上海において、蔣介石には当初強い勝算があったが、結果的には未熟であった中国空軍機が共同租界などに誤爆を繰り返したため、かえって国際的な批判を受けることになる（家近二〇一二）。日本軍は上海を攻撃すると同時に南京にも連日空襲をおこなった。そのため、蔣は上海撤退を決断し、首都を南京から四川省の重慶に移すことを一一月二〇日に公式に発表した。蔣は一九三五年から奥地（四川省中心）建設を進め、不測の事態に備えていたのである（家近二〇一二）。日本軍は上海を占領し、その後「首都」南京の攻略に向かうことになる。

†南京事件

国民政府は一二月一日から重慶で業務を開始するが、蔣介石は南京にとどまっていた。日本は、国民政府の遷都後も南京攻略に固執し、日本の新聞は、あくまでも南京を首都と書き続けた。日本は国民政府の首都移転は認識していたが、あくまでも長年首都であった南京の攻略にこだわったのである。そのため、蔣が七日に南京から廬山《ろざん》に移ると、翌日の日本の新聞各紙は一斉に蔣の「都落ち」を報道した。また、南京戦が起きる以前の一二月一〇日から日本では南京陥落「祝賀提灯行列」が各地でおこなわれた（『東京朝日新聞』一九三七年一二月一一日付）。南京占領はこのような日本での祝賀ムードの中で展開されていったのである。
当時、南京を守っていたのは南京護衛軍（唐生智《とうせいち》・司令長官）であり、蔣介石からその防衛の総指揮を与えられていた。一一月二八日、唐生智は外国公館・教会・報道関係者らに「南京と存亡を共にする」覚悟を語っていた。しかし、その覚悟を覆したのは、蔣介石からの一通の無線であった。

一二月一一日、日本軍は南京城外中山陵を占領し、翌一二日には日本軍は中華門に進撃し、中山門城に攻め込む。このような状況の中で午後三時、南京司令部に蔣介石からの無線が届き、五時、唐生智は会議を招集して蔣介石の撤退命令を伝えた。その夜の一一時、南京護衛軍は撤退を開始し、未明に完了する。(2) 翌一三日、日本軍は南京占領を発表した（図6－3）。

蔣介石はこの南京撤退に関して、「国軍は南京を退出したが、政府が終始一貫日本の侵略に抵抗するという基本的な国策には

図6-3　蔣介石の南京撤退命令発令を伝える四川の新聞『新蜀報』

影響はない、その唯一の意義は、全国が一致して抗戦の決意を強化するためである」と、抗日を持久戦に持ち込むための撤退であることを強調した（『新蜀報』一九三七年一二月一四日）。すなわち、日本軍の南京占領は、中国側の正規軍が撤退し、逃げ遅れた兵士のみが残った状況の中でおこなわれたことになる。日本軍に投降し、捕虜となった兵士が予想外に多かった背景にはそのような理由があった。

図 6-4　南京市民を介護する日本兵

図 6-5　「南京大虐殺記念館」の「被害者 300000 人」が各国語で刻まれた壁の前での追悼式典（2014 年）

いわゆる「南京大虐殺」は、この後数週間にわたって繰り広げられたと言われている。しかし、当時の日本の朝日新聞などは日本軍が負傷した南京の子どもなどを治療している様子などのみを報道したため（図6－4）、日本人は南京事件の実態を知ることができなかった。それが日本で詳細に報道されたのは、戦後の極東国際軍事裁判（東京裁判）においてであった。

日本は、南京事件で多くの一般人や投降した兵士たちが殺害されたことは認め、歴史教科書にも記載されているが、その数に関しては不明であるとの見解を示している。しかし、一九八五年八月一五日に南京に鄧小平がオープンさせたいわゆる「南京大虐殺記念館」の入り口には「被害者　300000」の文字が刻まれている。中国側はこの三〇万説にこだわり、日本との歴史認識問題の争点ともなっている。習近平国家主席は二〇一四年から一二月一三日を国家哀悼の日とすることを決定した（図6－5）。

3　日中戦争の展開と諸相──持久戦へ

一九三八年は、日中戦争を考える上で非常に重要な年であった。三七年中、日中は幾度となく和平交渉（ドイツの駐華大使・トラウトマンの工作など）を試みるが、日本側が次第に条件を厳しくした。さらに満洲国承認を追加し、共同防共政策などを条件としたため上手くいかなかった。

蔣はこの時期「容共抗日政策」はソ連の援助が期待できたため、簡単には放棄できなかったのである。日本は、国民政府が共産党とソ連と訣別すれば、和平は可能になると考えていた。

この交渉が難航したため、近衛内閣は、一九三八年一月一六日「爾後《じご》国民政府を対手とせず」とする「第一次近衛声明」を発表する。その背景には、日本との和平を望むいわゆる親日政権が華北、華中に次々と成立し、蔣に代わって国民政府の正統政府を組織できる可能性のある汪兆銘の存在があった。日本は、国民政府と共産党の支配区を執拗に爆撃すると同時に親日勢力を拡大する作戦をとり、投降を促すビラ撒きなどをおこなった。ビラ、ポスター、ラジオ放送など、日中戦争時には情報戦、宣伝戦が日中双方で精力的におこなわれたのである。

このような中、一九三八年五月になり蔣介石と毛沢東はそれぞれ独自の持久戦論を発表する。毛沢東の持久戦論は有名であるが、それより以前に蔣介石が持久戦論を展開していたことはあまり知られていない。同年五月に軍人向けに出版された蔣の訓話集の中の「持久必勝」において、蔣は「最後の勝利は、必ず最後の五分まで堅忍した者に帰する」と述べている（抗戦軍事学研究会編一九三八）(3)。この戦術は蔣が日本に軍事留学した際に学んだものであった。このような考えの下、蔣は盧溝橋事件勃発後、上海から退却し、首都を南京から重慶に移転させ、南京撤退命令を出したのである。勝算なき戦いで兵力を失うことは、蔣の戦術上は最も理に適わないことであったということができる。

では、蔣介石の戦略上の勝算は何によってもたらされるのか。蔣はそれを「以夷制夷」に求めいた（「蔣介石日記」一九三五年一月二六日）。すなわち、日ソ開戦、日米開戦に期待したのである。蔣は、一貫して中国が「不戦条約」「九カ国条約」「国際連盟規約」などの国際規約を遵守し、「平和を希求する国家であること」を国際的にアピールする戦略をとった。その上で国際世論を起こし、「同情」と援助を引き出そうとしたのである。それは、蔣の持論であった「外交は無形の戦争」[4]論の実践であった。

一方、毛沢東は一九三八年五月二六日から六月三日まで延安の抗日戦争研究会で「持久戦を論ず」と題する連続講演をおこなったが、そこで中国が「戦略的反攻」に出るまでの間、「戦略的防御」および「戦略的対峙」が必要との認識を示している。毛は「戦略的反攻」へ転換するため、中国国内はもとより、日本における革命運動の興隆に期待をかけ続けた（毛沢東「論持久戦」）。毛は「戦略的持久」の目的を「抗戦力の強化」と「国際情勢の変動と敵の内部崩壊」とし、最終的勝利は、「敵を包囲消滅」すると同時に、「国際的な力および日本人民の革命闘争と力を合わせて、共同で日本帝国主義を包囲攻撃し、一挙に消滅する」ことによって得られるという予測を立てたのである（毛沢東「抗日遊撃戦争的戦略問題」）。その背景には、日本共産党の活動家たち（野《の》坂《さか》参《さん》三《ぞう》や鹿《か》地《じ》亘《わたる》など）が延安を訪れ、共に抗日活動を展開していたことがあった。

いずれにしても、中国国民党と共産党の代表者が共に持久戦論を展開し、日本軍と共同で戦う作戦を実行しなかったことは、日中戦争を長期化させる大きな要因となった。国共両党は、戦後構想の中での主導権争いを想定し、自らの軍の温存と拡大に重きを置いていたと言える。

4 戦時下の東アジア社会

†日本

日本には二・二六事件後、広田弘毅《ひろたこうき》内閣が成立したが、一九三六年八月に日独防共協定を締結するなど、軍部に追随する政策を実行した。これは、後に日独伊三国同盟に発展し、日本を日米開戦への道に進ませることになる。防共・反共政策は中国でも精力的に展開されたため、親日の反共政権が次々と成立していった。

このような中、戦時体制は日本の国民生活にまで影響を及ぼすようになる。一九三七年九月、第一次近衛内閣において「挙国一致」「尽忠報国」「堅忍持久」をスローガンとする「国民精神総動員運動」が始まる。町内会、隣組《となりぐみ》（一〇軒単位）などが組織され、国民は互いに監視し、密告しあう閉鎖的な社会構造が出来上がっていく。また、三八年四月には「国家総動員法」が公布され、「国民徴用令」「国民職業能力申告令」「従業者移動防止令」などが施行され、国民は召集令状一枚で兵役に就く義務を負うようになる（国立公文書館一九三八）。

いわゆる「赤紙」は陸軍省による各種召集令状であり、「紅紙」は海軍省による充員召集であった。その他、「白紙」は教育召集など、「青紙」は防衛召集を意味した。一九三七年以前には陸軍の兵力は三五万から四〇万人であったが、日中戦争後は一〇〇万人に、海軍もまた一〇万から一六万人に増大した。それは、働き盛りの男子が生産活動から離脱することを意味し、当然日本の経済活動にも様々な影響を与えた。

戦時体制の影響は、さらに言論統制の強化に現われた。日中戦争開始後、いわゆる「大本営」が設置され、報道の一本化が図られることになる。政府の広報誌となった『週報』や『写真週報』などが発行され、戦地の偏った情報が国民にもたらされた。そし、新聞雑誌、ラジオ放送、そして当時大衆娯楽の代表的な存在であった映画までもが管理の対象となった。映画に関しては、一九三九年四月に「映画法」が公布され、その制作、配給はすべて許可制となり、また国策となるニュース映像が必ず上映の前に流され、国民の士気を高める役割を果たしした（宮地監修二〇一二）。このように、日中戦争は徐々に一般民衆の生活を統制するようになる。

中国共産党の革命史で主張されるように中国は抗日戦争を全国、全人民で戦ったわけではなかった。当然、日本との関係によって、人々の生活は異なっていた。満洲国や華北などでは戦時とは言えない日常生活が営まれていた。日本は盛んにビラなどを配布して、中国人の投降、和平政権への参加を促した。当時、投降者は「帰順者」と呼ばれた。

日本と戦わず、和平を求めることを選択したいわゆる親日政権とその指導者は、次の通りである[5]（図6-6）。

これらの地域においては、貿易はもとより、観光も推進され、相互訪問の多くのツアーが企画された。特に、満洲・華北ツアーは人気が高く、一九三八年夏などは天津のホテルの予約が取れないような状況であった。また、日本語教育が小学校からおこなわれ、日本への留学も盛んにおこなわれていたのである（『朝日新聞外地版　満洲版、北支版』）（図6-7）。

一方、日本との戦場となった地域では激しい日本からの空襲などを受けていた。特に、新首都となった重慶は一九三八年一二月から四三年八月の間、二〇〇回にのぼる爆撃を受け、多数の被害者を出した。蔣介石の妻であった宋美齢は、空襲のたびに狭い防空壕に逃げ込まなくてはならず、高温多湿の重慶の気候によって体調を悪化させていったほどであった。

親日政権名	地域・首都	存続時期	指導者	日本との関係
①満洲国（五族協和・王道楽土）	吉林・遼寧・黒龍江省地域と内モンゴル・河北省の一部、首都は新京（長春）	1932年3月～、1934年3月から帝制～1945年8月	溥儀（清朝12代皇帝）	日本人を政権に多数雇い入れ、溥儀の弟溥傑は嵯峨浩と結婚。日本の陸軍士官学校出身。多くの日本人が移住。日本は満洲国を独立国として承認。
②蒙古連合自治政府、後に蒙古連合自治邦、汪兆銘政権下の自治区	内モンゴル自治区。首都は張家口	1936年2月～、1937年12月改組、1941年8月～45年8月	徳王	日本の関東軍の指導下。日本軍の駐屯。国民政府から独立し、日本と共同防共をおこなう。汪兆銘に合流。
③中華民国臨時政府（和平・反共・建国）	河北省・山東省・山西省と河南省・江蘇省の一部首都は北京	1937年12月～40年3月、汪兆銘の国民政府に合流	王克敏・王揖唐	日本の華北分離政策に呼応。王克敏と王揖唐を始めとする政府要人の多くは留日経験者。日本は1938年5月に北支那開発会社を設立して、華北を統轄。
④中華民国維新政府（和平建国）	江蘇省・安徽省と河南省・浙江省の一部、南京・上海、首都は南京	1938年3月～40年3月、汪兆銘の国民政府に合流	梁鴻志	梁は幼少期日本で育つ。政府要人の多くは留日経験者。日本・満洲国と提携し共同防共をおこなう。
⑤中華民国国民政府（汪兆銘政権、和平反共建国、満洲国承認、日本軍の和平後の撤退）	②③④に合わせ広東・福建・湖北省の一部（武漢・漢口・厦門など）	1940年3月～45年8月	汪兆銘（精衛）	汪は法政大学出身。孫文の後継者といわれ中国国民党の要人。日本は和平交渉の相手に蔣介石でなく汪を選択。汪は日本との和平と共同防共を政策として政権を樹立。1944年名古屋大学病院で病死。

図6-6　親日政権とその指導者（広中一成『ニセチャイナ』参照、筆者作成）

図 6-7　中国明暗図（防衛研究所資料「中央軍事行政 69」）

中国国民党と共産党は、形式的に合作はおこなったが、次第に相互不信から武力衝突を含むような対立をするようになり、自軍の勢力の拡大と温存を重視するようになる。延安を中心とする共産党支配区（革命根拠地）では毛沢東が指導する生産活動と党員に対する再教育である「整風運動」が盛んにおこなわれ、それは基本的に一九四五年の終戦まで続く。毛沢東は理論的に抗日戦争の戦術・戦略を考えて精力的に発表したが、実際に戦闘の指揮を執ったことはなかった。蒋介石の再三にわたる直接会談の申し入れに対しても、終戦まで延安の山から下りることはなかったのである。

†朝鮮と台湾の戦時体制

日中戦争の開始は、日本の植民地支配にも大きな影響をもたらした。日本における「国家総動員法」は朝鮮と台湾でも適用され、将来の徴兵制導入の必要からも同化政策、皇民化政策が加速していった。同じ植民地といえども、日本政府は台湾と朝鮮を明確に区別していた。対外的には朝鮮はあくまでも同等併合をおこなった元国家である必要があった。それに対して、台湾は下関条約において割譲された大日本帝国の新しい県であった。

(1) 朝鮮

朝鮮では一九一九年の三・一独立運動後、「武断統治」による支配から制限付きながらも表現や結社、集会の自由が認められ、憲兵警察から普通警察による統治となり、「文化政治」がおこなわれた。一九一九年八月一九日に発表された官制改革の詔書の朝鮮統治に関する方針転換については、「一視同仁の大義に尊び東洋の平和を確保し民衆の福利を増進する」ため、時代の推移に順応するよう、「将来機を見て地方自治制度を実施し以て国民の生活を安定し一般の福利を増進せんことを期」し、「朝鮮の文化を向上せしめて文化的政治の基礎を確立」するためと説明されていた（『朝鮮総督府官報』一九一九年八月二〇日号外）。

このような朝鮮総統府の政策転換を受けて、朝鮮では一九二〇年三月には現『朝鮮日報』、四月には『東亜日報』が創刊され、朝鮮人に対するハングル文字普及活動の一翼を担った（当初紙面は漢字とハングルの混合であったが、次第にハングルが増えていった）、両紙は時には発禁処分を受けながらも総統府に対する政策批判もおこなうこともあった。一九二二年「改正朝鮮教育令」

がだされ、中等以上の「内鮮共学制度」が開始した。二四年五月には京城帝国大学が設置され、内地並みの教育を目指すようになる。

日本は、第一次世界大戦の特需景気から戦後不況に転じたが、一九二三年九月一日に関東大震災が起きる。翌二日、東京では朝鮮人の放火・投毒・暴動の流言がどこからともなく起こり、急速に広がった。その後、朝鮮人ばかりでなく中国人に対しても、一般人による暴行、殺害事件が頻発し、多くの人が犠牲になった。(6) この事件は当時朝鮮にも伝わり、大きな衝撃を与えた。以後、それまで朝鮮人の留学は内地（日本）が主流であったが、危険を感じたため、留学先トップが中国へと変わり、三〇〇〇人ほど増加している（日本・中国・韓国三国共同歴史編纂委員会編二〇一三下）。彼らの多くは孫文によって保護されていた「大韓民国臨時政府」の独立運動に参加していくのであった。

震災後不況はますます深刻になり、社会不安が増大する中で一九二五年四月「治安維持法」が公布された。同法は、五月には朝鮮・台湾にも施行されることになった。四月には京城で朝鮮共産党が結成され、一九二六年六月一〇日、朝鮮で独立要求の「六《ろく》・一〇《じゅう》万歳運動《ばんざいうんどう》」も起きている（武田一九八五）。このような動きに対して、総督府は取り締まりを強化すると同時に日本文化の移植に熱心になる。朝鮮神宮は一九二五年一〇月に京城で創建されたが、その後各地に創られ、三五年には各学校の神社参拝が強要されるようになる。

日本で戦時体制がとられると、総督であった南次郎によって一九三八年一〇月「国民精神総動員朝鮮連盟」が結成され、統制が厳しくなる。さらに、朝鮮人を「忠良なる日本臣民」にするため、さまざまな皇民化政策が実行された。学校における日本語教育（「内鮮共学」・日本の国定教科書の使用）の徹底、臣民の誓い（「私共は大日本帝国の臣民であります」「私共は心を合わせて天皇陛下に忠義を尽くします」など）の暗唱、一九四〇年からは「創氏改名」[7]政策が開始された。この本質は、日本と異なる伝統的な夫婦別姓制度を日本的な家制度（夫婦同氏の原則──一八九八年施行。国家が家を通じて個人を把握するため）に変えることにあったといえる（水野二〇一五）（図6－8）。

「大韓民国臨時政府」は、重慶で蔣介石の保護の下、金九が中心となって独立運動と独自の軍隊（光復軍）の養成をおこない、国際社会の承認を得るべく、IPRなど様々な国際会議でその正当性を訴えた（家近二〇一六）。また、金《キム》日成《イルソン》は、一九三二年に中国共産党に入党し、満洲などでパルチザン運動を展開した。そのあと日本軍に追われて四〇年にソ連領に逃れ、ハバロフスクで革命訓練を受け、朝鮮

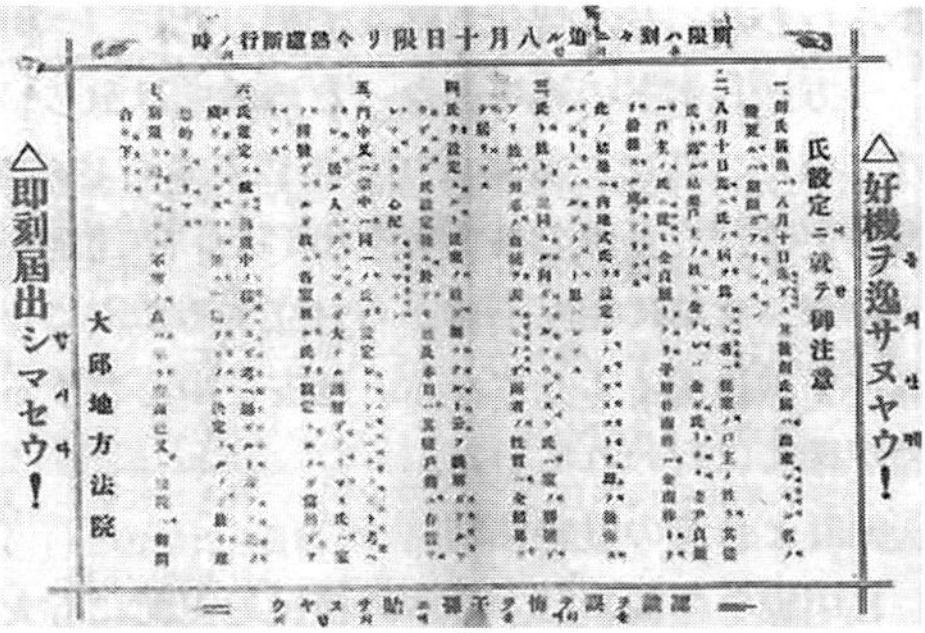

図6-8　「創氏改名」を呼びかけるポスター

独立の機を狙っていく。

(2) 台湾

後藤新平の「ヒラメの目をタイの目に変えることはできない」という言葉は有名であるが、後藤はアヘンが台湾に蔓延し、厳禁するとかえって暴動が起きる可能性が高いと判断し、台湾総督府の専売にして段階的に高い税金を課し、購入が困難になることによる根絶を目指す「アヘン漸禁策《ぜんきんさく》」を実施した。この政策により、台湾は三〇年前後をかけてアヘン禍を根絶した。

また、後藤は「台湾統治救急案(一八九八年一月)」の中で、台湾に根付いてきた旧慣「保甲《ほこう》」を発見し、昔からあった「慣習」を「一種の民法」ととらえ、統治に活かしての自治の可能性を示唆している(渡辺二〇二一)。

すなわち、台湾の風土に合った「特別統治主義」が採用され、台湾総督には「六三法(明治二九年法律第六三号:台湾に施行すべき法令に関する法律)」に基づき、「立法、行政、司法、軍事」を中央集権化した権力が与えられた。

しかし、ウィルソン大統領の民族自決主義発表後の一九一八年九月から日本の首相となった原敬《はらたかし》は、もともとフランスの植民地支配の方法を評価していたため台湾を内地の一部とみなし、内地法を台湾にも適用する「内地延長主義」の支配を主張した。原は、人種や文化が類似する台湾は、日本と同化することが可能という考えを示した（御厨二〇〇六）。

　その後台湾では「内台一如」のスローガン下、一九二二年、朝鮮と同様に「改正台湾教育令」が公布され、中等以上の教育機関で日本人と共学になり、本土並みの教育制度が実施され、多くの近代的な学校が建設された。例えば、二八年に創設された台湾大学は台北帝国大学として発足した。また、三三年には「内台共婚法」ができ、台湾人と日本人の同化政策が進められたのである。

　一方、台湾人の間には自治を求める活動が見られた。一九二〇年一月、民族活動家であった林献堂《りんけんどう》らが東京で「新民会」を結成し、台湾の自主性と自治を求めるため、「台湾議会設置運動」を起こし、帝国議会に二一年一月三〇日「台湾議会設置請願書」提出した。これは、不採用となるが、それでも林献堂らは翌年も請願書を出した。同年一〇月一七日蔣渭水《しょういすい》は「台湾文化協会」を結成し、二三年二月二一日には蔣・蔡培火《さいばいか》らが東京で「台湾議会期成同盟会」設立大会を開催した。また、林献堂は『台湾民報』を創刊し、言論活動を活発化していく。総督府はこのような動きが台湾独立を目的とすると警戒し、二四年蔣と蔡ら一四名を起訴する（葉栄鐘二〇〇〇）。

　その後蔣渭水、林献堂らは二七年七月に台湾最初の合法政党である台湾民衆党を結党したが、蔣の左傾化が見られて分裂し、林は三〇年八月一七日、台湾の自治の実現を唯一の目的とする台湾地方自治連盟を結成して活動していく。蔣は依然として議会設置請願運動を継続したが、民衆党は三一年に解散命令が下され、蔣も志半ばで同年八月死去した。三四年七月一六日自治連盟は内閣に台湾統治に関する意見書を提出し、三五年ついにその活動が認められ、一一月二二日に第一回地方（市・街・庄）議員選挙が実施されたが、盧溝橋事件直後の一九三七年七月一五日解散を命じられ、自治運動は終息を迎えた。

皇民化政策は台湾でも適用され、一九三七年一二月から台北で日本語の使用が推奨され、「国語（日本語）家庭」制度が開始し、以後全島で実施されていく。また、台湾人を「真の日本人に改造する」目的から一九四〇年二月一一日から朝鮮の「創氏改名」と同様の「改正名」が開始し、中国式の姓名を日本式に改めることが許可されるようになった。しかし、「六〇歳未満の家族全員が国語を『常用』していることや（「国語家庭」か否かではない）、皇民として素質が備わっていることが必要とされたほか、皇族や日本の偉人の名称を用いてはならない、中国を想起させる地名などを用いてはならない」（平井二〇二四）など審査条件がきびしかったため、実際に改姓名をした人は一九四三年時点でも全人口の二％に過ぎなかったのである（近藤一九九六）。また、台湾は南進基地の重要な軍事拠点としてその役割を担うことになった。

5 太平洋戦争への道

前述したように、蔣介石が最も望んだことは、早期に日ソ開戦か日米開戦が起きることで「以夷制夷」政策が実現することであった。一九三九年九月第二次世界大戦が勃発する。蔣介石は日米が早期に参戦すると予測したが、日本は不介入、アメリカは中立の方針を貫いたため、蔣にとって大きな誤算となった。その後国民政府は対米外交、特にルーズヴェルト密着外交にそのもてる力を集中していく。しかし、アメリカには「中立法」の縛りがあり、中国の思惑通りに事は進まなかったのである。

アメリカ外交が「急転した」のは、一九四〇年九月の日独伊三国同盟の成立からである。「大東亜共栄圏構想《だいとうあきょうえいけんこうそう》」を主張する松岡洋右の強い意向で締結されたこの同盟には昭和天皇も強い懸念を持っていたといわれる。ここからアメリカの世論は日本を「ファシズム国家」「ならず者の国家」の一員と見るようになり、「くず鉄」「鉄鋼」などが禁輸となり、ルーズヴェルト大統領は対日参戦を示唆する発言をおこなうようになる。四一年四月に日本はソ連と不可侵条約を締結し、日ソ開戦の可能性はなくなったが、ABCD包囲網(8)の成立、アメリカの石油の禁輸などによって追い詰められていく。このような状況を好機と見た蔣介石はルーズヴェルト大統領に対する密着外交をさらに加速していくのであった。

註

(1) 例えば日本は、石炭はアメリカの二・六%、鉄鋼は一・六%の生産高しかなく、その供給は英(植民地を含む)・米に大きく依存していた。一九三三年の重要原料の輸入先は鉱油：米・四二%、鉄：米・二五%、英・一六%、鉛：カナダ・四七%、米・三四%、錫：海峡植民地・五〇%、米・一六%、亜鉛：カナダ・五三%、オーストラリア・二八%であった。英米との対立は、日本にとって死活問題であったといえる。(江口圭一『十五年戦争研究史論』校倉書房、二〇〇一年)

(2) 『新蜀報』一九三七年一二月一四日付。

(3) 抗戦軍事学研究会編『蔣委員長的戦畧與戦術』勝利出版社、広州、一九三八年。

(4) 蔣介石が一九三一年一一月三〇日「外交は無形の戦争である」という演説をおこなったが、この中で蔣は、「外交の成敗および勝負の価値は、一切の有形の戦争よりも上」とし、外交の重要性を強調した(家近二〇一二)。

(5) 五族とは、満洲族、日本人、漢民族、モンゴル人、朝鮮人をいう。

(6) 『クローズアップ現代』(NHK総合、二〇二三年八月三〇日放送)によると、国の報告書には震災の犠牲者およそ一〇万五〇〇〇人のうち一~数%がその犠牲者であるとされるが、詳細はわかっていない。ただ、二〇二三年新資料として当時都内の小学校に通っていた児童たちの作文およそ一〇〇〇点が見つかったが、臨場感のある様子が伝わる内容となっている。「関東大震災一〇〇年 朝鮮人殺傷事件の深層」『NHKクローズアップ現代 全記録』。

(7) 本来、朝鮮人の名前は「本貫・姓・名」の三要素で構成されている。本貫とは宗集団の始祖の出身地の地名で、姓は父親が名乗る姓のことで女子は結婚しても父親の姓を名乗った。「創氏」の目的は、各家の戸主の「氏」を新たに創ることで、日本と同じ戸籍制度を適用でき、徴兵などがしやすくするなどのことがあった。当初は届け出制で、創氏する「氏」は任意であり、本来の「姓」をそのまま「氏」とする例も多く見られた。

(8) America・Britain・China・Dutch の略。

第7章　太平洋戦争――戦争の東アジア❷

1　日中戦争のグローバル化

日ソ(日満軍とソ蒙軍)は、一九三九年五月から九月にかけてノモンハンで大規模な武力衝突を起こしたが、日満軍は大敗を喫し、作戦を中止する。この「ノモンハン事件での敗戦と独ソ不可侵条約の締結という『ダブル・ショック』により日本のソ連に対する戦略的認識は大きく変化し、日本国内では陸軍省や外務省を中心にソ連を中立化する動きが促進された」(花田二〇一五)。蔣介石は日中戦争勃発後も日ソ開戦の可能性が高いという認識をもち、ノモンハンでの戦いが拡大することに期待していた。しかし、その期待は裏切られることとなる。

日ソ開戦の可能性が薄くなった国際情勢の中で、一九四〇年九月二七日にベルリンで調印された日独伊三国同盟は、蔣介石にとってまさに「天佑」となった。翌日の「日記」で蔣は「これで、抗戦必勝の形勢はすでに定まった！」とその逸《はや》る気持ちを記している。本同盟は近衛文麿内閣で外務大臣を務めていた松岡洋右の強い主張によって締結されたが、松岡が次の仕掛けをしていたことを蔣は知る由もなかった。すなわち、三国同盟締結の一カ月後の一〇月三〇日ソ連との不可侵条約締結が提議されていたのである。

一九四一年四月一三日、日ソ中立条約（正式名「大日本帝国及「ソヴィエト」社会主義共和国連邦間中立条約」）がモスクワで締結された。この条約は、有効期間が五年間で第二条に「締約国の一方が一又は二以上の第三国より軍事行動の対象と為る場合には他方は期間中中立を守るべし」とある。蔣介石が注目したのはこの第二条と付帯条項となった「声明書」の内容である。そこには、「大日本帝国が蒙古人民共和国の領土の保全及不可侵を尊重し、「ソヴィエト」社会主義共和国連邦が満洲帝国の領土の保全及不可侵を尊重する」とある（国立公文書館）。

蔣介石にとって、日ソ中立条約の締結は「予想外」のことであり、日ソが「中国の固有の領土」である満洲国とモンゴル人民共和国を相互に承認したことに激しい憤りを見せた（「蔣介石日記」一九四一年四月一三日）。

三国同盟締結後、アメリカは海軍を増強し、ハワイに海軍の隊員四二〇〇〇人、陸軍防空砲隊一〇〇〇〇人を派遣し、太平洋の防衛に備えた。そのことを駐米大使であった胡適からの電報で知った蔣は、さらにルーズヴェルト大統領に密着するように指示を与えた。しかし、対米外交の全権大使として蔣が派遣していた宋子文は、一〇月一五日の電文の中で「大部分のアメリカ市民は、中英に同情しているが参戦を望んでいるのは、一七％にすぎない」ので、「（アメリカ）政府は市民の心理を無視して、事を運ぶことはできない」と説明している（家近二〇一二）。この宋子文の電文の内容は、非常に興味深い。この世論を覆すためには、参戦するための大義名分がどうしても必要であったのである。

中国はアメリカの大統領が選挙のため世論を重視することは熟知していた。この年は、大統領選挙の年であり、ルーズヴェルト大統領は三選目を狙っていたが、三選されれば超法規的な措置をとり、中国への大型借款とそれ以外での援助もおこなわれると予測していた。そのような中国にとって、日本の真珠湾攻撃は、まさに千載一遇《せんざいいちぐう》のチャンスとなったのである。

一九四一年一二月八日の日米開戦、すなわち太平洋戦争の勃発は、蔣介石にとって待ち望んだことであり、「抗戦四年半以来の最大の（外交）成果であり、また唯一の目的であった」（「蔣介石日記」一九四一年一二月九日「上星期反省録」）のである。翌九日午後五時、蔣は自ら国防最高会議常務会議を召集し、「英米などの友好国」と共に「対日宣戦」をおこなうことを即座に決定し、国民政府は連合国の一員として対日独伊宣戦をおこなった。「二国間戦争」「歪《いびつ》な戦争」「地域紛争」と言われていた日中戦争が正規の戦争となった瞬間であった。蔣はその後、中国が連合国側の一員であり、日中戦争がアジア太平洋戦争、第二次世界大戦の一部であることを各処で強調していく。

2　中国の国際的地位の向上

†連合国共同宣言

一九四二年一月一日、ワシントンで二六カ国が署名した「反侵略共同宣言（連合国共同宣言）」が採択された。連合国という言葉は、それまでは「Allies」が一般的であったが、四一年一二月にルーズヴェルト大統領が「United Nations」と表現し、以降それが使われるようになった。この単語は、国際連合の語源ともなっている。日本は現在、それを国際連合と訳しているが、中国は「聯合国」のまま使用している。すなわち、国連は日独伊のファシズム枢軸国に徹底抗戦し、自由を得るための軍事同盟を基礎に成立したものであった。また、宣言では枢軸国との単独講和を禁止した。

この宣言は、四一年八月九日から一二日までルーズヴェルト大統領とイギリスのチャーチル首相がカナダの東海岸に位置するニューファンドランド島沖に停泊していたイギリス軍艦上でおこなった大西洋会談で合意された「大西洋憲章」を基礎としている。同憲章は八章から成るが、第一章ではアメリカとイギリスが「領土などの拡大の意図を否定」し、第三章では「すべての人々が住む政府の形態を自ら選ぶ権利があることを尊重する」とある。ある意味、これは第一次世界大戦時にウィルソン大統領が提起した民族自決主義の実行と見ることができる（国立国会図書館）。

アメリカは本来「門戸開放主義」を唱え、基本的には植民地を持たない主義であったが、イギリスはこの時点で多くの植民地を保有していた。ウィルソンの民族自決主義は英仏の強い抵抗から適用がヨーロッパに限定された。本憲章においてもチャーチルはその適用をナチスドイツが占領しているヨーロッパ諸国に限定解釈しようとし、ルーズヴェルト大統領との見解の相違を見せたのである（Beard, 2003）。すなわち、イギリスにとって独伊との戦いは、あくまでも植民地を守る（イギリスの公文書に残されているチャーチルの発言には"defense"という単語が頻繁に見られる）ためであった。この点は、後に述べる蔣介石とチャーチルの対立を考える上で非常に重要となる。

†中国の国際的地位の向上――「世界四強の一」へ

一九四一年一二月三一日、ルーズヴェルト大統領が蔣介石に対し南太平洋戦区に中国戦区最高統帥部設置を提議する。そして一九四二年一月五日、蔣はタイ、ベトナムなどを含む連合軍

図7-1　アメリカが戦債を募るため1942年に売り出した26カ国旗
中華民国はアメリカ、イギリス、ソ連と共に四大国の一つになったことが明確にわかるデザインになっている。

中国戦区最高司令官に就任した。連合軍より中国戦区に与えられた当面の任務は、英米軍の後方支援、特に空軍への基地（重慶・成都など）の提供、およびビルマ作戦であった。このようにして、太平洋戦争の勃発後中国をめぐる国際環境はわずか一カ月もたたないうちに蒋介石が望むような展開を見せるようになる。

一九四二年一月一日、蒋介石は元旦の「書告」の中で中国が「連合国共同宣言」において中心的役割を果たすことを評価され、英米ソと共に「世界四強之一」になったことに言及している（蒋介石一九八四）。三日の「日記」には「我が国が共同宣言を締結した時に、ルーズヴェルト大統領が特別（宋）子文に中国が四強の一つになったことを歓迎すると表明した」とある。すなわち、中国が第二次世界大戦後、この延長線上で確立した「五大国」としての地位は、蒋が推進してきた外交戦略がもたらした成果であり、一九七一年に中華民国が中華人民共和国に手渡した最大の外交果実となったといえる（図7－1）。

一月二日、中国軍は英米連合軍と共にビルマ入りをしたが、三月一日、蔣介石は自ら昆明からビルマ視察に赴き、二日英印軍総司令ウェーヴェル（Wavell、中国名・魏菲爾）と会談し、ビルマ作戦の総指揮を担う。また、四月五日には重慶を訪れていた中国戦区米軍司令官スティルウェル（Stilwell、中国名・史廸威）と宋美齢を伴ってビルマ入りし、対日本軍積極作戦を提案し、ビルマの中国軍が日本軍を殲滅させるという期待をアメリカに抱かせた（タックマン一九九六）。このような中国の連合軍の一員としての積極的な軍事行動は、英米の蔣介石評価を飛躍的に向上させていく（浅野二〇〇六）。しかし、のちに述べるように次第にスティルウェルとの関係が悪化し、ルーズヴェルト大統領との関係にも影を落とすようになる。

3　太平洋戦争勃発後の東アジア

†蔣介石の戦後構想

(1)「中華の回復」への模索

蔣介石にとって、日米開戦は持久戦論の終焉となった。しかし、それだけで中国が近代から抱えていた国家目標が達成されたわけではなかった。完全な国家としての「独立と平等」は、たとえ、日本軍を駆逐できたとしても欧米列強との近代からの矛盾を解決しない限り達成できるものではなかった。

蔣介石の外交戦略の目的が単なる「抗日」にあったのではないことは、太平洋戦争勃発直後の「日記」の記述で明らかなる。一二月二〇日の「日記」に蔣は「連合国共同宣言」の「附帯政治・経済条件」として次のことを入れるべきであると書いている。

甲　イギリスに対して、チベットと九龍が中国の領土の一部であるとの承認を要求する。
乙　ソ連に対して、外モンゴルと新疆が中国の領土の一部であることの承認を要求する。
丙　東四省・旅大・南満洲が中国の領土の一部であると各国が承認することを要求する。
丁　各租借地および治外法権と各種特権等はすべて一律中国に返還され、一切の不平等条約は取り消される。

これが、蔣介石外交の最終目的であったと理解することができる。この附帯条件は、「領土問題」と不平等条約の撤廃を軸にその後の外交戦略が展開されていくことが明らかになるきわめて重要な記述である。蔣にとって長年の懸案は、イギリスとロシアとの間の領土問題の解決にあった。ソ連とは外モンゴルの独立問題があり、新疆への侵攻に強い警戒感と不快感を示していた。また、イギリスとはチベット独立問題、香港の返還問題を抱えていた。

そのため、蔣は日米開戦と同時に近代からの領土問題と不平等条約撤廃問題を解決することを望んだのである。重光葵《しげみつまもる》は、蔣介石との英米の関係を「元来英米に使はれんよりも英米を利用せんとするもの」と論評している（武田監修二〇〇七）。確かに、重光の洞察は一面真理である。不平等条約に関しては、一九四二年一〇月一〇日、米英に対し最後まで残っていた不平等条約改正（治外法権撤廃）へと踏み切らせることとなり、四三年一月の米英との対等な友好条約（「中米平等新約」「中英平等新約」）の締結へと実を結んでいく。また、四二年三月にはアメリカは五億ドルの対中借款に踏み切る。これこそが蔣介石が描いた外交戦略の理想的な展開であった。

(2) 中国の戦後国家建設をめぐる国共の対立

蔣介石は、日米開戦と同時に抗日戦争の勝利を確信し、戦後構想を各所で提起していく。それが具体的に表われたのが一九四三年三月に出版された『中国の命運』(1)であった。ここでは、三民主義を「中国の正統的道徳観念」の系譜に位置づけ、新国家の基本を「文化、経済、国防」の三位一体とすること、そして国民党と三民主義青年団がその中心となることが強調された。これは、明らかに三民主義を「革命の三民主義」と解釈し、マルクス主義的側面を強調した毛沢東の『新民主主義論』(四〇年一月発表)と国民党を排除する可能性につながる「三三制」(四一年五月、スローガンとなる)に対するアンチテーゼとなった。

共産党はこの対抗措置として、一九四三年八月、周恩来が「蔣介石国民党をファシズム」と規定する論文を発表した。ここで、周は蔣介石が「一つの主義、一つの党、一人の指導者」を主張しているとして、「新専制主義の個人独裁」であり、「ヒトラーとひとつ穴のむじな」であると激しく非難し、これは「孫中山の三民主義を裏切り……イギリス・アメリカの自由主義をしりぞける」と「要約できる」と述べた(周恩来一九八一)。周は、蔣介石が最も拠り所としようとした「三民主義」とアメリカとの連帯を理論的に断ち切ることで、蔣を国内的にも国際的にも孤立させようとしたのである。このようにして、抗日戦争終了を待たずして、国共は戦後構想をめぐり激しく対立し、その後互いを中傷誹謗する情報戦に突入していく。戦後の国共内戦はこの時期から避けられないものとなっていたということができる。

(3) 日本軍の掃討作戦とアメリカ軍の空爆

一九四三年になると、日本軍は共産党の抗日革命根拠地に対する掃討作戦を展開した。一九四〇年三月に重慶政府から分離独立していた汪兆銘の南京政府軍と共同作戦をとり、「清郷《せいごう》」を実行する。「清郷」とは、「四郷を精査して盗匪《とうひ》等を粛正する」(小林二〇〇三)という意味であった。アメリカ軍は中国国内の大連など日本の拠点を空爆し、また中国の成都から飛び立ったB29が九州の都市を爆撃するようになる。これに対して、日本軍は成都大爆撃をおこなうなどし、四四年四月から九月にかけて「大陸打通作戦（第一号作戦）」という最後の大攻勢をかけ、五〇万の兵力を投入し、北平から武漢、広州、柳州にいたる鉄道幹線を攻撃する。また、共産党は各抗日根拠地から一斉に反攻に出たのである。

4　戦後構想をめぐる中国とイギリスの対立

†蔣介石のインド訪問

ルーズヴェルト大統領は、植民地時代の終りを意識し、中国を四大国の一つと認めたが、イギリスのチャーチル首相の眼中には基本的に中国はなかった。また、民族自決に対する意識もなく、自らの使命を戦前の大英帝国の支配を回復することと公言していた（呂芳上二〇一三）。「中国が世界四大強国の一つであるとは全く笑わせる」（チャーチル一九五五）として、中国と蔣介石に対しては、一貫して軽視、もしくは蔑視の態度をとった。

前述したように、蔣介石は日本との戦争勝利を確信した後は、イギリスとソ連との間の領土問題を解決する必要があることを強く意識していた。そのため、各処で民族自決の必要性を公言するようになる。その後、蔣の発言と行動は、イギリス、特にチャーチルにとっては挑戦的で耳障りなものになっていく。

それが最も明示的になったのは、一九四二年二月五日から二一日までの一六日という長期にわたったインド訪問であった。蔣介石は第二次世界大戦を「アジア諸民族の解放」の戦いであることを意識するようになる。そして、そのことは日本ではなく、中国がリーダーシップをとるべきであるという強い使命感をもつにいたる（「蔣介石日記」一九四二年三月二一日）。その背景には蔣が植民地地域における戦争の複雑さを認識し、日本が東南アジアとインドに浸透していくことへの懸念があった（段瑞聡二〇二一）。確かに、仮にイギリス、フランス、オランダなどのヨーロッパ諸国が敗北した場合、インドや東南アジアの植民地諸国は日本の支配下に入る可能性が高かったからである。しかし、そのような主張と行為がイギリスの国益に反するものになるということに蔣はあまりにも無頓着であったといわざるを得ない。イギリスの国立公文書館（The National Archives United Kingdom：TNA）のアーカイブには蔣のインド訪問に関する厖大な史料が残されている。蔣一行の行動はすべて把握され、チャーチルに報告されていたが、特に、ガンディーを訪問したことに強い憤りを示した記録が多数残っている（家近二〇一七）。

蔣介石は、インドから帰国する二月二一日、インドのラジオ放送局（All-India Radio）カルカッタ支局で「インド国民に告げる書」を発表した。ここで蔣は、中印両民族共に自由を獲得すべきであると主張し、イギリスに対して「速やかにインド国民に政治上の実権を与えるように期待する」と述べた。これは、戦後すべての植民地は解放されるべきである（香港返還を含む）というメッセージとして受けとめられ、チャーチルとの対立の要因となっていく。

ちなみに、蔣介石は「日記」の中でインドへの途上、ベトナム、タイ、ビルマを通過した時、これらの国もかつては中国の国土であったが、今は失ってしまったという感慨を述べている（「蔣介石日記」一九四二年二月五日、二月七日「上星期反省録」）。また、インドに到着して、ブータン人などが挨拶に来たときには、「三〇年前は皆我が国の民であり、彼らを同胞と呼ぶことを禁じ得ない」感情を吐露している。近代以前の中華世界は、近代的な国民国家における領土の概念とは本来異質なものであるが、蔣を含め、中国の指導者の中にはしばしばこれを混同して解釈する発言が見られる。

†朝鮮独立問題

蔣介石は、インド訪問後自らが重慶で保護していた大韓民国臨時政府の国際的な承認運動を本格的に開始する。承認の場に使われたのがＩＰＲ（太平洋問題調査会）であった。蔣は、ＩＰ

R活動をきわめて重視していた。太平洋戦争勃発後の一九四二年一二月にカナダのモン・トランブラン(Mont Tremblant)で開催された第八回IPRに対して、中国はきわめて積極的にその準備をおこなった。本会議には日本IPRが参加しなかったため、朝鮮IPRが復活参加し(朝鮮IPRは、第一回と第二回のホノルル会議に独立団体として参加していたが、日本の反対で参加を見あわせていた)、またタイで活動していた「自由泰」の代表もオブザーバーとして参加している。この「自由泰」の代表は、秘密裏に重慶に蔣を訪ね、保護と支援を要請していた(亜東一九四五)。元「宗主国」としての中国の使命を強く担った蔣は、本会議の議案として、積極的な提案をおこなうように指示した。それは、次のようなものであった。

①対日問題：東三省(旅順大連を含む)およびその占領地の回復、台湾・琉球・澎湖諸島の帰還、朝鮮独立
②香港の友好的帰還
③東南アジアおよび西南太平洋における植民地と委任統治問題の解決
④ベトナム問題：ベトナムは、以前は完全に中国の領土であった。フランスが武力によって中国の領土を侵略したものである。したがって、安南民族の自由と独立を主張する。
⑤ソ連に対して、外モンゴルあるいは新疆は中国の完全な領土であることを認め、その問題

を解決することを希望する。

この指示は先に述べた一九四一年一二月二〇日の「日記」の内容をより具体化したものであった。

モン・トランブラン会議においては、戦後の国際秩序構築に向けた話し合いがもたれたが、中国代表は蔣の意向を受け、植民地の自由と独立を強く主張した。本会議にはインド代表も参加し、植民地対宗主国の対立構造が浮き彫りになった。特に、朝鮮問題を積極的に解決しようとしたのが中国代表であった。

蔣はこの会議への提案作成後、大韓民国臨時政府に対して、積極的に介入する政策を作成し、朝鮮の独立後を具体的に考察していく。蔣は、光復軍を軍事委員会の直属とさせ、経費の補助を決定したが、その革命団体の活動に関しては、必ず蔣の承認を得ることとし、影響力を行使していく（家近二〇一七）。このようにして朝鮮独立に関与の態勢を固めた蔣は、カイロ会談でも同様の主張をおこなっていく。

†カイロ会談と宣言

(1) カイロ会談

一九四三年一一月二三日夜からエジプトのカイロで開催されたいわゆるカイロ会談は、チャーチル、ルーズヴェルトと蔣介石の三者会談となった。その結果発表されたカイロ宣言は、日本の戦後処理を決める内容で、ポツダム宣言にも反映され、東アジアの戦後の国際秩序形成に大きな影響を与えた。蔣はここで様々な積極的提案をしている。

蔣介石とイギリスとの関係は一九四三年になると、悪化の一途を辿った。蔣はイギリスが自分と国民党に対して「不利な宣伝をし、アメリカの国民が最もその影響を受けている」ことが「近日の患」であるとし、また、共産党に接近し、蔣が中国を統一することを阻もうと企図しているとして、警戒感を示した(「蔣介石雑録」四三年七月二三日)。そのような蔣とチャーチルとが初めて直接会談することになるのがカイロ会談であった。蔣の妻の宋美齢はルーズヴェルトの招きで一九四二年一一月二七日から病気療養のためアメリカに滞在していたが、その間イギリスが国民政府と蔣介石に対して不満を持っていることを肌で感じていた。

ルーズヴェルト大統領が四カ国首脳会談の計画をアメリカに滞在中の美齢に伝えたのは六月中であった。美齢の帰国は七月四日であるが、同日、米英ソ中の首脳会談をおこないたい旨の電文が蔣介石宛にあり、蔣は即日同意の返電を送った。具体的な日程と場所が決まったのは、一〇月二八日の米大統領からの電文に拠る。ここには一一月二〇日から二五日の間、会談は三日間で場所はエジプト北部の地中海に面する港湾都市のアレキサンドリア（および海岸）とあった。また、スターリンは参加するかどうかは不明であるとも書かれていた。その後、一一月一日になって、再びルーズヴェルトから電報が来て、スターリンが来られない可能性が高いこと、場所はカイロ近郊と決まったこと、また、スターリンとはカイロ会談の直後に米英ソの三国会談をおこなう可能性があることも伝えられた（電文はすべて「蔣中正総統文物」）。

蔣介石一行がカイロに向け重慶を出発したのは、一一月一八日であった。同行したのは、宋美齢、留学経験があり英語が堪能であった王寵恵《おうちょうけい》（元外交部長、国防最高委員会秘書長）、董顕光《とうけんこう》（中央宣伝部副部長）など十数名であつた。一行は、二一日午前にはカイロ入りし、二三日夜チャーチル首相、ルーズヴェルト大統領と三者会談をおこなった。この席上、「日本未来の国体問題」が議案となったが、蔣は、それは「戦後を待って、日本人民が自ら決定すべき」であると主張し、あくまでも民族自決の原則を貫く発言をした（『中央日報』四四年一月一日付）。ここには、長い日本留学生活を経験した蔣の、日本人の天皇に対する感情を深く理解しているのは自分をおいていないという自負心がみられる（家近二〇一二）。

また、蔣介石のこの提言の真意には、日本そのものを対象とすると同時にイギリスを牽制する意図もあった。ルーズヴェルト大統領に民族自決主義を認めさせることで、イギリスの植民地政策を暗に批判しようとしたのである。蔣はカイロ会談中の「日記」の中で、「イギリス帝国主義政策を孤立させ、世界の被圧迫人類を解放することにアメリカが踏み切れば、世界戦争に貢献することになる」との見解を示し（「蔣介石日記」四三年一一月二三日）、今週の「予定工作課目」として、「対英要旨」に「西蔵問題の再検証」「港九（香港──筆者注）問題の検討」を入れ、領土問題についての話し合いをもとうとした。しかし、イギリスとの喫緊の課題はビルマに対する英国軍の上陸作戦がいつ実行されるかにあったため、先送りとなった。

一一月二四日午後の米中個別会談でルーズヴェルトは蔣介石に対して、戦後は国民政府に中国共産党を迎え入れて国共統一政府をつくることを提案したが、蔣は「ソ連が東北に介入しないこと」を条件にこれに同意した（竹内一九九三）。また、この時蔣は琉球（沖縄）問題にも言及し、「琉球は国際機構を通じて、中国とアメリカの共同管理に託しても良いと提議した」ことを二三日の「日記」で明らかにしている。それは、①アメリカの心を安んじるため、②琉球は日清戦争以前にすでに日本に属していたため、③同地区をアメリカと共同で管理した方が、中国が占有するよりも穏当なためであった。しかし、現実には戦後沖縄は、アメリカによって単独で一九七二年五月まで占領統治されることになる。

(2) カイロ宣言

一一月二六日にカイロ会談を終えた蔣介石一行は、翌二七日に帰国した。カイロ宣言は一二月一日にプレス発表として出された。本宣言は正式な条約でも協定でもなかったが、ポツダム宣言の第八条で履行を謳われたことでその内容は歴史的にきわめて重要とされる。主な内容は以下の通りである（国立国会図書館史料）。

一　三大同盟国（英米中）は、日本国の侵略を制止し且つ之を罰する為、今次の戦争遂行するものである。自国の為に何等の利得をも要求せず、又領土拡張の何等の念をも有していない。

※これは、「大西洋憲章」の確認事項「領土の不拡大」に基づく。蔣は本憲章を帝国主義支配を払拭する戦後構想として高く評価していた。

二　一九一四年の第一次世界大戦の開始以後に日本国が奪取し又は占領した太平洋に於ける一切の島嶼を剥奪する。

三　満洲、台湾および澎湖島の如き日本国が中国人（清国人、the Chinese）から盗取した（has stolen）一切の地域を中華民国（the Republic of China）に返還する。

四　朝鮮人民の奴隷状態に留意し、やがて（in due course「相当時期内」）朝鮮を自由且つ独立のものとする決意を有する。

※この条項は、蔣の強い意向により入った。中国は戦後ただちに朝鮮が独立することを望んだが、ルーズヴェルトの主張により「やがて」という文言が入れられた。

蔣介石は、日本の無条件降伏となるカイロ宣言に非常に満足し、これを中国外交史上「空前の勝利」と評価した(「蔣介石日記」一九四三年一二月四日)。

一方、日本においては、カイロ宣言の内容をただちに分析し、「敵傲慢の決議」とし、「蔣を躍らせ躍起の謀略」「三国の戦争目的は日本を三等国に陥れてしまうことにある」とし、「戦局破綻を糊塗《こと》」するものであると報じた(『朝日新聞』一九四三年一二月二日付夕刊)。

一一月二七日、チャーチルとルーズヴェルトはテヘランに向かい、ソ連のスターリンを迎え、二八日から対独戦に関する三者会談をもつ。ここではヨーロッパ戦線が主要なテーマで話し合われたが、同時にスターリンは「ドイツが降伏すれば、日本に対して宣戦する」と密約し、英米はその代わりにフランス戦略(ノルマンディー上陸作戦)を優先すると約束した。一九四五年二月四日のヤルタ会談でソ連の対日参戦は決まったとされているが、それより早い段階で話し合われていたといえる。蔣介石が最も懸念したこの会談の議案は中国には知らされていなかったのである。

5　ヤルタ会談とその協定

カイロ会談に出席した蔣介石であったが、その後の国際会議には招待されることはなく、英米ソの三国が戦後構想を決定していく。そこには大国の論理が強く反映されていたため、中国にとっては納得のいかないものとなった。一九四五年二月四日から一一日までソ連のクリミア自治区のヤルタで秘密会議が開かれた。出席したのはルーズヴェルト、チャーチル、スターリンの三人であった。

ここでの決定は、東アジアの戦後だけでなく世界の冷戦構造を考える上で重要である。ヤルタ協定の内容は、一九四六年二月一一日になってアメリカの国務省から公開されたが、その内容は中国にもしばらくは知らされていなかった。内容は、以下の通りである（国立国会図書館史料）。

その目的は、ドイツが降伏し、ヨーロッパにおける戦争が終結した後に二カ月または三カ月を経て、ソ連が次の条件により連合国に与して日本に対して参戦することに関する協定を結ぶことにあった。

①外モンゴル（モンゴル人民共和国）の現状維持
②一九〇四年の日本の攻撃（日露戦争）によって侵害されたロシアの旧権利の回復
（イ）樺太（サハリン）の南部および隣接する島嶼はソ連に返還される
（ロ）大連におけるソ連の優先的利益の擁護し、港は国際化されるべく又ソ連邦の海軍基地としての旅順口の租借権は回復される
（ハ）東清鉄道および大連に出口を供与する南満洲鉄道は、中ソ合弁会社の設立に依り共同運営される
③千島列島はソ連に引き渡される

本会談では台湾と朝鮮についても話し合われた。台湾はカイロ会談での決定通りに中華民国に返還されることが再確認されたが、朝鮮半島に関しては、当面の間は連合国の信託統治とすることが決められた。カイロ宣言では朝鮮の独立が蔣介石の強い意向で入れられたが、ルーズヴェルト大統領はもともと信託統治論者であり、カイロで朝鮮の「自由・独立」を誓約した後も、むしろ信託統治構想を積極的に推進したのであった（小此木二〇一八）。

ヤルタ密約の内容は、中国の主権にかかわるものが多いが、中国との事前協議はなく、それが中国に知らされるのは、一カ月以上もたってからであった。一九四五年三月一五日、駐華大

使ハーレー（Hurley）がソ連対日参戦作戦の基本条件を蔣介石に伝達する。その第一項には、「外モンゴル（即ちモンゴル人民共和国）の現状を当面維持する」とあった（「蔣介石日記」一九四五年三月「上月反省録」）。すなわち、これは外モンゴルの独立を承認することと等しく、蔣介石の長年の主張は、英米ソによって覆されたといえる。また、大連・旅順問題、南満洲鉄道問題は日本との戦争終結後も主権を完全には回復できない可能性を示唆し、重大な意味をもっていたのである。

太平洋戦争勃発後、中国はその国際的な地位を飛躍的に上げたが、領土問題を抱えていたイギリスとソ連との問題を解決することはできなかったといえる。

註

（1）『中国之命運』は、蔣介石が原文を一九四三年一月に完成させ、二月陶希聖・朱其華・陳布雷らの国民党幹部が撰述し、陶希聖・蔣緯国が改修し、孫文の命日である三月一二日に合わせて重慶の正中書局から蔣介石の名で出版されたものである。これは、国民党の戦後構想の合意文書であると見ることができる。

第8章　東アジアの終戦と戦後処理

1　太平洋戦争の拡大と「大東亜共栄圏」

†「東アジア広域ブロック化」構想の破綻――「大東亜新秩序」「大東亜共栄圏」という国策

日本は太平洋戦争勃発後、その大義名分をアジアの解放とし、「大東亜新秩序」「大東亜共栄圏」の実現に向けて、東南アジア諸国に侵攻した。「大東亜新秩序」とは一九四〇年七月二六日に第二次近衛文麿内閣において提起され、四五年の終戦まで国策となっていたもので、「日本を盟主とする広域ブロック化構想」を指した。また同時期の、外相であった松岡洋右の「日満支（汪兆銘の中華民国国民政府――筆者注）をその一環とする大東亜共栄圏の確立をはかる」との発言から「大東亜共栄圏」とも言われることが多い。その政策により四一年六月にフランス領インドシナの南部に進駐したことで、アメリカが対日石油禁輸などの経済制裁に踏み切り、日米開戦の原因ともなった。

一九二九年の世界大恐慌からイギリスやフランスなど植民地を多く保有していた国々は保護貿易を主体とするブロック経済を実行した。そのため、日本やドイツ、イタリアなどの新興資本主義国は、原料の確保と市場を求めて拡張主義をとり、植民地の獲得に走ったのであった。「大東亜共栄圏」構想の目的は、日本が東アジアの盟主となってその勢力範囲を東南アジアに拡大し、日本によるブロック経済圏を構築することにあった。

イギリスがヨーロッパ戦線がありながら、太平洋戦争に力を入れた最大の理由は、前章で述べたチャーチルの戦時中の発言にあるようにアジアの防衛にあった。大西洋憲章とカイロ宣言においては新たな領土は求めないことが確認されていたが、民族自決、すなわちそれまでに獲得していた植民地を解放する事に関しては、イギリスは決して同意しなかったのである。

†太平洋戦争のアジアへの拡大――アジア太平洋戦争の諸相

(1) 一九四一年一二月

日本軍は真珠湾攻撃をおこなった一二月八日同日、マレー半島のコタバルに上陸し、シンガポールを目指して南下した（シンガポール占領は、翌年の二月一五日）。また、二五日には香港を占領した。一方、一二月一〇日にグアム島を占領し、一九四一年一二月台湾の陸海軍航空基地からフィリピンを空爆し、翌年の一月にはマニラを占領し、その後全土を占領した。この時、フィリピンを守っていたのは、後に日本を占領統治することになるダグラス・マッカーサー(Douglas MacArthur)であった。マッカーサーは、アメリカ極東司令官として一九四一年七月からフィリピンに赴任していた。日本のマニラ占領後ミンダナオ島に退却し、戦局を見極めていたが三月二〇日フィリピンから撤退し、オーストラリアへと向かった(メイヤー一九七一)。この時、アメリカの極東軍兵士七万六〇〇〇人が捕虜となったため、「アメリカ戦史上最大の降伏」といわれた。

(2) 一九四二年・四三年

このフィリピン陥落がアメリカの世論に与えた影響は大きかった。一九四二年三月二一日、アメリカ議会は大統領の日系人強制収容命令を承認した。そのため、一一万人以上の日系人は財産をすべて没収されアリゾナ州などの砂漠に作られた一〇カ所の日系人収容所に強制的に収監されることとなった。この措置はカナダ・南米諸国でも見られた。

ホノルルのパール・ハーバーに一九六二年に建設されたいわゆるアリゾナ記念館の資料によると、一九四〇年時点でのハワイの住民のうち日系人は三七%で最も多かった(その他、スペイ

図 8-1　アリゾナメモリアルにて（著者撮影）

図 8-2　ハワイ出雲大社（著者撮影）

ン・ポルトガル系・二五%、ハワイ人・一五%、フィリピン系・一二%、中国人・七%、朝鮮人・二%、プエルトリコ系・二%)。ハワイでは開戦後ただちに三九一名の日系人が拘束され、サンド島に作られた収容所に送られた。彼らは日本語学校の教師や仏教・神道の関係者および新聞記者などであった。彼らのうち一七二名が本国の収容所に送られている(塩出二〇一五)。例えば、ハワイ出雲大社の宮司もすべての財産を没収され、アリゾナの収容所に送られた一人であった。このように、戦争は日本本国ばかりでなく、海外に移住した日系人の社会にまで大きな影響を及ぼしたのであった(図8-1、図8-2)。

日本は一九四二年五月までにマレー半島(マレーシア・シンガポール等)、オランダ領東インド諸島、ビルマ(英領)、フィリピン、ニューギニア東北部を占領する。六月になると、アメリカ軍は大攻勢に出て、日本は六月五日ミッドウェー海戦で大敗する。日米は八月からはソロモン諸島のガダルカナル島の激しい攻防戦をおこない、日本は約二万一〇〇〇人の兵を失い、四三年二月一日に撤退し、以後守勢にまわることとなる。しかし、同年八月にはビルマをイギリスから独立させ、一〇月にはフィリピンを独立させて同盟を結ぶなど、「大東亜共栄圏」構想を実現させようとした。

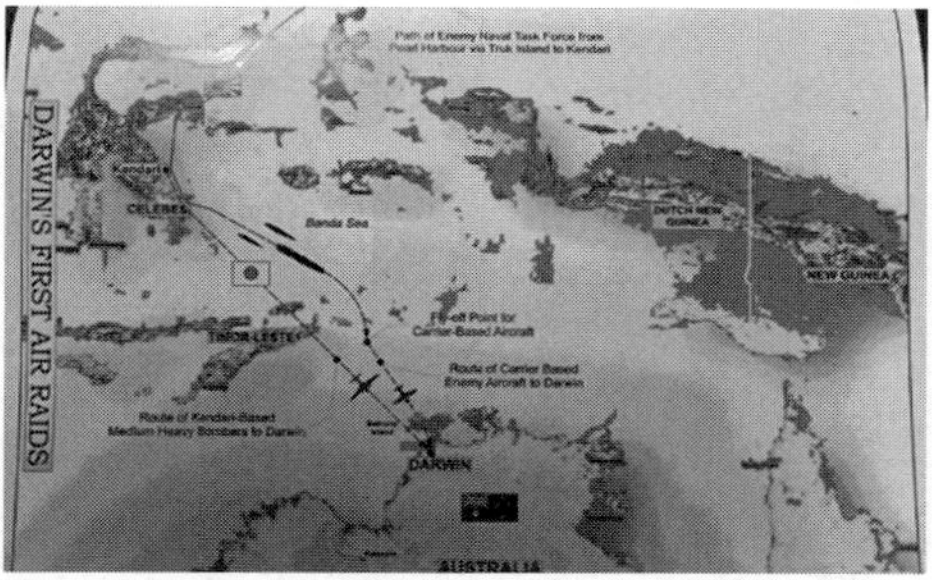

図 8-3　日本軍のダーウィン攻撃図

日本軍機のオーストラリア爆撃については、日本のほとんどの教科書には書かれていないが、一九四二年二月一九日から四三年一一月まで、都合九七回、本土および周辺諸島を空爆した。特に、二月一九日に突然おこなわれたダーウィン（オーストラリア海軍の主要基地）に対する爆撃は、二四二機による大規模なもので、使用された弾薬量は、真珠湾攻撃の総量を上回る。数百人の死傷者を出し、多数の一般民家の住民が犠牲になった。また、三月三日にはブルーム（北西沿岸の都市）攻撃をおこなっている（Leary, 2009）。オーストラリアが戦後処理において、厳しく天皇の戦争責任を追及することとなった背景はここにある。キャンベラにある戦争記念館には

図 8-4　マンダレーの日本陸軍の墓（著者撮影）

日本軍から接収した多くの戦争資料が展示されている（図8-3）。

(3) 一九四四年

一九四四年になると、大本営によってインパール作戦が認可され、三月から実行された。目的は連合国から中国への軍事物資を運ぶいわゆる「援蔣ルート」を遮断することにあった。これは蔣介石の国民政府にとって生命線であったため、雲南で陳誠《ちんせい》を司令官とする部隊を編成し、ビルマへの進攻を計画した。また、英米の連合軍もビルマ奪回に向かう。この時、日本軍第十五軍の司令官であったのは盧溝橋事件の時と同じく牟田口廉也であった（広中二〇一八）。牟田口は、三月から積極策に出たが、戦力不足と計画の遅れのため、七月四日、大本営はインパール作戦の中止を命じた。マンダレーなどに駐屯していた日本軍は壊滅状態になり、多くの戦死者を出した。マンダレーの農村には今も現地の農民が建て、守ってくれている日本陸軍の墓がある。筆者は二〇一六年に訪ねる機会を得たが、日本軍と農民たちとの交流を知り、感慨深いものがあった（図8－4、図8－5）。

七月、連合軍はサイパン島に上陸し、ほとんどの日本兵が戦死した。以後アメリカ軍はサイパン・グアムおよび中国の成都などの都市を基地として日本の「市街地爆撃（絨毯爆撃）」をおこなうようになる。爆撃は日本本土ばかりでなく、台湾の新竹、屏東、高雄港などの軍事基地にもおよんだ。その目的は、フィリピン奪回にあった。一〇月二〇日、アメリカ軍はレイテ島に上陸を開始する。いわゆる神風特攻隊が米艦を攻撃したのは、この時が初めてであった。

図8-5　マンダレーの日本陸軍の墓（著者撮影）

2　戦時下の東アジアの情勢

†中国情勢

蔣介石は、対日勝利を次第に確信するようになり、一九四三年三月に『中国の命運』で提起した国家建設構想を実現することに専念するようになる。問題は、中国共産党との合作をどのように戦後の国家建設に反映させるかにあった。孫文の国家建設の三程序（三つの段階）、すなわち「軍政・訓政・憲政」を実現するためには訓政で容認されている国民党の一党独裁を終結させ、憲政（憲法制定と民主主義の実現）に踏み切らなくてはならなかった。国民党が指導権を握ったままで憲政に移行するには、何が必要となるのか。ルーズヴェルト大統領から提案されたような共産党を含む民主的連合政府の建設は、理論上も組織上も簡単なことではなかった。

毛沢東は、一九四〇年一月に「新民主主義論」を発表し、「民主」の旗をいち早くかかげることに成功した。中国共産党は四一年一二月に太平洋戦争が勃発すると、九日「中国共産党の太平洋戦争に対する宣言」を出し、日本帝国主義を打倒するためには「民主政治を実行し、中国の全各党各派および無党派の人士」をも含む強固な国民党・共産党とその他の党との合作が必要であると主張した（中国共産党編年史二〇〇二）。この考えは、四五年四月に出された毛沢東の「連合政府論」としてまとまっていく。この「民主」の旗に中国国民党の一党独裁に批判的であった知識人たち、いわゆる第三勢力の人士たちは糾合されていくのであった。

また、毛沢東は人口の八割を超していた農民の大半を取り込むため、一九四三年一〇月から小作料の引き下げ運動である「減租」運動を開始する。また、四二年二月から延安で「整風運動」を開始し、幹部に対する学習と生産運動をおこない、清廉な印象を国内外に与えることに成功した。このため、アメリカの共産党評価も上がっていったのである。

国民政府は、蔣介石とチャーチルの対立、またスティルウェルとの確執があり、次第に連合国の中で評価が落ちていく。一九四四年になると、蔣介石と中国国民党は「独裁者」と「ファシスト党」という共産党によるネガティブ・キャンペーンに悩まされるようになる。それは、中国国内だけでなくアメリカ・イギリスを始めとする海外でも展開されたのである。

†日本情勢

日本は、太平洋戦争勃発後、極端な物資不足に陥るようになる。食料、燃料はもとより、あらゆる生活物資が不足するようなり、国民生活を脅かすようになった。個人消費支出も一九三七年を一〇〇とすると、四一年には八一・七%、四二年七八・三%、四三年七三・九%、四四年六〇・九%まで落ち込んだ。このような物資の不足を管理するため、配給制が拡大し、町内会や隣組の監視が強化され、人々は自宅で保有していた貴金属や贅沢品の提供、出征する兵士の壮行、戦死者の公葬などにかり出された（宮地二〇一二）。

「贅沢は敵だ!」「欲しがりません　勝つまでは」というポスターや貼り紙が到る所に貼られ、男性は国民服、女性は「もんぺ」という農民などが着用していた和服を改良した作業着をはき、化粧もできなくなる。食料不足は深刻で、白米などは口にすることはできず、サツマイモやすいとんなどが主食となっていく。

召集令状で戦場に送られる兵士（陸軍と海軍）の数は、日中戦争勃発後の一九三八年は一一五万九一三三人であったが、太平洋戦争勃発後の四二年には二八二万九三六八人に、そして終戦の年の四五年には七一九万三二二三人と急増していった（『昭和国勢総覧』一九八〇）。召集令状は、年々対象年齢層が拡大され、本来徴兵免除であった大学生も動員された（学徒出陣）。また、四四年後末になると鹿児島県の知覧《ちらん》陸軍飛行場などから特攻隊員が出動し、多くの若い命が失われていく。

また、銃後を守る女子は勤労奉仕や女子挺身隊《ていしんたい》として工場などで働くことが義務づけられた。若者が入隊した後の農村では老人・女性・子どもが労働力となったが、働き手を失ったため生産性が落ち、食糧不足に拍車をかけた。食糧の供給源となっていた満洲の開拓村でも戦争末期になると、召集令状が届くようになり、同様に働き手を失っていったため、食糧生産ができなくなっていった。負の連鎖は日本とその関連地域で同様に見られたのである。

アメリカ軍の中国を基地とするＢ29による市街地爆撃は一九四四年六月一五日の北九州の八幡製作所への爆撃から激しさを増していく。東京への空襲は、四四年一一月二四日から開始され、都合一〇六回に及んだ。特に四五年三月一〇日の大空襲ではＢ29が約三〇〇機が飛来し、三三万発の焼夷弾が投下され、推定で一〇万人が亡くなり、約一〇〇万人が罹災《りさい》した。その後、空襲が横浜、名古屋大阪、神戸などの主要都市に拡大していった（『朝日新聞』二〇一八年三月八日付夕刊）。東京など都市の小学生はいわゆる「学童疎開」を四四年夏から実施し、子ども達は親元を離れて、田舎のお寺などで集団生活をしたり、親戚に預けられたりした。

†朝鮮・台湾情勢

（1）朝鮮

一九三八年二月二二日、朝鮮人陸軍特別志願兵令が公布された。一九四五年五月の内務省管理局の資料によると特別志願兵は一九三八年四〇〇、三九年六〇〇、四〇年三〇〇〇、四一年三〇〇〇、四二年四五〇〇、四三年五三三〇と増えていった。訓練所は京城と平壌に創られ、朝鮮徴兵制の施行まで皇軍兵士としての訓練が施された。志願兵たちの様子に関しては「入営後の成績極めて良好にして且其資質亦良好にして一般内地兵に比し遜色を認めず」ということが報告されている（「朝鮮人志願兵・徴兵の梗概」国立公文書館アジア歴史資料センター）。四三年五月一一日には海軍が台湾と同時に特別志願兵制の新設を決定している。

朝鮮における徴兵制実施は一九四四年からであるが、四月一日から八月二〇日まで第一回徴兵検査が実施され、受検者総数は約二〇万六〇〇〇人であった（武田一九八五）。兵力不足にもかかわらず、このように「外地」における徴兵制の導入が大幅に遅れた理由には、基本的に

「外地人」に武器を与えることへの恐怖があり、「それが参政権の問題と関係するからであった。当時の日本では『兵役の義務』と『参政の権利』は不可分のものとして考えられるようになっており、外地人に兵役の義務を課すことは、参政の権利を付与することも意味した」からである（平井二〇二四）。

また、労働力不足が深刻になった一九四四年の二月からは全面徴用が実施された（武田一九八五）。それは工場などでの労働者としての動員が主であった。二〇一八年から問題となっている元徴用工の個人訴訟問題は、強制連行なのか、徴用（戦時の勤労動員）なのか、慰安婦問題同様に日本と韓国との間で歴史認識の違いが生じている。

(2) 台湾

台湾では一八九五年に台湾総督府直属の台湾軍が創設されて治安の維持にあたっていたが、一九一九年八月二〇日総督府から分離独立し、日本帝国陸軍の一部になった。一九三七年に日中戦争が開始されると、上海派遣軍の指揮下に編入された。

台湾人の動員はまず軍属（軍夫・労務者）として始まった。朝鮮で一九三八年からおこなわれた陸軍の特別志願兵制度は四年遅れの一九四二年二月二八日に公布され、四月一日から実施された。台湾での実施が遅れた理由には抗戦相手が同じ中国人であったことが考えられる（近藤一九九六)。しかし、「台湾のエリート層は兵役負担の見返り＝差別待遇の是正を期待して、台湾でも志願兵制度を導入することを総統府に要求し」、志願兵の募集が始まると、応募者が殺到し「最終的に一九四二年度は一〇〇〇人の募集に対して四二万人が応募し、一〇二〇人が採用された」。ここには「植民地社会にある格差構造が、被治者たちを戦争参加に駆り立てる動機となっていた」（平井二〇二四）状況があったと考えられる。

台湾では四五年一月一五日から徴兵検査が開始され、四月一日から全面的に実施されたが、最終的に「台湾人日本兵」は、軍属一二万六七五〇人（一九三七～四五年）、軍人八万四三三人（一九四二～四五年）で総数二〇万七一八三人、戦死者は三万三〇六人であった（厚生省援護局一九九〇）（図8-6）。

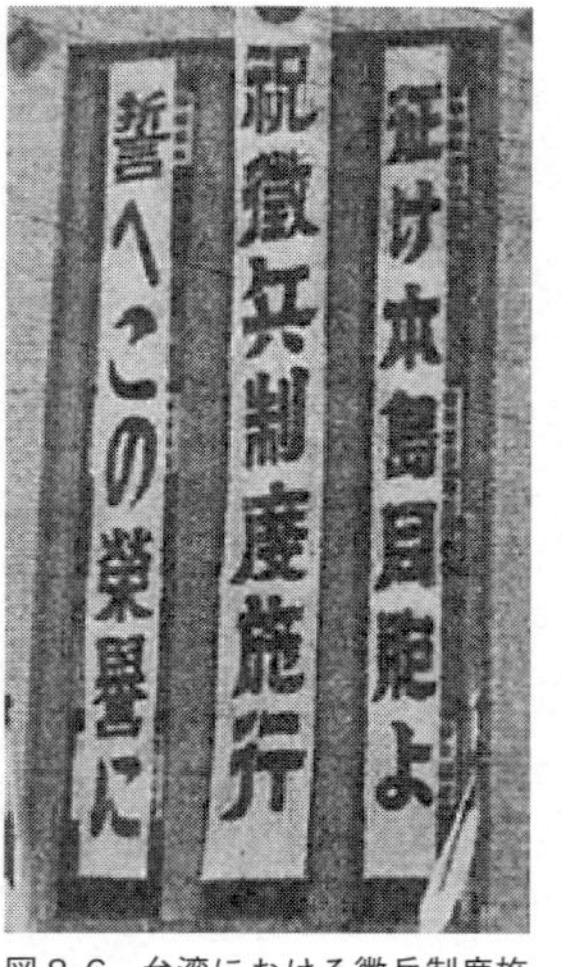

図8-6　台湾における徴兵制度施行を祝う垂れ幕

3　終戦への道

†沖縄戦

一九四五年一月、アメリカ軍はフィリピンのルソン島、二月硫黄島に上陸したが、三月二三日の空襲に続き、四月一日には沖縄本島に上陸した。アメリカ軍は一五〇〇隻の艦船で包囲し、約五四万人の兵力を投入した。日本側の兵力は、現地召集の防衛隊と学徒隊（ひめゆり部隊を含む）一〇万が中心であったが、一九〇〇機の特攻機が投入された。七月二日、アメリカ軍は沖縄作戦終了を宣言したが、三カ月に及ぶ陸上戦は住民を巻き込み、多くの犠牲者（兵士と一般住民で約二〇万人）を出した。アメリカ兵も一万三〇〇〇人が戦死している。

その後、沖縄県はアメリカ軍によって占領統治され、日本の施政権は停止となった（県ではなくなる）。一九七二年五月一五日に日本に返還されるまで日本人はパスポートがなければ沖縄に行くことができなかったのである。

†ポツダム宣言

沖縄戦の最中、国際社会にとって衝撃的な出来事があった。一九三三年から民主党所属の大統領として異例の四期目に入り、絶大な影響力を行使していたルーズヴェルト大統領が四月一二日、高血圧による脳出血で亡くなったのである。後任には副大統領のハリー・S・トルーマン（Truman）が就いた。また、四月二八日にはイタリアのファシスト党を率い、独裁者として君臨していたムッソリーニが民衆から公開処刑され、逆さ吊りの遺体が公開された。(2) その報告をベルリンの地下避難所で知ったヒトラーは四月三〇日、自ら命を絶つ。その一週間後の五月八日、ドイツは無条件降伏したのである。

ドイツのベルリン郊外にあるポツダムは、ヤルタ協定に基づきソ連委任統治下にあったが、チャーチル、スターリン、そして新たにアメリカ大統領となったトルーマンが七月一七日から会談をもち、日本に降伏を勧告するための文書（ポツダム宣言）が作成された。二六日に出された宣言の内容には中国も同意し、英米中の名前で出されたが、ソ連は日ソ中立条約下であったことから署名していない（一九四五年四月五日、ソ連のモロトフ外相が条約の不延長を通告してきた――有効期限は一九四六年四月であった）。

その主旨は、以下のものである（国立国会図書館）。

一　英米中の陸海空軍は、日本国に最終的な打撃を加える態勢を整えた。この軍事力は日本国が抵抗を終止するまで遂行される。
二　日本を壊滅的な状態に陥らせるか、「理性の経路」を踏むべきかを決定すべき時期はすでに到来している。
三　降伏の条件
①軍国主義の永久的な除去②新秩序の建設、戦争遂行能力の破壊の確証までの連合国による占領③カイロ宣言の履行、日本国の主権は、本州・北海道・九州・四国、並びに連

合国が決定する諸小島に局限される④日本国軍隊の完全な武装解除⑤一切の戦争犯罪人に対する厳重な処罰、民主主義（復活強化）、言論・宗教・思想の自由並びに基本的人権の尊重の確立

四　連合国は日本国政府がただちに全日本国軍隊の無条件降伏を宣言することを要求する。

当時の日本は、四月五日に総辞職した小磯国昭《こいそくにあき》内閣の後任である鈴木《すずき》貫太郎《かんたろう》内閣であった。戦前最後の首相となる鈴木は海軍大将であったが、昭和天皇の侍従長《じじゅうちょう》を一九二九年から務めていた経験があり、昭和天皇の信頼が篤かったと言われている。その内容を知った鈴木は記者会見で七月二八日「政府としては何ら重大な価値ありとは考えない。ただ、黙殺するだけである」と話したといわれているが、メディアが「政府は黙殺」と報道していただけだという説もある。いずれにしても、この日本政府の対応がアメリカの原爆投下とソ連の対日参戦の口実を与えることになった（鈴木二〇一五）。

†原爆投下

アメリカのルーズヴェルト大統領が核開発プロジェクトを立ち上げたのは一九四二年一〇月のことであった。プロジェクトは本部がマンハッタンにあったため、マンハッタン・プロジェ

クトといわれ、イギリスとカナダがこれに参加した。

アメリカが核実験に成功したのは、一九四五年七月一六日のニューメキシコ州アラモゴート砂漠における実験においてである。もし、日本が「ただちに」ポツダム宣言を受諾していれば、原爆は投下されなかったことになる。トルーマンが八月六日の広島への原爆投下の一六時間後に出した声明には、「ポツダム宣言」は全面的破壊から日本国民を救うために出されたものであるが、「彼らの指導者」がこれを無視したため、「日本の戦争遂行能力を完全に破壊するために、確実に、間違いなく」投下された旨が盛り込まれている。また、声明には、アメリカが一九四〇年から原爆開発にイギリスと共に関心をもち、その開発に延べ一二万五〇〇〇人を投じ、二〇億ドルを費やしたことが述べられている（トルーマン二〇〇七）。

原爆が日本政府に与えた影響はきわめて大きかった。日本軍は原爆投下後の広島をただちに視察しているが、参謀本部第二部長であった有末精三《ありすえせいぞう》は、「一二日に東京に此の種の爆撃を加えるとの噂があること」を「大至急に打電」することを命じている（佐藤・黒沢編二〇〇二）。日本にとって、皇居のある東京への原爆投下は何としても避けなくてはならないことであった。しかし、「噂」に反して、二回目の原爆は九日に長崎に投下され、広島に引き続き、甚大な被害が出た。

アメリカの日本への原爆投下に関して中国国民党の機関紙『中央日報』は一九四五年八月七

日、「トルーマン大統領談話」を紹介して、「新発明の原子爆弾」の投下が「完全に日本の作戦能力を撃破する」であろうと論評している。また、基本的にアメリカの原子爆弾の使用を、対日戦終了を早めるものとして歓迎し、もしその使用がなかったら、戦争は膠着《こうちゃく》状態に入り、終結の目処がたたないとの認識も示している。

これに対して、中国共産党の原爆評価は微妙にニュアンスを異にする。一九四五年八月九日の『新華日報』時評は、次のように論評している。①「人類史上空前」の破壊力と殺傷力をもつ巨大な原子爆弾の攻撃に日本の侵略者が遭遇したことは、「ファシスト侵略者の当然の報い」である。②中国人民は「騙されてきた罪のない日本人民は別」として、日本軍閥には何らの憐《れん》憫《びん》の情をもたない。そして、③原子力は人類の福祉のために使用されるべきである。また、一三日共産党はアメリカが原爆保有によって発言力を増すことに警戒心をもち、戦争終結の最大の要因はソ連の参戦にあると後に述べている（『解放日報』一九四五年八月一三日）。すなわち、国民党、共産党ともにこの時点では日中戦争の勝利が自力ではなく、アメリカもしくはソ連の力に依るところが大きいと認めていたことは大変興味深い。また、この時点で共産党は日本国民「無罪論」の戦争責任二分論の認識を示している。

†ソ連参戦

ソ連が日本との中立条約を一方的に破棄して対日参戦をすることは、一九四三年一二月のテヘラン会談からの合意事項であり、四五年二月のヤルタ会議で再確認されていた。その密約にそって、ソ連は八月八日、日本に宣戦布告し、九日未明から満洲へと突然武力進攻する。日本の終戦は八月一五日とされるが、中国東北部ではここから戦闘が開始し、ソ連軍との戦いは終戦後も続いた。ソ連軍による民衆に対する大量虐殺もおこなわれた。この虐殺は、日本人だけでなく一緒に入植していた満洲人、朝鮮人にも及んだのである。日本人残留孤児問題などはこの状況の中から生まれてくる。

この時ソ連は、英米中の戦争遂行理念とは異なった概念を持ち込んでいる。それは、貢献に応じた配分の要求だった。大西洋憲章からカイロ宣言までは冒頭に領土などの新たな要求はしないことが謳われたが、ソ連は領土的な野心を見せた。それは、日本ばかりでなく、中国の主権にもかかわるものであった。蔣介石と国民政府外交部はその後ソ連との難交渉に臨むこととなる。

4 日本の終戦と東アジアの再編

†ポツダム宣言受諾

一九四五年八月九日、日本は御前会議（天皇出席の会議）を開き、「ポツダム宣言」受諾に関して議論をおこなった。ここでは、受諾を主張する天皇側近グループとなお戦争遂行を主張する軍部強硬派との激しい対立が見られた。受諾条件の最大の論点は①「天皇の地位の保障」という「国体護持」、②在外日本軍の自主撤収、③保障占領の拒否、そして④戦争犯罪の自主裁判にあった（下村一九四九）。しかし、翌一〇日午前二時「天皇の国家統治の大権を変更するの要求を包含し居らざることの了解の下に受諾す」（外務省特別資料部編一九四九）という決着をみる。すなわち、日本は天皇制存続のみを条件として無条件降伏したことになる。ここでは東郷《とうごう》茂徳《しげのり》外相が「皇室の問題に対しては一歩も譲れない。それが日本を救う途である」と強く主張し、この点では全会一致を見た（下村一九四九）。

日本政府は、八月一四日、ポツダム宣言受諾を連合国側に通達した。翌一五日正午、昭和天皇がラジオ放送（玉音放送）で「終戦の詔書」を読み上げ、国民に終戦を伝えたが、日本が公式に降伏文書に調印したのは九月二日（国際的な第二次世界大戦終了日）となる。

†中国の終戦

ヤルタ密約でのソ連の参戦の条件は国民政府にも伝えられ、宋子文がモスクワに飛んでソ連と交渉を重ねるが、旅順租借問題、外モンゴル問題で難航する。その過程で蔣介石は「対ソ交渉の方針および要点」として、①「旅順租借は絶対に拒否」するが、②「外蒙には高度の自治をあたえ、中国の宗主権の下に外蒙を置く」、その自治政府が自らの権限をもって、ソ連との関係を構築することは容認する（「蔣介石日記」一九四五年六月二二日・二四日）、という妥協案を提起するようになる。しかし、それでもソ連の強硬な態度は変わらず、ついに蔣は外モンゴルの独立を認め、八月一四日、中ソ友好条約の締結に踏み切る。蔣の長年にわたる外モンゴルに対する主張はついに認められず、一〇月二〇日モンゴル人民共和国は独立を公式に発表したのである。

一九四五年八月一五日正午（中国時間）、蔣介石は「抗戦勝利告全国軍民及世界人士書（抗戦に勝利し、全国の軍人、民衆および世界の人々に告げる書）」を発し、重慶の中央放送局において自らこれを読み上げ、全国、全世界に向けラジオ放送した。

その内容の特徴は、以下のようである。

①日中戦争を中国の「抗戦（防衛戦）」と定義した上で、「正義は必ず強権に勝つ」と述べ、抗日戦の正当性を強調したこと。
②日中戦争の時期を八年と定義したこと。これは、毛沢東の認識と一致する。
③キリスト教の教義から「汝の敵を愛せよ」、中国の伝統思想から「旧悪を想わず」「人に善を為せ」の一節を引き、中国人民に対して「我々は報復してはならず、ましてや敵国の無辜の人民に汚辱を加えてはならない」と説いたこと。
④戦争の責任および「敵」を「日本の横暴非道な武力をもちいる軍閥のみ」に限定し、「一貫して、日本人民を敵とせず」という方針を貫こうとしたこと。
⑤今後中国は民主主義国家としての道を「邁進する」ことを強調したこと。

この方針の下、蔣介石は実際に約二〇〇万人にのぼる日本軍捕虜と民間人を中国船で日本に送りかえすことを決定し、実行した。この演説は一般に「以徳報怨《いとくほうえん》」の演説といわれているが、蔣介石自身は「以徳報怨」という言葉はまったく使っておらず、それは日本のマスコミの独自の解釈に基づく造語であった。日本の新聞がこの演説の内容を紹介したのは九月五日になってからであるが（『大阪毎日新聞』）、日本人に大きな感動を与え、蔣介石評価を一気に高める役割を果たした。戦後の日本と台湾との良好な関係はこの演説に起因しているといっても過言ではない（図8-7、図8-8）。

一方、日本の敗戦が決まると同時に蒋は八月一五日、香港回収に向かった。しかし、イギリ

永懐蒋公

図8-7　中正神社社殿（著者撮影）

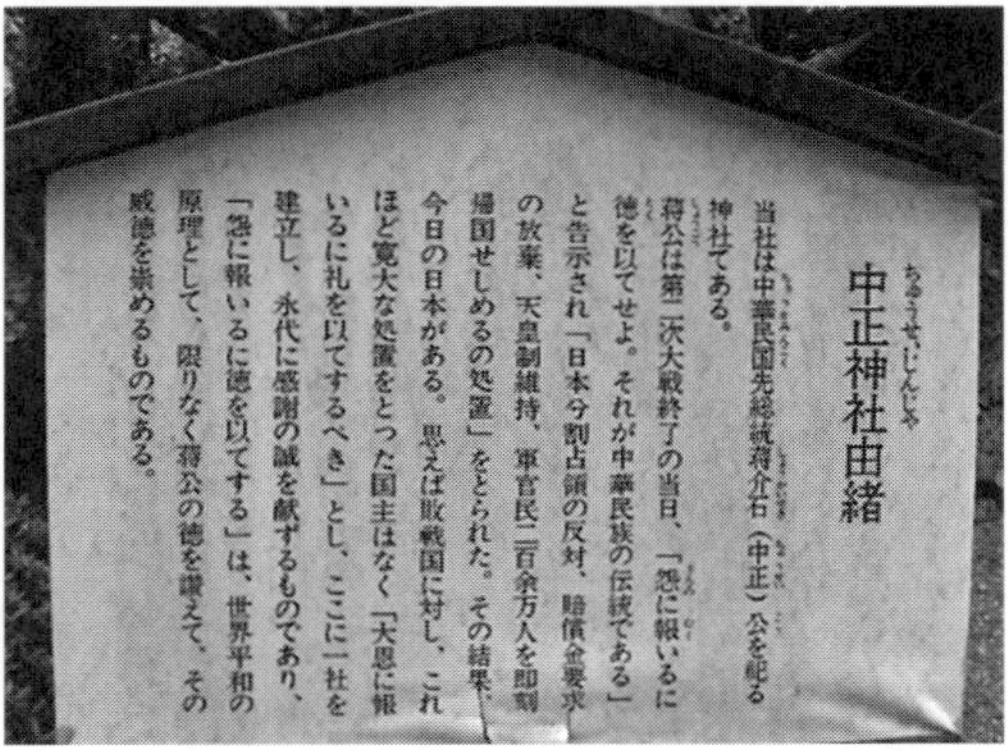

中正神社由緒
当社は中華民国先総統蒋介石（中正）公を祀る神社である。
蒋公は第二次大戦終了の当日、「怨に報いるに徳を以てせよ。それが中華民族の伝統である」と告示され「日本分割占領の反対、賠償金要求の放棄、天皇制維持、軍官民二百余万人を即刻帰国せしめるの処置」をとられた。その結果、今日の日本がある。思えば敗戦国に対し、これほど寛大な処置をとった国主はなく「大恩に報いるに礼を以てするべき」とし、ここに一社を建立し、永代に感謝の誠を献ずるものであり、「怨に報いるに徳を以てする」は、世界平和の原理として、限りなく蒋公の徳を讃えて、その威徳を崇めるものである。

図8-8　中正神社の由来

スの「香港再占領」と「香港防衛」の意識は強く、(3)アメリカからの圧力もあり、イギリスに対する香港・チベット問題も解決できなかった。毛沢東は、外モンゴル・新疆問題、香港・チベット問題を棚上げにすることによってソ連とイギリスの支持を得、後の内戦を共産党に有利になるようにした。イギリスが中華人民共和国を一九五〇年一月六日という速さで承認した背景には香港問題があったといわざるを得ない。八月二〇日の蔣介石の日記には、チベットの自治を認めたこと、トルーマンが蔣に対しイギリスの香港支配を認めるように勧告したことが書かれている。蔣の抗日戦争勝利と同時に「中華の回復」を実現するという「夢」は大国の論理の前でもろくも消えていったのであった。中国は、日本が降伏文書に正式に調印した翌日の九月三日を「中国人民抗日戦争勝利記念日」としている。

†朝鮮の終戦

朝鮮は、カイロ宣言の履行を盛り込んだポツダム宣言によって、八月一五日、日本からの独立が認められ、植民地支配から解放された。しかし、その独立がどのような形で達成されるかについては、独立運動を推進してきた各グループ（民族主義者グループ、共産主義者グループ、中道グループなど）内でも、ヤルタ密約で信託統治を計画していた連合国（米英中ソ）の中でも合意が成立していなかったため、混沌とした状況が見られた。

九月二日になって、マッカーサーの命令により「北緯三八度線の以北をソ連が、以南を米国がそれぞれに日本軍の降伏受理と武装解除を担当し、当分の間、米ソによる軍政が敷かれること」になり、「朝鮮半島が独立するまでは、米英ソ中による最長五年間の信託統治が必要とされた」（平岩二〇一七）のである。

†台湾の終戦

八月一六日午後七時、台湾総督であった安藤利吉《あんどうりきち》が全台湾人に「軽挙妄動」を慎むように呼びかけたが、すでにこの時点で「台湾独立」を主張する一部の人士が活動を開始していた。二六日各新聞は「台湾接収」を報道した。二九日、国民政府は福建省政府主席で、四四年五月に中央設計局内に設けられていた台湾調査委員会の主任委員であった陳儀《ちんぎ》を台湾省行政長官に任命し、台湾統治にあたらせることを発表した。一〇月二四日陳儀は台北に到着し、翌二五日、安藤利吉が施政権を連合国に返還し、台湾省行政府は正式に業務を開始する。

陳儀の台湾における最初の仕事は、台湾総督府の各部門、および日本企業の接収であった。一九四五年一一月から各部門の接収、台北帝国大学など日本が設立した学校の接収も開始された。日本企業は、公営企業と改編され、台湾の戦後経済の基礎となっていく（家近二〇〇四）。

在日台湾人の帰国は一九四五年一一月五日、日本人の帰国は一一月二五日から開始し、台湾における日本軍の武装解除は一二月一日に完成した。

5 GHQによる占領統治と東京裁判・日本国憲法の制定

日本はポツダム宣言を受諾して無条件降伏をし、一九四五年九月二日、東京湾に停泊していた戦艦・ミズーリ号上で降伏文書に調印した。その結果日本は五二年四月二八日までの約六年半の間GHQ（General Headquarters of Supreme Commander for the Allied Powers〔GHQ-SCAP〕の略。日本名は、連合国最高司令官総司令部）の間接統治下に入ることとなった。その間の日本の政治動向をまとめると以下のようになる。

†GHQによる日本統治

GHQは一九四五年九月二日、旧日本軍解体等の司令第一号を発令した。また、九月一一日には三九人の戦犯容疑者に逮捕例を出した。その後、GHQによる日本統治は、マッカーサー最高司令官のもとにすすめられていく。アメリカ政府は九月二二日「降伏後における米国の初期の対日方針」（国立国会図書館）をマッカーサーに伝えた。その方針の基本は、①平和で責任ある政府の樹立（軍国日本の解体）、②自由な国民の意思による政治形態の確立（自主的な民主主義の推進）にあり、ＧＨＱの日本統治はこれら二つの方針を軸に推進されていった。

日本占領政策の最高決定機関はワシントンの極東委員会であった。これは、米英中ソ豪蘭仏印加比新の一一カ国（後、ビルマ、パキスタンが加わる）から構成されていたが、実際はアメリカ軍による単独占領であったということができる。ＧＨＱによる占領は間接統治の形式をとり、政策は「覚書・メモ・口述」の形式で日本政府に伝達された。日本においては、八月一七日皇族である東久邇《ひがしくに》内閣が発足し、武装解除、降伏文書の調印等の戦後処理にあたった。

一九四五年一〇月九日、戦前の外交専門家であった幣原喜重郎が首相となる。一一日、幣原はマッカーサーと会談し、口頭で「五大改革司令」を受ける。それは、①憲法の自由主義化および女性の解放（婦人参政権の付与）、②労働組合の奨励、③教育の自由主義化、④圧政的な諸制度の撤廃（秘密警察、特高（特別高等警察）などの廃止）⑤経済の自由化であった（「幣原首相・マッカーサー会談一九四五年一〇月一一日」―国立国会図書館）。この司令に基づいて、幣原内閣は、四五年中に政治犯の釈放、治安維持法・治安警察法・特高の廃止、選挙法の改正による婦人参政権の実現などを実行した。また、一一月四日には財閥の自発的解体計画をＧＨＱに提出し、四六年中にはこれを実行し、財閥による市場の独占を廃止し、経済の自由化をはかる。さらに四五年一二月九日ＧＨＱは「農地改革指令」を発令し（国立公文書館）、「耕す者に田を」の原則に基づく農業における民主化を実現する。

このように、日本はGHQの方針にしたがって、急速な民主化を進めていく。しかし、そのような流れの中で最も問題となったのが天皇の戦争責任とその地位の問題であった。一九四五年九月二七日、昭和天皇は自らマッカーサーをアメリカ大使公邸に訪ね、会談をもつ。その結果、マッカーサーは、天皇に戦争責任を問い天皇制を廃止することは、日本国内に未曾有の混乱をもたらすとの結論に達した。そして、象徴天皇制の樹立の方向性に向かう。これに基づき、日本政府は四六年一月一日昭和天皇の「新日本建設に関する詔書」を発表し、いわゆる「人間宣言」をおこなう（『朝日新聞』一九四六年一月一日付）。第10章で述べるようにその冒頭に明治天皇の「五箇条の御誓文」が掲げられていたことは、大変興味深い。

†東京裁判（極東国際軍事裁判／The International Military Tribunal for the Far East）(4)

次にマッカーサーが実行した指令は、戦争犯罪人を裁く裁判所の設置であった。前述したアメリカの「初期の対日方針」の「第三部―政治」の第二項は、ポツダム宣言に基づく「戦争犯罪人」に関する方針であった。ここでは、「戦争犯罪人（連合国の俘虜およびその他の国民に対して残虐な行為をおこなったものを含む）は、逮捕され、最高司令官が組織する裁判にかけられ、有罪となった時は処罰される」ことが記されていた。

マッカーサーは一九四六年一月一九日、極東国際軍事裁判所憲章を公布し裁判所を設置させる。いわゆる「東京裁判」は、四六年五月三日から四八年一一月一二日（判決）の二年半続けられた。ここでは戦争犯罪を「Ａ　平和に対する罪」「Ｂ　人道に対する罪」「Ｃ　通例の戦争犯罪」に分けて審議された。いわゆるＡ級戦犯とは新しく設けられた「Ａ」の「平和に対する罪」を問われた戦争最高責任者とされた二八名を指す。その結果、精神障害を認められた大川《おおかわ》周明《しゅうめい》、判決前に病気で亡くなった松岡洋右・永野《ながの》修身《おさみ》を除く二五名全員が有罪となり、土肥原《どいはら》賢二《けんじ》・板垣征四郎・広田弘毅・松井石根《まついいわね》・東条英機《とうじょうひでき》・木村兵太郎・武藤章《むとうあきら》の七名が絞首刑に、一六名が終身禁固刑に、二名が有期禁固刑に処せられた。後に述べる靖国《やすくに》神社参拝問題には、このＡ級戦犯合祀が関係している。

†日本国憲法の制定

幣原内閣に与えられた最大の課題は、憲法の改正であった。一九四六年二月、国務大臣松本《まつもと》烝治《じょうじ》を委員長とする「憲法問題調査委員会」が起草した憲法改正要綱がＧＨＱに提出されたが、「明治憲法」を基にして、天皇主権を温存しようとしたものであり、主権在民とはほど遠いものであった。これに失望したマッカーサーは、ＧＨＱ民政局に対し、憲法改正に関するマッカーサー・ノートを提示し、日本国憲法草案の作成を指示した。民政局員たちは二月四日から作成を開始し、二月一〇日起草作業を終えた。

GHQは、一九四六年二月一三日「マッカーサー草案」を日本政府に提示する（国立公文書館）。その骨子は、主権在民、象徴天皇、自衛戦争も含む戦争放棄などにあった。その後民政局および日本側からの修正が加えられ、一一月三日「日本国憲法」（現行憲法）が公布された（四七年五月三日施行）。その三大基本方針は、主権在民、平和主義、基本的人権の尊重となっている。

このように、日本の戦後処理はGHQの指導下で確実に進められていったが、東アジアの他の国と地域では混乱が続き、新たな紛争の時代へと突入していく。

註

（1）フィリピンはスペインの植民地であったが、米西戦争の結果、一九一六年からアメリカの自治区となり、三五年に一〇年後の完全独立を約束されていた。そのため、この時期はアメリカ軍が常駐していた。日本は、この約束を肩代わりするかたちで、一九四三年五月御前会議の決定として、フィリピンを独立させた。

（2）イタリアは一九四三年七月二五日国王がムッソリーニを解任し、身柄を拘束する形で九月八日に無条件降伏したが、九月一二日ヒトラーはムッソリーニを救出し、イタリアの権力奪還を要請した。ドイツの支援を受けたムッソリーニは北イタリアでイタリア社会共和国を樹立し連合国との戦闘を継続したが、レジスタンス運動（パルチザン）の標的となって逮捕、処刑された。

（3）イギリスの公文書館には、香港の再占領（re-occupation of Hong Kong）と中国の回収からの防衛（defense of Hong Kong）の史料が多数残されている。

"WO203_5437 Re-occupation of Hong Kong", "WO203-4359 Hong Kong reoccupation"

（4） 東京裁判に関しては、家近亮子「「東京裁判」決定の国際政治過程と日本・中国の裁判報道」（慶應義塾大学法学部編『慶應の政治学・地域研究』慶應義塾大学出版会、二〇〇八年）参照。

第9章　中国の内戦と朝鮮戦争

1　中国における内戦――分断国家への道

†国共の対立――情報戦の展開

中国における抗日戦争は勝利で幕をおろした。その間、中国国内は、国民政府支配区、中国共産党の革命根拠地、満洲国、親日政権支配区、日本の占領区に分かれ、複合国家の様相を呈していた。中国国民党と中国共産党は日米開戦後、戦後の中国を誰が統治するかで激しいリーダーシップ争いを見せるようになる。延安からは常に抗日を訴える放送が流れていたが、それも徐々に反国民党、反蔣介石に変わっていった。

中国共産党の機関紙では終戦直後から「内戦」の文字が躍るようになる。この時点で蔣介石は「人民の公敵」となり、抗日戦争を勝利に導いた中国の総司令としての役割は完全に否定された（『解放日報』一九四五年八月一七日）。蔣は「今日は民主世界である」という認識はもっていた（「蔣介石日記」一九四五年三月一六日）。しかし、その「民主」の見せ方、語り方において、「新民主主義論」を展開した毛沢東の論法は巧《たく》みであったといわざるを得ない。そのため、共産党は知識人、中間派・無党派層を取り込み、国民党と蔣介石を対岸に追いやった。

一九四五年四月二三日から開催された共産党七全大会で毛沢東は「連合政府論」を発表し、多くの第三勢力を共産党に糾合することに成功する。共産党は七全大会に先立つ四月二〇日「若干の歴史問題に関する決議」を採択した。ここでは、共産党が建党以来四五年まで一貫して抗日運動を指導し、戦争を勝利に導いたことが主張され、その指導者としての毛沢東の役割が明記されたのである。この「歴史決議」は共産党による革命史観の基本認識となっている。

†双十会談から国共内戦へ

一九四五年八月二八日、毛沢東は、出迎えに来たアメリカの駐華大使であったハーレー(1)と周恩来らの共産党幹部を伴って、重慶の飛行場に軍用機で降り立った。蔣介石は抗日戦争中、何度も毛沢東との会談を申し入れたが、毛は一九三五年に長征の結果行き着いた延安の山から一度も下りることはなかった。

国共両党は四〇日以上に及ぶ話し合いの結果、一〇月一〇日にいわゆる「双十協定（双十会談紀要）」を発表した。ここでは①平和的な建国方針の承認、②内戦回避と独立・自由・富強な新中国の建設、三民主義の徹底、③憲政への速やかな移行、④政治協商会議の開催と新憲法の制定などが決まった（「蔣中正総統文物」）。一九四六年一月一〇日、重慶で政治協商会議が開催されたが、その出席メンバーは、国民党八名、共産党七名、その他の政党と無党派二三名という構成であり、まさに連合政府が実現するかのようであった。

また、それに先立つ七日には国共（張群・周恩来）とアメリカのトルーマン大統領の全権特使マーシャル（Marshall）特使を加えた三人委員会が発足し、停戦についての話し合いがなされた。この時のアメリカの対中基本方針は共産党を含む連合政権の下での民主国家建設を実現し、東アジアの安定を図ることにあった。この方針はカイロ会談の時にルーズヴェルト大統領が蔣介石に提案した戦後の中国の理想的な姿であった。

しかし華北などの旧親日政権区や旧満洲国支配区では日本軍の武器や戦略物資の接収をめぐり国共は激しい攻防戦を展開していた。一九四六年五月四日、共産党は「土地問題に関する指示」を出し、土地革命に着手し、本格的な農民動員と国家建設の基盤作りに乗り出す。このような状況下、六月二五日、蔣介石はついに国民革命軍に対して中原《ちゅうげん》解放区への進軍命令を下し、中国は全面的な内戦に突入する。

†蔣介石の戦後直後の対日政策

終戦末期延安から発せられるネガティブ・キャンペーンの陥穽《かんせい》に蔣介石は次第にはまっていき、自らと国民政府を守るための将来構想を展開するようになる。それが、軍閥なき後の日本との新たな平等互恵《ごけい》の関係の樹立、東アジアにおけるアメリカを軸とする「反共・民主」の国際関係の構築であった。その意味で、終戦時のいわゆる「以徳報怨」の演説は自らの政治生命をかけた日本および日本人に対するアピールであったということができる。

戦後直後、蔣介石は自らの考えを実行に移し、日本の「自由・平和・民主」達成のために、積極的な工作をおこなっていく。まず、蔣は自らが抗日戦争期に発表した「対日言論」を日本語に翻訳して出版することを指示した。一九四五年一一月一九日の「日記」には、「日本民衆に告げる書の発行を促す」とある。その指示により発行されたのが、国民政府軍事委員会政治部編の『蔣委員長が日本軍民に告ぐ演説集』(一九四五年一二月一五日)である。ここには、蔣介石自らが選定した「対日言論」が収録されている。この言論集は市販されることはなく、主に上海などで日本への帰還船に乗り込むことを待機していた日本人将兵と日本人居民に配られた。蔣介石が日本語での発行を急がせた理由はそこにあった。日本へ帰還する日本人達は、軍艦を準備し、帰還事業を遂行した蔣の温情を感じながら、その書を手にすることになったのである

（図9－1）。

演説集の「提要」には、全体を通して日本が平和を確立する必要性が記され、①「中国は抗戦開始から今に至るまで、唯だ日本軍閥を敵とし、日本国民を敵としていない」こと、②「日本の民衆が正義の力を発揮して（軍閥の）侵略政策を打倒し、以て東亜の平和を回復せんことを望む」ことなどが強調されていた。

いわゆる「以徳報怨」の演説、中国の軍艦による送還事業の実行、自らの言論集の配布が一部の日本人の間に蔣介石に対する尊敬と感謝を根付かせたことは事実である。日本には前章で述べた「中正神社」の他にも「以徳報怨の碑（千葉県いすみ市岬《みさき》町）」「蔣公頌徳碑《しょうとくひ》（横浜市西区宮崎町）」などが存在し、蔣の遺徳を称えている。

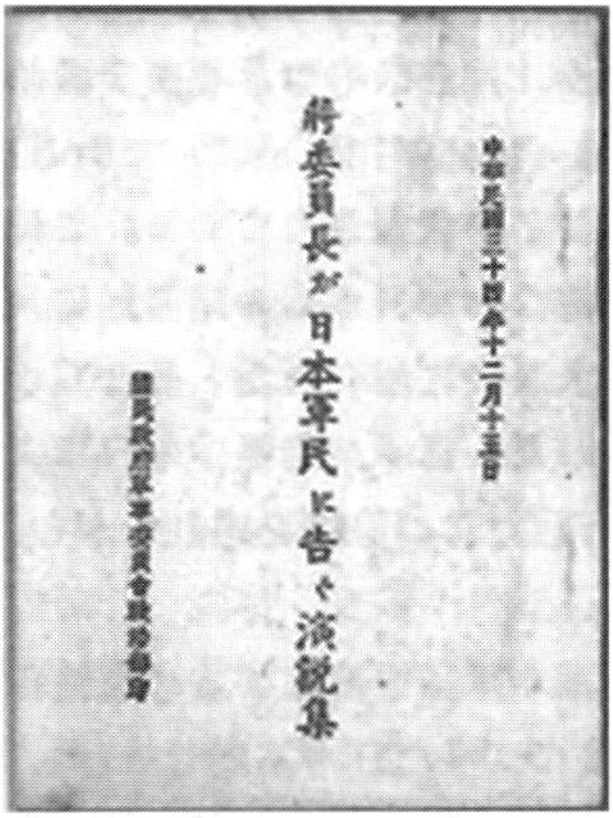

図9-1　『蔣委員長が日本軍民に告ぐ演説集』（著者所蔵）

蔣介石の生誕一〇〇年を記念して一九八六年に日本で結成された「蔣介石先生の遺徳を顕彰する会」の「趣意書」には、蔣が日本のためにおこなった四大政策（「天皇制の民族自決」「ソ連の日本分割占領案の阻止」「二〇〇余万軍民の早期祖国送還」「対日賠償請求権の放棄」）をたたえ「その中のどれ一つが欠けても、今日の日本の復興、発展は期せられなかったはずであります」と述べられている（蔣介石先生の遺徳を顕彰する会編一九八六）。戦後日本の民主化は蔣介石が望んだ通りとなった。しかし、蔣にとって、それはあくまでも自らが大陸中国の支配を維持するため、日本との友好な関係を構築し、東アジアを反共の豊かな社会とするための戦略であった。そのために蔣は、対日無賠償を主張したのである（家近一九九八）。

2　朝鮮半島の分断化

一九四五年一二月、モスクワで米英ソ外相会談が開催され、最長五年間の信託統治が決った。この決定に対して、南朝鮮では金九らが反対の立場を表明し、「李承晩は信託統治に反対しつつも米軍政府との協力を維持するなど混乱状態が続いた」が、ソ連指導下にあった北朝鮮はこれを支持した（平岩二〇一七）。「カイロ宣言」では蔣介石が朝鮮の独立を強く主張し、「朝鮮の人民の奴隷状態に留意し、やがて朝鮮が自由且つ独立するものとする」という文言が入ったが、「やがて」という言葉の解釈には余地があり、その後の国際情勢で変化したといえる。したがって、「それにもっとも強く反発したのは、金九と臨時政府指導者たちであった」（小此木二〇一八）。蔣介石は金九を長年保護し、戦争中も独立承認運動を支持していた。蔣の「中華の回復」

構想においては、金九の臨時政府が朝鮮半島を支配すれば、中国の影響力が大きくなるはずであった。

一九四六年二月、金日成が中心となった北朝鮮臨時人民委員会が結成された。金は、戦時中ソ連で抗日運動をしていたが、一九四五年九月二二日ウラジオストク経由で平壌に到着して活動を開始していたのである。他方、李承晩は一九二〇年に臨時政府の大統領となったが、金九らと対立し、ハワイを拠点として国際連盟やIPRを中心に独立承認運動を展開し、アメリカ軍支配下の南朝鮮に四五年一〇月一六日に帰国していた。

一方、金九らはアメリカから「臨時政府としての入国を許すわけにはいかない」ので、個人の資格で帰国するようにと言われたため、臨時政府としての凱旋は諦め、個人の名での帰国を決意する（金九一九七三）。一九四五年一一月四日、重慶で臨時政府の壮行会となる茶会が盛大におこなわれたが、ここでは主席・金九、副主席・金奎植《キムギュシク》と共に帰国する「韓国革命党員」三〇余人が招待された。これに出席した蔣介石は、「これは、我が国民革命中の一大事である。……早期の独立が達成されることを祈る」と祝辞を述べた（「蔣介石日記一九四五年一一月四日」）(2)。金九は中国との連絡は帰国後も密にとる体制を作り、重慶を後にする。金九は蔣の影響もあり、あくまでも南北統一を進めるべきという主張を崩さなかったため、南朝鮮における単独選挙には反対の立場をとり、李承晩と対立するようになる。

一九四八年五月一〇日南朝鮮において国連朝鮮委員会監視下で単独の総選挙が実施され、李承晩が初代大統領に選出され、八月一五日に大韓民国が成立した。中国はそれより以前の一二日に外交部長であった王世杰《おうせいけつ》が承認を発表している（『大公報（上海版）』一九三八年八月一三日）。また蔣介石は八月一五日の『日記』に「韓国に民選政府が成立した。……これは、余の長年の願望の一つであった」と綴っている。その後、李承晩の政敵となった金九は隠遁していたが、四九年六月二六日自宅に訪ねてきた李のシンパの陸軍砲兵少尉安斗熙《アンドゥヒ》に暗殺された。これを知ってかどうかは不明であるが、蔣介石は七月六日に李承晩に書簡を送り、「今後連絡を密にし、中韓が行動を一致させ、共に反共の努力をおこなうことが人類の自由と世界の平和につながる」と述べている（「蔣中正総統文物」）。一九四八年九月九日、北朝鮮でも朝鮮民主主義人民共和国が金日成を首相として成立し、三八度線を境界とする分断化が決定する。

3 中国の分断化——中華人民共和国の成立と中華民国の台湾移転

†国共内戦の展開

一九四五年末から四六年にかけて中国には「民主建国会」（四五年一二月）「中国民主促進会」

（四五年一二月）「中国民主憲政促進会」（四六年二月）「民主社会党」（四六年九月）等が陸続と成立し、既存の「中国民主同盟」と相まって国民政府に対して早期の憲政実現と民主国家建設を迫るようになる。共産党はこれらの勢力を吸収して、「民主」連合のリーダーとしての役割を演じることに成功する。彼らは政治協商会議に参加することで、毛沢東の「連合政府論」が現実化するという期待を持つようになった。

内戦勃発後の一九四六年一一月一五日、国民政府は南京で初めての国民大会を開催する。ここでは出席代表一三五五名のうち、国民党員が八五％を占め、共産党・民主諸党派の参加はみられないという名ばかりの「国民大会」であった。本大会においては、一一月二八日「中華民国憲法草案」が採択されたが、共産党はただちに不承認を発表した。なぜなら、国民主権を掲げながらも総統個人に権力が集中することを容認しており、民主憲法とはいえない内容であったからである。それでも、一九四七年一月一日国民政府は「中華民国憲法」を公布し、一二月二五日からの憲政への移行を発表する。

本憲法は、一四章一七五条からなるが、主要な条項を抜粋すると、次のようになる（中央宣伝部一九四七）。

第一章　総綱

第一条　中華民国は三民主義に基づく、民有民治民享の民主共和国である。
第二条　中華民国の主権は国民全体に属する。
第七条　中華民国の国都は南京に定める。
第四章　総統
第三六条　総統は国家元首であり、対外的に中華民国を代表する。
第三七条　総統は全国の陸海空軍を統率する。
第三八条　総統は法に依って法律を公布し、命令を発布する。
第三九条　総統は法に依って条約及び宣戦、講和を締結する権利を行使する。
第四〇条　総統は法に依って戒厳を宣布する。
第四二条　総統は法に依って文武官僚を任免する。
第四八条　総統副総統の任期は六年で、連選連任は一度とする。

ここからわかることは、民主主義を制度的に保証しながらも、総統個人に権力が集中していることである。国民政府はこれを「戡乱《かんらん》（動乱を鎮圧するの意味）時期」の臨時的措置と説明した。

一九四七年二月、毛沢東は抗日期に活躍した八路軍《はちろぐん》・新四軍《しんしぐん》を人民解放軍（以後、解放軍）と改称した。(3) 共産党はその後国民党との内戦での都市および地域の占領を「解放」という言葉で表現した。すなわち、「民主」と「解放」という言葉の氾濫が内戦期の特徴となったが、国民党はその対抗概念、客体となることで人民の支持を急速に失っていった。

共産党は九月「人民解放軍大挙反抗宣言」を発表し、二年以内に内戦に勝利し、「民主連合政府」を樹立することを宣言した。実際に解放軍はこの時期から総攻撃を開始する。この時期の解放軍のスローガンは、「打倒蔣介石、解放全中国」であった。同時に、共産党は一〇月「土地法大綱」を公布して「耕者有其田」の方針に基づく社会主義的土地改革を断行し、人口の圧倒的多数を占める農民を自らの勢力に糾合することに成功する。

当時の中国の政治情勢に対して危機を感じたアメリカはウェデマイヤー（Wedemeyer）を特使として一九四七年七月中国に派遣し、国民政府に対して「政治経済改革」を断行することを提言した。四八年二月にはトルーマン大統領が「中国人民に告げる書」を発表し、共産党が中国を統治することは、アメリカの利益に対して有害であるとの見解を表明した（トルーマン一九六六）。その後アメリカは一年間にわたって、国民政府に対する総額七億二〇〇〇万ドルにのぼる援助を実行することとなる。(4)

このようなアメリカの援助と期待にもかかわらず、抗日戦争期の財政的疲弊と内戦の負担が国民政府に重くのしかかり、中国の経済は壊滅的状況に陥る。特に都市を中心とする物価の急騰は民衆の生活を圧迫し、国民党への批判と離反としてはね返った。この時期蔣介石は民衆、特に国民党員に対して自己犠牲と資金援助を強要した。このことが国民党員の大規模な脱会と共産党への移籍につながっていくのであった（家近二〇〇二）。

国民政府は日本軍の華北への介入が濃厚になっていった一九三一年から故宮博物院《こきゅうはくぶついん》の宝物の疎開を計画し、三三年一月から南京、上海への移送を開始する。その理由は、「国家は滅んで再興できるが、文物は一度失われたら永遠に元には戻らない」ことにあった。日中戦争開始後は四川省の峨眉山《がびさん》、巴県《はけん》など国民政府支配下の奥地に移送し、様々な形で保管していた。一九四八年九月、その故宮博物院の宝物の上海から台北への移送が開始される。その後断続的にこの作業はおこなわれた。現在台北の故宮博物院の所蔵品のほとんどが、四九年半ばまでに移送されたものである。この台湾への運搬を決定したのは蔣介石であるが、その目的は故宮の宝物が中国の伝統や歴史を示すものであるため、正統政府としての「一つのシンボルが欲しかった」ためであった（野島二〇一一）。このことを考慮にいれると、蔣介石はこの時期から台湾への移転を計画していたと考えられる。

いずれにしても、四八年になると人民解放軍は地方都市を次々と「解放」していく。このような状況下で国民政府は三月二九日から第一期「行憲国民大会」を南京で開催する。国民大会は四月一八日「戡乱時期臨時条項」を憲法に追加することを決定した。国民政府は一九日「戒厳法」を公布し、非常事態宣言を宣告する。蔣介石の中華民国総統への選出はその「戒厳法」

公布の翌日の四月二〇日に国民大会の選挙によって実現した。(5) 五月二〇日、蔣介石はようやく中華民国総統に就任した。この時から中華民国国民政府は中華民国政府と名称をかえる。その間も人民解放軍の主要都市に対する占領の勢いは止まらず、国民党を追いつめていく。

蔣介石は一九四八年一一月九日、トルーマンに緊急の軍事援助を要請するが、この時期になるとアメリカは、国民党は頑固で変化が見られないとの評価を下し、「有限援助政策」を採るようになり、次第に国民党からの援助要請を一切拒絶するようになった。そのような中、四九年一月一日、蔣介石は「法統」「憲法」「国民党軍隊の維持」を条件にして共産党に和平交渉を申し入れながら、上海で病気療養中であった陳誠を五日、台湾省主席に任命し、台湾建設を本格化する準備に入る。これより以前、台湾においては四七年二月二八日台北市民の大規模なデモに対して警察・憲兵隊が武力鎮圧するという事件（いわゆる二・二八事件）が起き、鎮圧命令を下した陳儀は引責辞任していたのである。

毛沢東は蔣介石の和平申し入れに対して、一月一四日「時局に関する声明」を発表した。この中で毛沢東は八項目の条件を提示し、反動分子の参加しない政治協商会議をひらき、民主連合政府を樹立して、南京国民党反動政府およびそれに所属する各級政府いっさいの権力を接収することを主張した（『毛沢東選集』第四巻）。この八項目の条件は国民政府の正当性をも真っ向から否定するものであった。

†中華人民共和国の成立と中華民国の台湾移転

蔣介石は毛沢東の「声明」から八日目の一九四九年一月二一日突然下野を表明した。二月一日には国民党中央は南京から広州に移転し、四月二一日中華民国政府も広州に移った。同日、人民解放軍は南京を占領した。また、六月一五日には新たな政治協商会議準備会が発足し、中華人民共和国設立の準備が開始される。ここでは国名問題が討議された。「中華人民民主共和国」「中華人民民主国」「中華人民共和国」の三案が出されたが、それまでは「中華人民民主共和国」が暫定的に使われていた。周恩来は、略称は人民が慣れ親しんでいる「中華民国」の使用を許容することを表明していた。しかし、「民主」と「共和」は意味が重なるという意見が多く、最終的に「中華人民共和国」に落ち着いた。また、新国歌の歌詞案も九〇以上出されたが、目につくのは「偉大なる中華」「人民の中華」「新しい中華」のフレーズである（中央檔案《とうあん》館編二〇一四）。いかに中国人がイデオロギーにかかわらず、「中華」の概念にこだわりを持っていたかがわかる。しかし、これも慣れ親しんだ「義勇軍行進曲」を暫定的に使用することが決定する（図9－2）。

八月一日中華民国政府は広州から重慶に移転し、中枢機関の一部は台湾への移動を開始する。そのような状況下、アメリカ国務省は八月五日『中国白書』(6)を発表し、中華民国政府への決別とする。ここには、国民政府に対する痛烈な批判が展開されていたのであった。アメリカはこの時点で国民政府は腐敗による経済破綻で自壊したと断定した。蔣介石はこれを読み、「中国の新たなる恥の始まりである」と涙を流したことを同日の「日記」の中で記している。

九月二一日から三〇日まで北平（北京）で中国人民政治協商会議が開催され、毛沢東を中華人民共和国中央人民政府委員会主席に選出し、首都を北平とし、北京と改称すること等を決定した。そして、一〇月一日毛沢東は青天の天安門において、中華人民共和国の成立を高らかに宣言した。翌二日、ソ連は中華人民共和国が中国を代表する政府であることを承認すると発表し、四日アメリカは不承認を発表した。このことは、中国をめぐる冷戦構造の基本となったということができる。

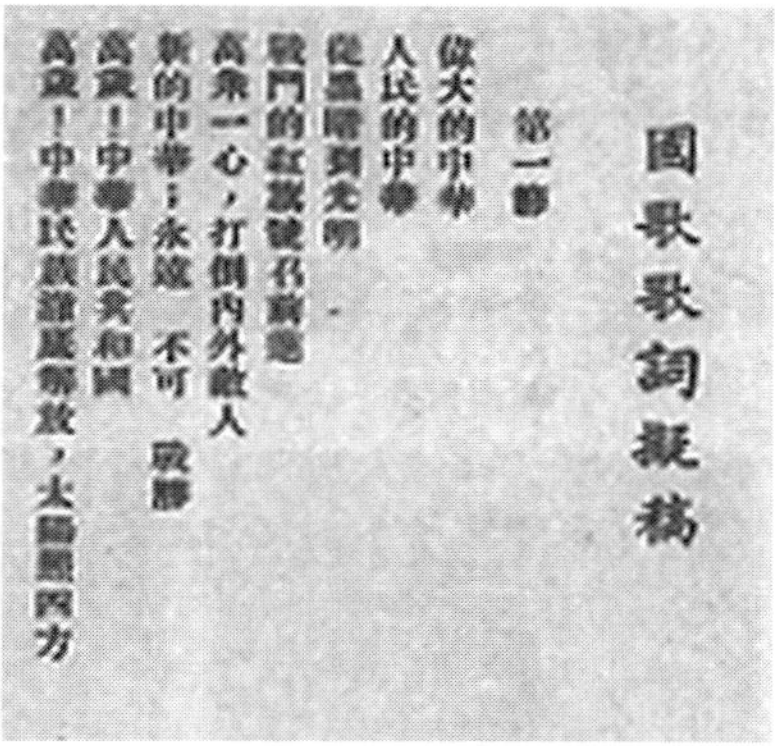

図9-2 国歌歌詞案の一つ（中央檔案館編『中華人民共和国国旗・国徽・国家檔案』）

一一月二九日、中華民国政府はさらに重慶から成都へ移転を余儀なくされる。そして、ついに一二月八日台北へ遷都を決定、九日から行政院が業務を開始し、蔣介石と経国父子は、成都空港から台北へ軍用機で飛んだ。二人は側近と三民主義の中華民国国歌を歌い、「大陸反攻」を誓った。しかし、二人が大陸に戻ることはなかったのである。

4　朝鮮戦争

一九五〇年に起きた朝鮮戦争は、東アジアの政治社会に大きな影響をもたらし、今日に至っている。二〇一八年、南北宥和、米朝接近があり、朝鮮戦争の終結が宣言される可能性が取り沙汰されたが、北朝鮮の非核化が具体化せず、実現には至っていない。朝鮮戦争は現在（二〇二四年）も休戦状態にある。

金日成は朝鮮人民民主主義共和国成立後、国家統一を目標としていたが、一九五〇年一月一九日、ソ連のスターリンから「対南侵攻」の許可を得、五月には北京を訪問して毛沢東の同意も得た。その後の六月二五日未明、突然北朝鮮軍が三八度線を越えて、武力侵攻を開始し、三日でソウルを占領した。このような事態を重く見たアメリカは、ただちに国際連合安全保障理事会に提訴し、「韓国国連軍（一六カ国参加）」の結成が決定した。これは在日駐留部隊を中心に編成されたため、日本も間接的に関与することになる。

中国が朝鮮戦争を自国と関連づけて意識したのは、七月七日の国連安保理での国連軍の派遣の決定からである。七月一〇日、共産党中央軍事委員会は「東北国境の防衛に関する決定」を採択し、五二万にのぼる国境防衛軍を編成した。九月米軍がソウルを占領すると、金日成はスターリンに救援を求め、一〇月一日、スターリンは北京に電報を打って、毛沢東に志願兵を編成しての出兵を提案する。一〇月一九日、四〇万の志願軍が鴨緑江《おうりょくこう》を越え、二五日から米軍との戦闘が開始した。中国ではこれを「抗米援朝戦争」と位置づけた。その後、対米対決姿勢が鮮明になり、アメリカとは完全に断交状態になり、主要敵となったのである。

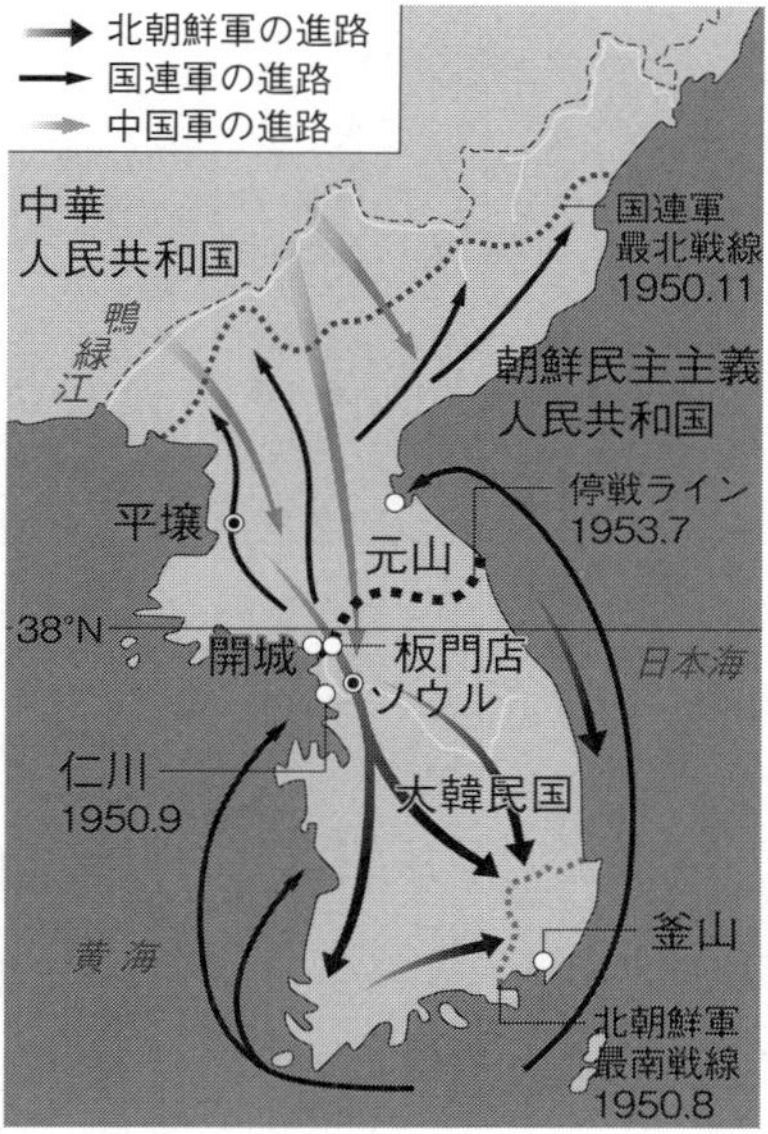

図9-3　朝鮮戦争の地図

また、朝鮮戦争後、台湾海峡にアメリカ第七艦隊が停泊し、祖国統一を目指す共産党の計画を頓挫させることになった。また、韓国・日本・台湾の反共包囲網ができ、米軍基地が恒久化するなど、冷戦構造が先鋭化・固定化する。このような中で、中国は自らを社会主義陣営の一員として明確に位置づけるしか選択の余地はなく、

「向ソ一辺倒」政策が強化される。経済発展の視点からすると、アメリカとの完全な断絶は大きな負の要因となった。中国は、その後新民主主義体制をすて、社会主義の道を選択せざるを得なくなる。

共産党は朝鮮戦争勃発後、国家防衛の愛国運動を全国で展開した。それにより全国レベルで人民を動員し、組織することができ、共産党に今日まで続く一党支配の正当性と自信を与える結果となった。朝鮮戦争は、一九五三年七月二七日三八度線にある板門店で休戦協定が成立し、対峙状態が続いている（図9－3）。

5 日本の国際社会への復帰と東アジア

†吉田内閣の成立

日本は、一九五一年にサンフランシスコ講和条約が成立するまで、国際社会に復帰できなかった。これを実現したのは幣原内閣から代わった日本自由党の吉田茂《よしだしげる》内閣（一九四六年五月二二日成立）であった。日本おいては、四六年四月新選挙法による衆議院総選挙がおこなわれた。その結果、日本自由党が第一党になったが、過半数を占めることはできず、日本社会党などの革新党の躍進が見られた。この結果にはGHQによる公職追放令の影響があった。GHQは四六年一月戦前の旧態依然とした議員が衆議院に復帰することを望まず、公職追放令を出して東条内閣期の議員全員を失格とした。その結果、日本自由党および日本進歩党の議員の多くが失格となった。当時日本自由党の党首は鳩山一郎であったが、GHQは鳩山に追放令を出し、前外相であった吉田茂を強力に首相に推したのである。吉田は五三年五月までの間、五回にわたる組閣をおこない（四七年六月から四八年三月日本社会党・片山哲内閣、四八年一〇月まで民主党・芦田均内閣）、アメリカの支持の下、まさに日本の戦後復興と国際社会への復帰を果たしていく。

†冷戦構造下の「日華平和条約」の締結

（1）「全体主義の防壁」としての日本

冷戦による国際情勢の変化は、アメリカの日本に対する占領政策を変化させることとなった。アメリカは一九四七年半ば頃からアジア情勢を分析した場合、日本の経済発展と民主化が最もアメリカの国益に適うと考えるようになる。その結果、四七年八月一五日から制限付きながら民間貿易が許可され、日本は再び国際経済活動に参入する機会を得る。

一九四八年になるとアメリカにとっての日本の立場はより明確になる。一月六日、アメリカの陸軍長官であったロイヤル（Loyall）は、「日本は全体主義に対する防壁である」と演説し、日本の軍事的・経済的・政治的な戦略的地位の重要性を強調した。ここからアメリカの占領政策は大きく転換する。すなわち、日本を友好国に育成するため、経済発展のための制約を排除し、経済復興を速やかに実現しようとしたのである。その具体的政策がドッジ（Dodge）が考案した経済安定九原則であった。これは、緊縮経済を実行することによってインフレを抑え、単一為替相場の設定によって輸出を拡大し、日本の経済を復興させ、自立させることを目的としていた。その結果、四九年四月には一ドル＝三六〇円という単一為替レートが実現したのであった。

朝鮮戦争開始後、日本には戦争特需景気が起きた。国連軍が日本を基地として出兵し、その物質の調達をドルで支払ったため、日本には朝鮮戦争時期都合約一一億ドルが流入した。そのことは、日本経済の早期の回復を可能にした。また、マッカーサーは一九五〇年七月八日、吉田茂に対して書簡を送り、自衛隊の前身となる国家警察予備隊の創設（七万五〇〇〇人）と海上保安庁の拡充（八〇〇〇人の増員）を指令した。政府はこれを受けて、自衛隊の前身となる警察予備隊令を公布する（国立国会図書館）。

さらにマッカーサーは日本共産党の機関紙『アカハタ』を発行禁止にするなど、共産主義取り締まり（レッドパージ）を強化するようになる。吉田内閣はこれを受けて、七月二八日まず企業のレッドパージを断行し、九月一日にはレッドパージ政策を閣議決定する（国立国会図書館

許されるようになった。

「史料にみる日本の近代」)。その一方、一〇月一三日、一万九〇人の公職追放の解除により、一一月一〇日には旧軍人三二五〇人の公職追放が解除され、警察予備隊に旧軍人が応募することが

(2) 冷戦構造の中の台湾

一九五〇年三月一日、蔣介石は「復職宣言」を発表し、総統に復帰した。一三日蔣介石は「復職の目的と使命」という講演をおこない、「共に奮闘して、五年で共匪を排除し、大陸を光復し(取り戻す)、三民主義の新中国を再建しよう!」と呼びかけた(秦孝儀主編一九八四)。ここから「大陸反攻」が台湾の主要な政治課題となる。五月一六日には「準備一年、反攻二年、三年掃討、五年成功」のスローガンを提起し、具体的な大陸反攻計画を示した。

国際的な台湾の地位は複雑であった。一九四五年一〇月の国際連合成立時、中国は五大国の一つとして常任理事国入りを果たした。これは、蔣介石と国民政府外交部がおこなってきた外交戦略の結実であった。しかし、四九年の中国の分断化は、どちらの中国が正統政府であるか、どちらを承認するかという問題を国際社会に提起した。先に述べたようにアメリカとソ連はすぐに態度を表明していた。

一九五〇年一月五日、トルーマン大統領は年頭演説で台湾問題へは不介入とすることを強調

した。同日イギリスは中華人民共和国を承認する協議に入ったため、閻錫山《えんしやくざん》は中華民国を代表してイギリスとの断交を決定する。蔣介石はこの一連の動きを「背信忘義」の行為とし、「昨日インドとパキスタンが北平の偽組織を承認し、今日の正午、昨日のトルーマン宣言を受けて、イギリスが偽組織を正式に承認した。……これは実に我が政治外交上の重圧となる」と「日記」にその嘆きを吐露している。この背景には、前述したようにカイロ会談以前からの蔣介石とチャーチルの香港をめぐる確執があった。毛沢東は、外モンゴルや香港問題を「副次的」問題として、イギリスとソ連との関係を優先し、内戦を有利に戦うという戦略をとったのである。

このようなアメリカの対台湾政策はやはり朝鮮戦争を期に変化する。トルーマン大統領は戦争勃発直後の一九五〇年六月二七日、台湾への不介入宣言を破棄する「台湾中立化宣言」を出し、アメリカ海軍第七艦隊に台湾を防衛するため、台湾海峡に向かうことを命じた（若林一九九二）。これを受け、二八日蔣介石はトルーマン声明を検討する会議を開き、二九日、韓国に約三万三〇〇〇人の陸軍精鋭部隊を派遣することを表明した。このようにして、中華民国はアメリカの東アジアの於ける重要な同盟国としての役割を担うようになる。そのことは、米中対立の激化にともなってますます強くなっていくのであった。

一九五〇年七月三一日、マッカーサーは台湾に赴いた。蔣介石は宋美齢を伴って空港に出迎え、歓迎の意を表した。八月一日、マッカーサーは蔣介石と会談して、金門の防衛問題、GH

Qの連絡所を台湾にも設置する（八月九日から）ことを決定したが、マッカーサーはそれより以前の六月一四日「マッカーサー・メモ」を作成し、台湾の対ソ連における戦略的地位の重要性を強調していた。台湾が中国に統一されれば、軍事的に台湾がソ連に利用されることを懸念したのである（林一九八七）。九月五日、第七艦隊は台湾海峡で大々的な軍事演習をおこない、中国を牽制する。このような情勢の変化を蔣介石は「大陸反攻」の可能性が高まったとして歓迎したのである。

(3) サンフランシスコ平和条約と東アジア

日本の戦後処理を確定するサンフランシスコ講和会議はこのような状況下で、一九五一年九月四日から開催された。対日講和を急いだアメリカは、三月末には関係する五三カ国に講和条約の第一次草案を送付し、根回しをおこなっていた。中国に関していえば、対立を避けるために中華人民共和国も中華民国も招聘しないことが決定された。このアメリカの決定に対して、中華人民共和国の外交部長であった周恩来は、「我が中華人民共和国が参加することは当然のこと」であり、中華人民共和国の参加しない講和会議は「一切その合法性を認めることができず、無効である」と述べ、自らの正当性を主張したのであった。

イギリスは一九五〇年二月イギリス首相アトリーは、訪米の際トルーマン大統領に対して、

「台湾が中国に帰属するという大前提の下、中華民国を中立化する方式を採用して、中華人民共和国を講和会議に参加させてはどうか」と提言した（臧士俊一九九七）。しかし、トルーマンはこれに反対し、意見の一致はなかった。その後もイギリスは、講和会議には中華人民共和国を中国の代表として参加させるべきことをソ連と共に主張したのである。このイギリスの主張に対して、アメリカ国務省の対日講和問題顧問であったダレス（Dulles）は「中華民国を除く若干の国家が日本と多数国間条約を結ぶ。そのあとどちらの中国を選ぶかは日本の自主的な選択にまかせ、別途、二国間条約を結ぶ」という代替案を提起し、イギリスはこれに同意したのである。ダレスはさらに「日本は必ず貴国（中華民国）と条約を結ぶことを願うだろう」と中華民国駐米大使・顧維鈞に述べた（竹内実編一九九三）。

サンフランシスコ講和会議には対日参戦をした五五カ国のうちの五一カ国が参加し、一九五一年九月四日から開幕した。不参加は、中国・インド・ビルマ（ミャンマー）・ユーゴスラヴィアの四カ国であった。五日後の九日夕刻、日本と参加国中四八カ国の間で条約が締結された。これをサンフランシスコ平和条約という。調印を拒否したのは、ソ連・ポーランド・チェコスロヴァキアの三カ国であった。この条約は翌五二年四月二八日から効力が発効し、この時点で六年半に及ぶGHQによる日本占領が終了することとなった。

サンフランシスコ平和条約が調印された一九五一年九月八日同日、日本とアメリカとの間には日米安全保障条約が締結され、アメリカ軍の駐留が決定する。これによって、アメリカの日本に対する影響力は占領終了後も継続することとなる。

(4) 日華平和条約の締結と東アジアの国際関係

サンフランシスコ講和会議終了後も日本政府(第三次吉田内閣)には大きな課題が残されていた。それは、最大の対戦国であった中国との平和条約の締結であった。どちらの政府と戦後処理をおこなうかは、原則上は日本の裁量に任されていた。一九五一年一〇月三〇日、吉田首相は国会答弁の中で、「日本は現在依然として講和の相手を選択する権利を持っている。この権利を行使するにあたっては、客観的環境と中国の情勢を考慮すべきで、中国と日本の将来の関係は軽々しく決定すべきではない」と述べている。これは、吉田の基本的姿勢であった(吉田一九五七)。吉田は中国のもつ市場の潜在性を重視していたといえる。

吉田のこの発言は蔣介石に衝撃と危機感を与えた(「蔣介石日記」一九五一年一〇月「本月反省録」)。そのため、中華民国外交部長であった葉公超《ようこうちょう》は、アメリカ駐華大使を緊急によび、「吉田の発言は自由世界に対する徴発である」と述べ、アメリカに事態を打開することを要請したのである(林一九八七)。

一九五一年一二月一五日アメリカはダレスを特使として日本に派遣する。ダレスは吉田に対して、「中華民国政府は中国の合法政府であり、台湾は極東の軍事戦略上、極めて重要である。日本政府と中華民国政府が講和をすすめれば、それは日本の利益になるだろう」と述べた。そして、二四日の第二回目の会談でついに吉田はアメリカの意向に添うことを「書簡」で伝えざるを得なくなる。吉田はその中で「日本政府は、究極において、日本の隣邦である中国との間に全面的な政治的平和及び通商関係を樹立することを希望する」が、「事実、中国の共産政権は、日本の憲法制度及び現在の政府を、強力をもって転覆せんとの日本共産党の企図を支援しつつあると信ずべき理由が多分にあります。これらの考慮から、わたくしは、日本政府が中国の共産政権と二国間条約を締結する意図を有しないことを確信することができます」（霞山会《かざんかい》編一九九七）と述べ、中華民国との条約締結に踏み切る意志を伝えた。

日華平和条約会議は一九五二年二月二〇日から台北市の中華民国外交部会議室で開始した。日本側代表は元大蔵大臣・河田烈、中華民国代表は外交部長・葉公超であった。条約は四月二八日調印され、八月五日発効する。第一条は「日本国と中華民国との間の戦争状態は、この条約が効力を生ずる日に終了する」とある。この文言が一九七二年九月の日中国交正常化交渉では問題になる。また、この条約は「戦争賠償」の文字を一つも含まない前例のない講和条約となった。無賠償の決定は、蔣介石の「戦争責任二分論」「以徳報怨政策」の帰結であったといえる。このようにして、日本の中国との戦後処理は一応の決着を見る。

その後、日本と台湾は経済的にも政治的にも密接な関係を築いていくのであった。

註

（1）ハーレーは、太平洋戦争勃発後ルーズヴェルト大統領の個人特使として中国に赴き、蔣介石とスティルウェルの不仲の調整役となったが、不調に終わり、中国戦区米司令官をウェデマイヤーに交代することを支持した。一九四四年一一月から大統領の要請で駐華大使となったが、反共主義者でヤルタ協定には反対の立場を貫き、四五年九月帰国し、一一月トルーマン大統領に辞職願を提出した（Lohbeck1956）。

（2）その時の記事が『中央日報』重慶版一九四五年一一月五日にある。

（3）毛沢東は一九四七年二月一日「中国革命の新しい高まりを迎えよう」（『毛沢東選集』第四巻）を発表した。この中で毛は初めて「解放区の人民解放軍」という言葉を使い、その後三月になって正式に改称することが発表された。

（4）アメリカは国民政府に対して「米中救済協定」「米中海軍協定」「臨時援助」「一九四八年援中法案」「米中農業協定」などの名目で援助をおこなった。

（5）この時の副総統選挙は、李宗仁、孫科の間で決戦投票がおこなわれた。その結果、一三三八票対一二九五票で李宗仁が選出された。ちなみに、蔣介石の得票は二四三〇票であり、得票率は九〇％を超えていたが、満場一致ではなかった。

（6）『中国白書』の英文名は、*The China White Paper August 1949* である。全文が *United States Relations with China With Special Reference to the Period 1944-1949* (Department of State Publication 3573, Far Eastern Series 30) にある。邦訳にアメリカ国務省『中国白書』、朝日新聞社、一九四九年がある。

第10章　日本の高度成長と東アジア

1　日本の高度成長

†日本社会の変容

日本は、国際社会に復帰し、アメリカの保護の下で高度成長の波に乗っていく。日本は明治維新後アジアでもっとも早く近代化を遂げ、経済発展した。その発展の成果は主に軍備拡張に充てられ、結果対外拡張主義に走ったが、戦後は軍事費が抑えられたことにより、インフラ整備や義務教育の充実などに国家予算が使われ、日本人の生活は耐乏生活から次第に豊かになっていく。この過程で、戦争相手国から同盟国となったアメリカ一辺倒の現象が見られ、社会にはアメリカ文化が氾濫していく。

玉音放送から一カ月後の一九四五年九月一五日、三二頁からなる英会話の小冊子『日米会話手帳』が科学教材社から出版された。これは、四五年末までには三六〇万部を売り上げ、戦後最初の大ベストセラーとなった（バーダマン二〇一三）。また、四六年二月からは新日本放送、ラジオ東京などで平川唯一《ひらかわただいち》を講師とする英会話番組『カムカム英語』の放送が開始する。これは、「証城寺《しょうじょうじ》の狸囃子《たぬきばやし》」の音楽に乗って、英会話を覚えるというユニークな番組であった。

図10-1　『カムカム英語』

アメリカは、豊かな消費文化をもたらし、コカコーラ、チョコレート、チューインガムなどにあこがれる日本人が増え、ジャズが巷《ちまた》に流れるようになる（図10－1）。

第8章で述べたように昭和天皇は一九四六年一月一日に「人間宣言（「新日本建設に関する詔書」）」を出した。ここでは、「天皇が現人神であり日本民族が優越するとの考えは誤っているとして天皇自ら否定」しているが、天皇は「詔書の作成に関与し、「五箇条の御誓文」を冒頭に加えるように自ら求めていた」のである（加藤二〇一八）。その後天皇は日本全国を巡り、国民と直接対面するようになった。皇室の「ご公務」の始まりである。国民に寄り添う天皇の姿が戦後の日本社会の象徴となっていく。

†高度成長社会の出現と五五年体制の確立

(1) 高度成長社会の出現

戦争は多くの命を奪った。第13章で詳述するが、戦後の日本は政府の「産めよ、増やせよ」政策にのり、出産ブームを迎えた。いわゆる団塊《だんかい》の世代の出現である。これにより、人口が急増し、小学校は一クラス五〇名以上、一学年一〇クラス以上ある学校も珍しくなかった。義務教育は、戦前の六年制から九年制になり、大学進学率も上がり、学歴偏重、詰め込み型受験勉強重視の競争社会が到来する。

この競争社会は、個人から社会、地方へと波及し、やがて国際競争力を競うまでになる。日本のGNP(Gross National Product・国民総生産)は、一九五五年から七三年までの一八年間実質一〇%上昇し、戦後二三年の六八年、米国に次ぐ世界第二の経済大国になる。これを可能にしたのは、朝鮮戦争特需景気とそれに続く好景気であった。それらは次のとおりである。

①神武《じんむ》景気:一九五四年一二月~五七年六月、「三種の神器(冷蔵庫・洗濯機・白黒テレビ)」な

どの家庭用耐久電化製品の急速な普及が見られた。それにより、家事労働が能率化し、女性の社会進出を後押しした。五六年の経済企画庁の「経済白書」は「もはや戦後ではない」との見解を発表した。

②岩戸《いわと》景気：一九五八年六月～六一年一二月、重化学工業の技術革新が見られ、民間企業の設備投資が拡大し、賃金収入の向上が実現した。スーパーマーケットが出店し、「消費は美徳」の時代が到来する。

③オリンピック景気：一九六二年一一月～六四年一〇月、東京オリンピック開催のため、建築投資ブームが起き、首都高速道路、新幹線が開通し、一般家庭へのテレビの普及が進んだ。しかし、その後一時的な不況（証券不況）が起きる。

④いざなぎ景気：一九六五年一〇月～七〇年七月、日本政府が戦後初めて国債を発行し、景気を回復させる。「3C（自家用車、クーラー、カラーテレビ）」が普及し、世界第二の経済大国になった日本では「国民総中産階級」意識の普及が見られた。また、この時期は輸出主導型であり、中華人民共和国との民間貿易が重視されることとなった。

(2) 五五年体制の確立と安保闘争、中国の反応

日本の高度成長を支えたのは、政治的安定であった。一九五一年のサンフランシスコ平和条

約で戦後処理を済ませた日本は、国際社会に復帰したが、そこはまさに冷戦の真っ只中にあった。そのため、国際連合への加盟（八〇番目の加盟）はソ連との共同宣言、国交正常化が成立した五六年の一二月一八日まで待たなくてはならなかった。それ以前、日本の国連加盟に関してソ連が拒否権を発動して、否決されていたからであった。

日本は、アメリカによって「全体主義の防壁」の存在としての役割を与えられ一九五四年三月、アメリカとMSA協定（日本国とアメリカ合衆国との間の相互防衛援助協定 Mutual Defense Assistance Agreement between Japan and the United States of America）を締結した。これは日米両国が互いに軍事的な支援をおこなうための協定であり、米軍が日本に配置されることを可能にした。同時に、日本には防衛の目的でのみ再軍備が認められ、防衛庁が設置され、自衛隊法が制定された。それに基づき、警察予備隊を経て設置された保安隊を改編して五四年七月一日、自衛隊（Japan Self-Defense Forces: JSDF 陸上、海上、航空自衛隊）が設立された（図10－2）。

このように、アメリカと安全保障同盟を結んだ日本にはいわゆる「五五年体制[1]」と呼ばれる政治体制が出現する。一九五五年、日本とアメリカの軍事同盟に反対して、分裂していた日本社会党が「護憲・革新・反安保」をスローガンとして再統一した。これに危機を感じた財界は、自由党と日本民主党に働きかけ、保守合流が実現して自由民主党（自民党）が結成された。その後、自民党政権は一九九三年八月に日本新党の細川護熙《ほそかわもりひろ》内閣が成立するまでの約四〇年間続くことになった。野党第一党は、常に社会党であったが、この構図が「五五年体制」と呼ばれた。

日本ではアメリカとの安保条約に反対するグループが多く存在していた。平和憲法を守ろうとした人々であった。朝鮮戦争に続きベトナムでも戦争が起き、アメリカでは反戦運動も盛んになっていた。そのような中で一九五八年から岸信介《きしのぶすけ》内閣が安保条約の改定交渉に入った。社会党は条約の廃棄を主張し、労働者・学生などを巻き込んで反対運動を起こしたが、政府は強行採決して六〇年一月一九日新安保条約と地位協定に調印した。その後、日本全国で安保闘争（「日米相互協力及び安全保障条約」改定反対）が繰り広げられた。

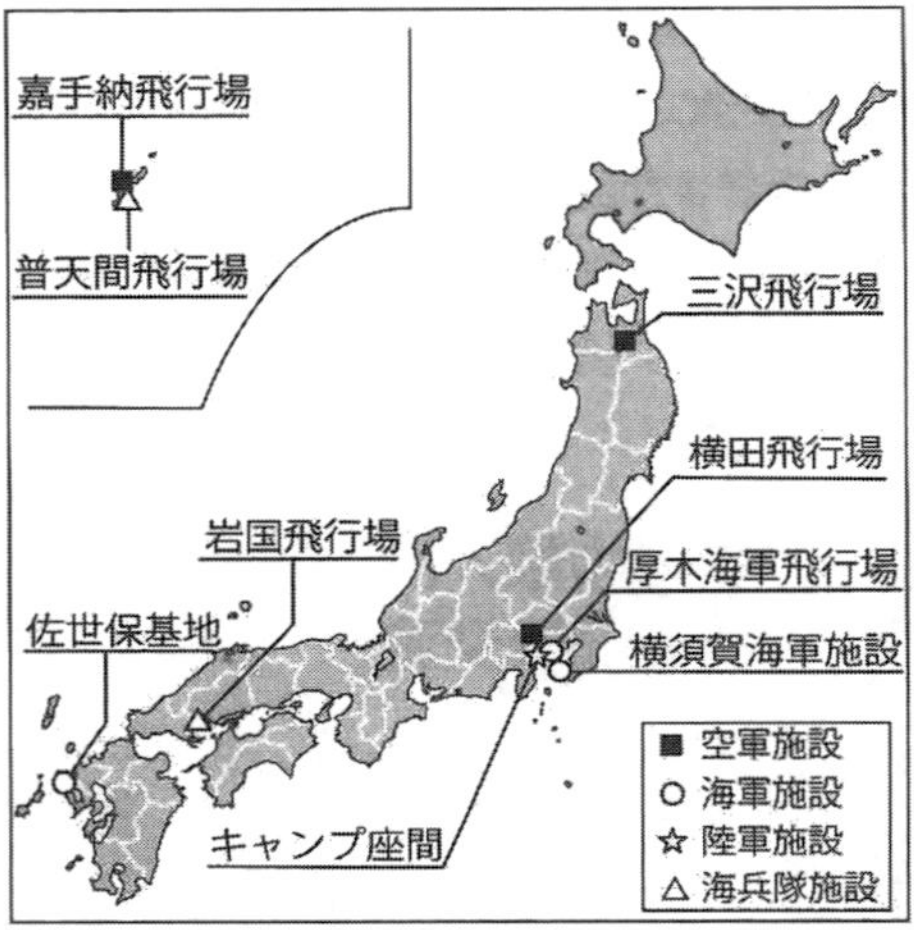

図 10-2　現在の在日米軍基地

これに強く反応したのが中国共産党であった。一九六〇年までに日本には十数ヵ所に「毛沢東思想研究会」が成立し、若者の間には毛沢東思想が浸透していた。中国共産党機関紙『人民日報』は、日本の安保闘争に強い関心を示し、これを「日本革命」と規定し、一九五八年一〇月末から連日報道し、その写真も精力的に掲載している。共産党は日本人民の「英雄的」「正義の愛国闘争」を、中国の「抗米援朝闘争」に連動させ、反米闘争のアジアへの拡大に大いなる期待をかけたのである。一九六〇年五月九日には北京の天安門広場に一〇〇万人以上が集結し、「日本人民の反米愛国闘争支援デモ」を開催し、日本の人民による安保闘争を全面的に支援し、日中が団結して「美帝（アメリカ帝国主義）」を駆逐すべきことを叫んだ。この支援デモはその後全国の三三都市、一二〇〇万人以上に拡大していった。『人民日報』は、日本人民の「革命」は必ず勝利するという見解を示したのである[2]（図10－3）。

人民日报
RENMIN RIBAO
毛主席説必須結成广泛統一战綫战胜帝国主义
首都百万人大示威支持日本人民反美愛国斗争

図 10-3 「人民日報」1960 年 5 月 9 日の記事

2 日本と中華人民共和国の民間交流

†日中関係四団体の結成と活動

前章で述べたように、日本は台湾へ移転した中華民国と戦後処理をおこない、戦後の日中関係をスタートさせる。同時にそのことは、中華人民共和国との国家間関係の樹立を断念することを意味した。「日華平和条約」締結時、吉田内閣は人民共和国との貿易に強い関心を抱き、戦後の日中関係を独自に展開することを模索したが、すでに始まっていた冷戦の中でアメリカ追随の外交路線を選択せざるを得なかった。その後日本は、人民共和国とは国交がないながらも、人的交流と民間貿易を再開させる道を模索していく。

国共内戦末期の一九四九年五月四日、日本は中国との間に「中日貿易促進会」を発足させる。また、五月二四日には「中日貿易促進議員連盟」が結成され、六月には「中日貿易協会」が成立した。「貿易促進会」と「貿易協会」は「経済人を中心に一部政治家や文化人も参加する、幅広い人たちによって構成された民間の団体」であり、「議員連盟」は「超党派の国会議員による組織」であった。それは特に国交回復には重要な役割を果たし、七一年「日中国交回復促進議員連盟」へと改組され、国交正常化後は「日中友好議員連盟」となった（日中友好協会編二〇〇〇）。

一九五〇年一〇月一日、中華人民共和国建国一周年に合わせて、日本に一つの協会が発足した。それが「日本中国友好協会」（以後、「友好協会」）である。「友好協会」は、一ツ橋の教育会館に、全国の各界各層から約一〇〇〇人が参集し、結成したものであった。これは、ボランティアの形で結集した団体であることに特徴があった。

「友好協会」の理事長には魯迅の友人であった内山完造《うちやまかんぞう》が就任し、副会長には戦前の代表的な中国研究者であった平野義太郎《ひらのよしたろう》らが就任した。メンバーは、社会党議員を中心とした超党派の議員、作家、経済人などが名を連ねた。本協会は準備の段階の一九五〇年二月二〇日すでに機関誌『日本と中国』を創刊している。そこでは、当時日本では入手困難であった新中国の実情が紹介された。占領下、レッドパージの風潮の中で本誌は「中国情勢を詳細に伝える唯一のマス・メディアともいえる存在」となった。

これら四団体は、いずれも日本と人民共和国との友好関係の確立を目指したものであった。しかし、このような活動は朝鮮戦争勃発後、GHQによって弾圧を受けるようになる。特に一九五二年に「日華平和条約」が締結されると、これらの団体の存在、活動が厳しい監視下におかれるようになった。特に、「友好協会」に対する締め付けは厳しかった。「友好協会」は当時手に入りづらかった『人民日報』や『世界知識』などを香港経由で輸入していた。この活動が「占領を誹謗《ひぼう》する文書配布による占領目的阻害」の罪に問われて、逮捕者までも出した。

†日本・人民共和国、民間交流・民間貿易の開始

一九五〇年一二月六日、GHQは吉田内閣に対して対中輸出全面禁止を指令した。この指令を受けて、日本政府は通産省の許可なくしては日本の船舶は中国大陸に行ってはならないという命令を発する。さらに、五一年五月には国連が朝鮮戦争に際して中国義勇軍の出兵への制裁措置として「中国向け禁輸勧告」を決議した。このような状況下、人民共和国の外交部長であった周恩来は、五一年八月一日と九月一八日の二度声明を発して次のように主張した。

①「中華人民共和国政府は、アメリカ、イギリス両国によって提案された対日平和条約案は、国際協定に違反し、基本的に受諾できない草案である」し、「基本的に承認できない会議であると考える」(霞山会一九九七)。

②「中華人民共和国中央人民政府は、日本人民が民主主義、独立、平和及び進歩を獲得することを願うものであり、中国人民は、日本人民と平和共存、友好協力をはかり、極東における平和を確実にすることを願うものである」(霞山会一九九七)。

ここで周恩来は、サンフランシスコ講和会議、平和条約を全面否定し、台湾が中国固有の領土として返還されることが講和条約の中で謳われるべきであると主張した。日本は、台湾にある中華民国が中国を代表する国家として承認した。当然のことながら、その後の人民共和国との最大の争点は台湾をめぐる問題となっていく。しかし、周恩来は同時に、日本の人民との友好協力関係は樹立する用意があることも強調した。

また、周恩来は一九五二年五月五日「日華平和条約」を否認する声明を発表するが、その後の一五日にはモスクワ経済会議に参加するためモスクワ入りした高良《こうら》とみ（衆議院議員緑風会）、帆足計《ほあしけい》、宮腰喜助《みやこしきすけ》（両者共に衆議院議員で中日貿易促進議員連盟幹事）の三名が空路北京に到着する。この三名が新中国を訪問した最初の日本人になる。彼らは、六月一日第一次日中民間貿易協定を締結することにこぎ着ける（島田他一九九七）。

貿易協定は、その後第二次（五三年一〇月）から第四次（五八年三月）と順調に進むが、「長崎国旗事件」(3)で中断を余儀なくされるが六二年一一月からはLT貿易（覚書貿易）が開始する。これは、五八年一一月九日、日本代表・高碕達之助《たかさきたつのすけ》と中国代表・廖承志《りょうしょうし》との間に長期総合貿易に関して調印された「覚書」に基づくものであった。LTとは、廖（Liao）と高崎（Takasaki）のイニシャルをとった略称であった。

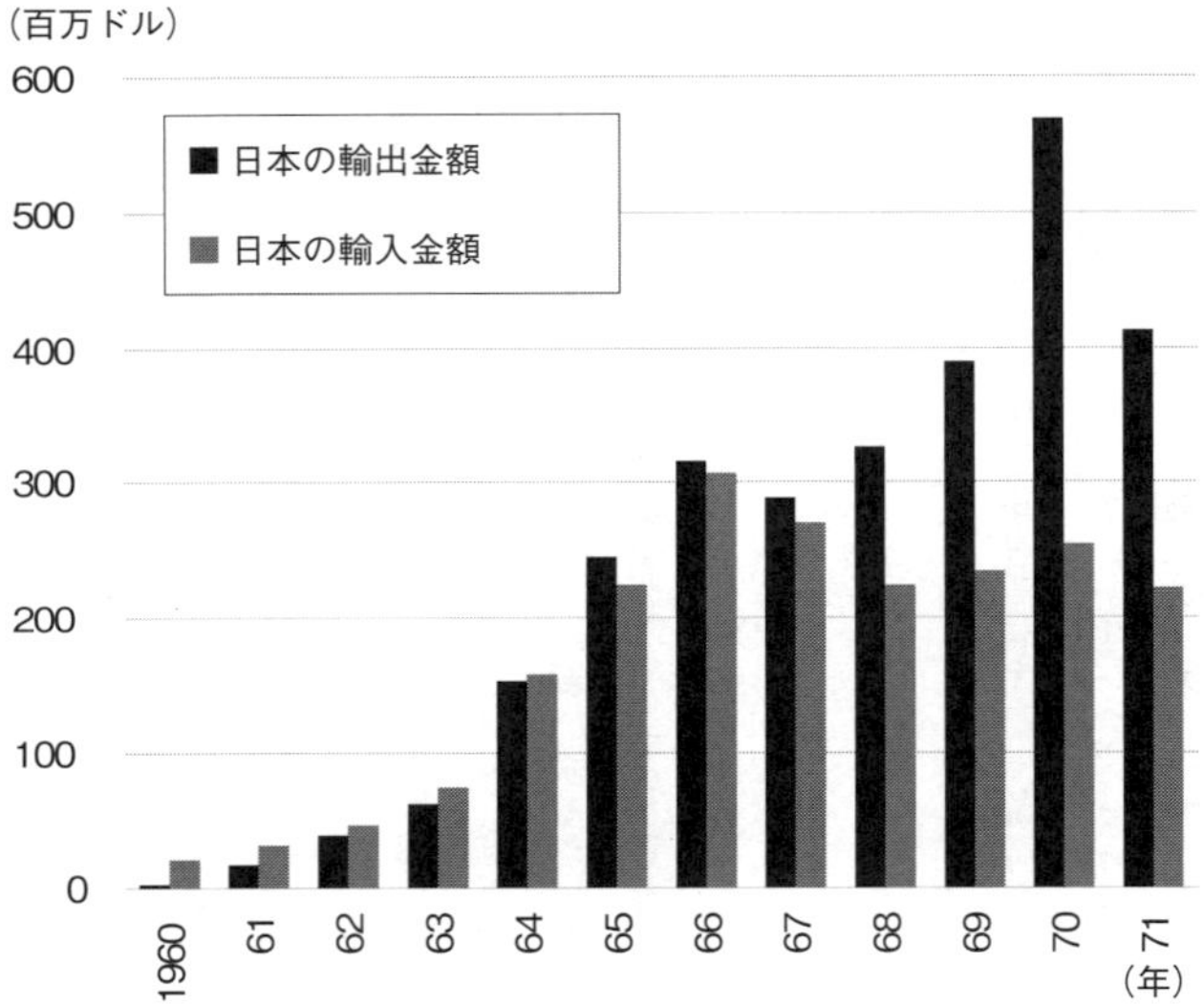

図10-4　戦後国交正常化までの日中貿易の推移（財務省貿易統計より作成）

中華人民共和国との民間貿易は、実質的にはその成立直後から開始されていた。海産五品と呼ばれるアワビ、ナマコ、ホタテ、スルメ、フカヒレ、そして昆布が輸出された。しかし、朝鮮戦争にともなう対中経済制裁によって一九五〇年一〇月には取引即時停止となった。停戦協定締結後も中国に対しては、GHQが許可するものしか輸出できなかった。その中で自転車と昆布が非戦略物資とみなされ、対中輸出許可を受けたのであった。

しかし、日本の企業にとって中国との貿易はきわめて魅力的であった。例えばエビは、日本の食材の中では消費量が多かったため、中国から安く輸入することが望まれた。そのような中でエビの輸入解禁運動が進められた。東京丸一商事、東京食品など商社七社と大洋漁業、日本水産（後のニッスイ）、日魯漁業（後のマルハニチロ）、日本冷蔵（後のニチレイ）の水産大手四社の合計一一社が「中国蝦《えび》輸入促進協議会」を結成し、政府に働きかけた。その結果一九五五年四月第一次日中漁業協定が調印され、五六年四月からの冷凍加工輸入が可能となった（日中貿易逸史研究会編二〇〇〇）。このように、日中国交正常化までの経済交流は完全な民間主導であり、実利主義であった（図10－4）。

このような経済交流の他に民間交流も盛んになる。その目的は、①中国に残留していた日本人および中国で逮捕されていた戦犯の早期帰国の実現、②文化交流（松山バレエ団の中国公演、京劇の日本公演など）、そして③日中国交正常化の実現にあった。日中間の交流は、日本においては完全に民間主導ですすめられた。これに対して、中国側は政府主体であった。中国政府は周恩来が一貫して指導権を握り「政治三原則」[4]「政経不可分」などの方針を原則として堅持はしたが、日本人抑留者などの人道問題にはきわめて柔軟にかつ速やかに対応したのである。[5]

3 中国の文化大革命と東アジア

日本が経済復興し、高度成長していく反面、東アジアの他の国々ではそれぞれが困難な国家建設をスタートさせていた。

†中華人民共和国――新民主主義論から社会主義へ

(1) 新民主主義国家からのスタート

中華人民共和国は成立当初、社会主義ではなく新民主主義による国家建設をおこなった。共産党の指導者たちは社会主義への移行には一定の時間が必要であると判断していた。劉少奇《りゅうしょうき》は長ければ一五年から二〇年かかるという考えを示し(毛里二〇一二)、毛沢東も同様の発言をしていた。毛沢東が当初目指したのは「労働者、農民、その他の小ブルジョア階級が一定の地位を占め、一定の役割をはたす民主共和国」の創設であった。一九四九年九月二一日から開催された政治協商会議では二九日に臨時憲法となる「共同綱領(全六〇条)」が決定した。これは「新民主主義論」「連合政府論」を反映したものであった。その第一条は、次のような内容である。

中華人民共和国は新民主主義、すなわち人民民主独裁の国家であって、労働者階級が領導し、労農同盟を基礎とし、民主的諸階級と国内の各民族を結集団結させた人民民主独裁を実行し、帝国主義・封建主義・官僚資本主義に反対し、中国の独立、平和、統一、および富強のために奮闘する。

共産党の領導（統率して指導すること）は「序言」にも本文にも謳われていない。

また、連合政府の約束は人事に反映され、最高権力機関となる政協代表は、共産党四四％、各民主諸党派三〇％、労働者農民各界無党派二六％から構成され、中央人民政府委員会の主席は毛沢東であったが、副主席は劉少奇・宋慶齢《そうけいれい》・李《り》済深《さいしん》・張瀾《ちょうらん》・高崗《こうこう》で三名が民主諸党派から選出された。

(2) 土地革命と階級区分

共産党は内戦期の一九四七年一〇月「土地法大綱」を公布し、地主の土地を没収し、農民にひとしく分配するという土地改革を共産党占領区で開始し、四九年には基本的に終了していた。五〇年六月「土地改革法」が制定され、五二年末までにチベット・新疆などを除く全国で土地改革が完了し、新疆でも五二年秋から開始され、五三年末までに完了した。

土地改革を完遂するため、一九五〇年八月に農村における階級区分制度が決定した。そこでは、農村人口は地主、富農、中農、貧農、雇農に分けられた。この階級区分によって地主の土地は没収され、富農の土地所有も一部制限されるようになった。そして、農村人口の七〇％以上を占めた貧農・雇農・一部の中農に七億畝（一五畝＝一ヘクタール）の土地が配分された。その結果、中農が七〇％に増加し、貧農・雇農の割合は二〇％以下まで低下した。この時の階級区分が文化大革命時の「紅五類・黒五類」[6]の出身血統主義に通じていく。

†自治区の誕生

孫文の「五族協和論」に対して、毛沢東は抗日期にはソ連の「民族自治」政策に倣い、自治共和国を含む中華連邦の可能性を模索したが、建国後は連邦制ではなく、「区域自治制」をとり、内モンゴル、新疆、チベットを「中華民族の自治区」とする政策をとった。チベットは軍事的圧力の下、中央政府との交渉に応じ、五一年一〇月人民解放軍がラサに進駐し、支配下に入った。

その後、国家統一で残された問題は、台湾の「解放」であった。共産党は一九五一年春には台湾を攻略し、国家統一を完成させる計画をたてていた。それを、延期させたのは朝鮮戦争であった。東アジアで冷戦構造が先鋭化・固定化する状況下で、中国は自らを社会主義陣営の一員として明確に位置づけるしか選択の余地はなく、その後、新民主主義体制を捨て、社会主義の道を選択せざるを得なくなる。

†社会主義建設

(1) 社会主義中国の誕生

共産党が明確に社会主義建設を打ち出したのは一九五三年六月の中央政治局会議であった。毛沢東は「過渡期の総路線」を提起し、この会議終了後から社会主義的改造(計画経済、工商業の国有化、手工業・農業の集団化、共産党一党による指導体制の確立)が加速していく。

一九五四年九月一五日から北京で開催された第一期全国人民代表大会(全人代)で「中華人民共和国憲法」(五四年憲法)が採択された。ここでは国家主席に毛沢東、国務院総理に周恩来、そして全人代常務委員長に劉少奇が選出された。「序言」には次のようにある。

> 中国人民は百余年の英雄的な奮闘ののち、中国共産党の領導の下、一九四九年ついに帝国主義、封建主義、官僚資本主義に反対する人民革命の偉大な勝利をおさめ、(中略)人民民主独裁の中華人民共和国を樹立した。(中略)我が国の人民は中華人民共和国をうちたてる偉大な闘争をつうじて、中国共産党を領導者とする民主的諸階級、民主的諸党派、人民の諸団体の広範な人民民主統一戦線を結成した。

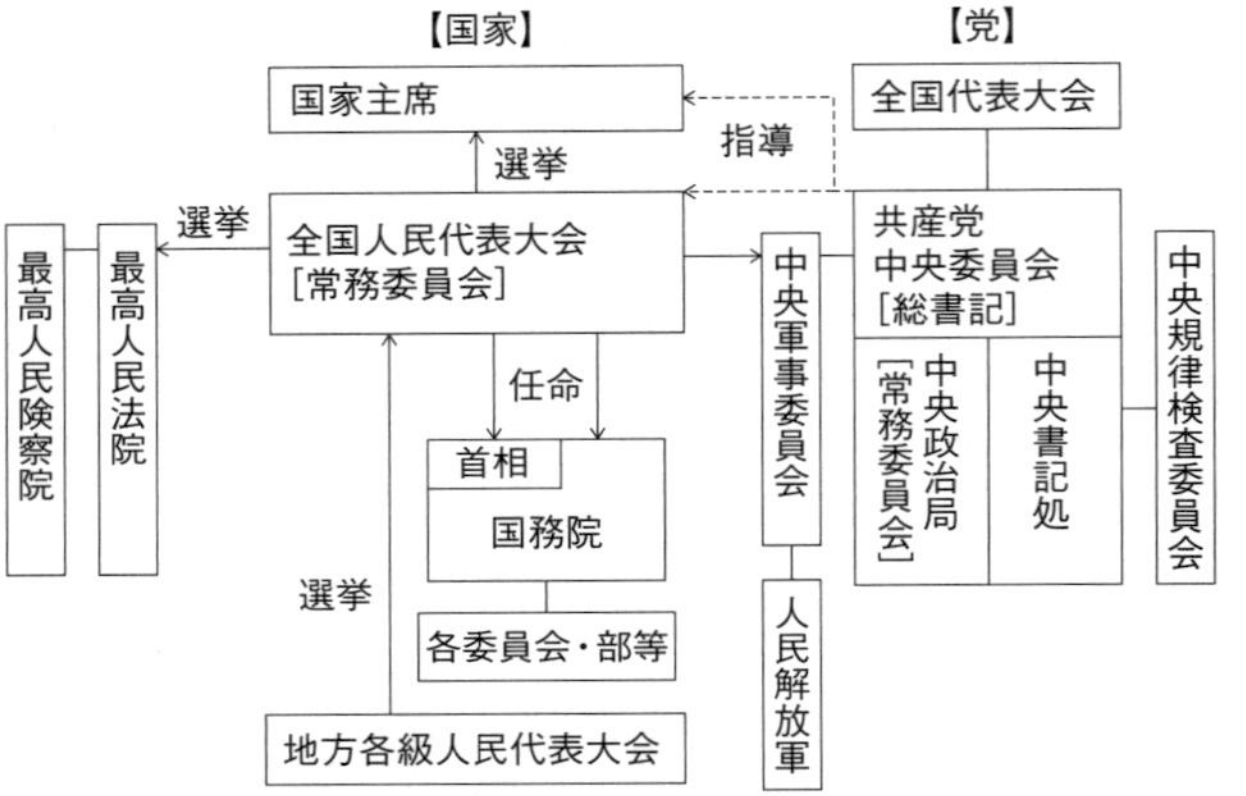

図 10-5　中国の中央機構（国分良成『中華人民共和国』）

ここからわかることは、共産党が近代からの歴史解釈を独占し、連合政府に招き入れた民主諸党派を自らの領導下に組み入れたことである。そのため、第一条には「中国は労働者階級が指導し、労働者と農民を基礎とする人民民主主義国家である」とあり、「共同綱領」に見られた「小ブルジョア階級、民族ブルジョア、およびその他の愛国的民主分子」は文言から消えた。

政治においては、最高権力機関が「全国人民代表大会と各段階の人民代表大会（第二条）」となり、民主諸党派は「野党」ではなく「参政党」と位置づけられる「擬似政党」といわれる存在となっていく。経済は「国営経済は全人民所有制の社会主義経済（第六条）」と規定され、国有制の計画経済（第一次五ヵ年計画）が開始された（図10－5）。

(2) 反右派闘争と大躍進運動

中国は、五三年からは「ソ連に学べ」をスローガンに、あらゆる分野でソ連のものが導入された。しかし、ソ連でフルシチョフがスターリン批判を開始すると、中ソ論争が起き、一九五六年四月、フルシチョフに不満をもった毛沢東は脱ソ連の社会主義の新たな発展モデルを模索し、知識人達に自由に意見を述べることをすすめる「百花斉放・百家争鳴」を呼びかけた。すると、予測よりも激しい共産党の「党天下」に対する不満と批判、民主化要求が噴出した。これに対して、劉少奇は九月の共産党八全大会において、個人崇拝を否定し、集団指導体制を確立する必要性を説いた。

このような党内外の動きを制するため、一九五七年二月、毛沢東は「人民内部の矛盾を正しく処理する方法について」の演説をおこない、「社会主義制度下でも革命の継続が必要」という「継続革命論」を提起した。そして、六月八日『人民日報』に社説「これはどういう訳だ?(「这是為什么?」)」を掲載させ、知識人に対する攻撃を開始し、全国的に大規模な反右派闘争を展開した。これにより五八年夏までに五五万人が「右派分子」のレッテルを貼られ、殺害、投獄、失脚などの迫害を受けた。

毛沢東は一九五七年一一月、ソ連を訪問し各国共産党労働者党モスクワ会議に出席した。席

図10-6　家庭の鍋・釜を供出する都市住民（郭徳宏主編『中国共産党図史（中巻）』）

上フルシチョフは「一五年以内に重要な生産物の生産量において、アメリカに追いつき、追い越す」という発言に対して、毛沢東は「東風は西風を圧す（社会主義は資本主義を圧倒するという意味）」の演説をおこなった。一一月一三日には『人民日報』に「生産戦線上で一つの大きな躍進をおこなおう」が発表され、「大躍進」運動が発動された。

一九五八年五月五日、共産党八期二回大会において毛沢東は「もし、鉄鋼生産が五年で四〇〇〇万トンに到達できれば、七年でイギリスを、八年でアメリカを追い越すことができる」と発言した。これを受けて全国的「大鉄鋼生産」が開始され、農民（約九〇〇〇万人）が鉄鋼生産にかり出され、農村にはにわか造りの製鉄所である「土法高炉」がつくられ、農機具・鍋・釜までを溶かす結果となった（図10－6）。

一九五三年から生産と分配の統一を図るため農業集団化がおこなわれ、同年末には全国の農業合作社は四八万になっていた。一九五八年八月上旬毛沢東は河北・山東省などの農村を視察した際、「大合作社」を「人民公社と呼ぶとよい」と発言し、全国に「人民公社運動」が展開されることになった。人民公社の基本は「政社合一」制度にあり、行政機能と生産活動が一体化し、工業・農業・商業・教育・医療・軍事機能すべてを担う行政単位の役割を果たす存在であった。

ここでは毛沢東が理想とする完全な平等性が守られ、集団労働においては労働点数制が導入された。しかし賃金は一律で、農民は一度手に入れた自留地を失い、副業は禁止された。そのため追加の現金収入は得られず、農機具など生産にかかわる用具はすべて公有となった。また「公共食堂」が普及し、農民は食料配給券を支給されたが、食料の無駄づかいも横行し、深刻な食糧危機の一因となった。一九五八年一〇月末までに総農戸数の九九％以上が人民公社に組織された。

このような急激な「大躍進運動」と「人民公社運動」はかえって生産を低下させ、食糧生産は一九五一年の水準まで落ち込み、深刻な食糧危機をもたらした。矢吹晋《やぶきすすむ》はこのときの餓死者の数を二五三八万人前後としている（矢吹二〇一〇）。これは毛沢東の失策となり、毛の権力と権威失墜の大きな原因となった。

†経済調整期――改革・開放政策の萌芽

(1) 毛沢東の失脚と劉少奇・鄧小平路線

一九五八年秋から共産党内部には急速な「人民公社化」と「大躍進」の行き過ぎをめぐって論争が起き、一一月共産党は人民公社の「行き過ぎ」を是正することを決定した。これに対して、毛は次期の国家主席の候補者にならないことを表明し、提案はただちに採択された。このことは、党内でカリスマ的権威を確立しているという自負をもっていた毛沢東にとっては屈辱的な出来事となった。

一九五九年四月、第二期全人代が開催され、劉少奇を新たに国家主席に選出し、周恩来が国務院総理に再任された。また、副主席には宋慶齢と董必武が選ばれた。鄧小平が国務院副総理となり、新執行部が発足し、調整政策を実行していく。

この時期、中国を取り巻く国際環境も厳しくなっていた。祖国統一を目指した中国が五八年八月台湾の金門《きんもん》・馬祖島《ばそとう》を砲撃し、アメリカが台湾海峡に第七艦隊を出動させた。これを事前に知らされなかったフルシチョフは強い不信感を抱き、中ソ論争も激化していった。また、チベットでは五九年三月に動乱がおき、独立を主張するダライ・ラマ一四世が四月にインドに亡命し、四月三日ネルー首相がこれを受けいれる発表をおこなった。これによってインドとの関係も悪化し、八月には中印国境紛争が発生した。

(2) 調整政策の今日性

共産党が調整政策に転換した理由の一つにはソ連との関係があった。中国はソ連の援助による国家建設を推進していたが、フルシチョフは毛の大躍進政策や人民公社を公然と批判し、また対外的には平和共存政策をとっていたため、アメリカやインドと対立している中国とは一線をおこうとした。そのため、ソ連は一九六〇年六月一六日中国に派遣していた一三九〇人の専門家の引き上げと二五七項目の科学技術協力項目廃止を決定し、通告した(実行は一ヵ月後の七月一六日)。これにより中ソ対立は決定的になり、中国は自力更生による経済建設と外交戦略の見直しをおこなう必要に迫られていく。

一九六〇年七月、共産党は北戴河《ほくたいが》会議を開催したが、ここでは「調整・確実・充実・向上」の「八字方針」が提起され、いわゆる経済調整政策が開始する。緊急の課題は食糧生産の回復にあった。六一年一月の共産党八期九中全会では「大躍進」が国民経済にもたらした「未曾有《みぞう》の困難と災害」を調整することが承認された。これに先立ち、共産党は初めて食糧の深刻な減産によって大量の餓死者が発生したことを報告した。

一九六二年一月に開催の共産党中央拡大工作会議開催は毛沢東にとって厳しいものとなった。

本会議にはほとんどの指導幹部が参加し、その数から「七千人大会」と呼ばれた。ここで中央を代表して政治報告をおこなった劉少奇は、経済的困難の原因を「三分の天災、七分の人災」とし、その人災が毛沢東の過ちによることを暗に示唆した。また、個人独裁にたいしても厳しい批判が出た。この会議の席上、毛沢東はついに自己批判をおこなわねばならなくなった。

その後、経済だけではなく各方面における調整政策が加速することになった。この時に実施された政策の多くは鄧小平の手で一九七八年一二月からの改革・開放政策として復活している。例えば、自留地、家庭副業の拡大、工場長責任制の導入、農業における生産責任田の施行（安徽省）、自由市場の開放（個人収入の自由支配許可）などは、すべて改革・開放期の主要な政策となっている。また、「一人っ子政策」の萌芽ともいえる計画出産指導機関の設置がなされ、六三年一月には周恩来が改革・開放政策の目標ともなっている「四つの現代化（農業・工業・国防・科学技術）」を提唱し、科学技術重視、知識人重視の方針を打ち出した。その意味でこの時期は改革・開放期の萌芽期と見なすことができる。(7)

これらの政策によって、工業総生産は一・七倍、食糧生産額は四四・四％増加した（王丹二〇一四）。文革中に劉少奇と周恩来は死去したため、一般に一九七八年一二月からは「鄧小平の時代」といわれるが、正確には「劉少奇・鄧小平時代」の再来である。経済の再生を計りながら、党の集団支配体制を強化していった点でも一致しているといえる。

(3) 戸籍制度の確立

この時期で特筆すべきことは、今日問題とされている都市と農村の格差の原因となった戸籍制度が確立したことである。一九五八年の戸籍登記条例(8)ができた後も大躍進政策続行のため、農民は契約工として都市へ流入しつづけ、五八年から三年間で都市人口は三一二四万人増加した。そのため食糧生産が低下し、深刻な食糧不足を引き起こした。六一年になると、共産党中央は都市人口を今後二〇〇〇万人減少させ、都市の食糧消費量を減少させる方針を発表し、都市に出ている「農戸（農村戸籍）」の労働者を農村に帰らせる政策をとった。

ここから労働移動の逆流現象が生まれた。都市人口を一九六二年度中に一三〇〇万人削減することが決定され、「非農戸（都市戸籍）」を持たない人々が全員農村に強制的に送り返された。以後、「農戸」の者は、軍隊に入る場合か大学に入学する場合を除いて都市に出てくることは許可されなくなる。これにより、厳しい人口移動制限制度が確立し、閉鎖的二元的身分社会が出現し、現在では格差の最大の原因の一つとなっている。

(4) 周恩来外交の展開

この時期、中国は米ソ両大国と対立し、隣国インドとも紛争を抱え、孤立状態にあった。これを打開すべくおこなわれたのがいわゆる周恩来外交であった。中国の最大の外交目標は、国連において支持国を増やし、中華民国が享受していた代表権と五大国としての国際的な地位を得ることにあった。そのため、周恩来は「小異をすてて大同につく」と「外交無小事（外交ではどのような小さな事も小国も大事にする）」方針で精力的にアジア・アフリカ外交を展開した。

一九五四年にはインドのネルー首相と「平和五原則（領土・主権の相互尊重、相互不可侵、内政不干渉、平等互恵、平和共存）」を発表し、翌五五年にはインドネシアのバンドンでアジア・アフリカ会議（AA会議）を主催した。アフリカにおいては、六五年からタンザニア・ザンビア鉄道（タンザン鉄道）の建設を提案し、無利子の借款を実行して、七六年に開通させた。そのような周恩来がアジア外交で最も力を入れたのは、先に述べた日本との外交関係の正常化であったのである。

また、この時期中国は東南アジア、中東、アフリカ外交を活発化し、支持国を徐々に増やしていった。一九六三年四月から五月にかけて国家主席であった劉少奇・王光美夫妻はインドネシア・ビルマ・カンボジア・北ベトナムを歴訪した。また、周恩来は六三年一二月に中東諸国、アルジェリアなどのアフリカ諸国を歴訪し、精力的に支持を取りつけていった。

(5) プロレタリア文化大革命の発動と展開

毛沢東にとって、調整期は長い革命生活の中で最も屈辱的な時期であったが、水面下で「巻き返し工作」を進行させ、復権の機会をうかがっていた。一九六〇年九月、新たに国防部長となった林彪《りんぴょう》は、軍内部で「毛沢東思想学習運動」を開始する。毛の権威の復権は、まず軍内部で林彪によって意識的におこなわれていく。

プロレタリア文化大革命（文革）はまさに毛沢東の文芸工作への介入から開始された。六四年六月になると毛沢東は、一切の文芸、学術界の代表的人物の錯誤に対して「政治批判」を浴びせることを指示し、「文化革命五人小組」を成立させる。この運動に影響を与えたのは毛の三番目の妻であった江青《こうせい》であった。江青は、王光美のファーストレディとしての活躍を苦々しく思っており、自らが第一線に躍り出るチャンスをねらっていたのである。この時点では劉少奇は、毛の意図が読めず、純粋な文芸批判運動と見ていた。

一九六六年四月一八日、『人民日報』は社説「毛沢東思想の偉大な赤旗を掲げ、社会主義文化大革命に積極的に参加しよう！」を掲載し、その後全国的規模で文革が開始された。文革派は『人民日報』などの共産党機関紙および機関誌を指導下におき、完全な言論出版の統制を開始する。文革は前期（紅衛兵運動と革命委員会）と九全大会以後とに分けることができる。

一九六六年五月七日、毛沢東はいわゆる「五・七指示」を出し、自らがイメージする共産主義像を明らかにした。それは、全国の各業各界が工業も農業もやり、文も武もやるという革命化した大きな一つの学校を目指す「一大学校論」であった。当初の闘争目標は、「資本主義の道を歩む実権派（走資派）」に置かれた。中央政治局常務委員の選出においては、林彪が毛に継ぐ序列二位になり、劉少奇は八位に転落した。闘争の真の目的は開始から二ヵ月で明るみに出る。

五月二九日、北京の清華大学附属高級中学の約四〇名によって「紅衛兵《こうえいへい》」と呼ばれるようになる組織が誕生した。八月一日、毛沢東は「紅衛兵」からの手紙への返信の中で反動派に対する「造反有理《ぞうはんゆうり》」を「熱烈支持」することを表明した。毛のお墨付きをもらった「紅衛兵」は急増し、街頭で活動を開始し、知識人を監禁し、三角帽をかぶらせて街頭を引き回すなどして、批闘大会を連日のように開催し、寺院・教会・旧跡・文物などの文化遺産を徹底的に破壊し尽くすようになった。

「若者の暴走」は日増しにエスカレートし、武闘が横行した。八月一二日、北京工業大学の学生たちが「親が英雄なら子供は好人物、親が反動なら子供は大馬鹿者」という「血統主義」を助長するスローガンを書いた「大字報」を貼りだした後、出身血統主義が横行し、大衆レベルでの個人迫害が激化していった。毛沢東は八月一八日、天安門の「紅衛兵一〇〇万人大会」に出席し、自ら「紅衛兵」の腕章をしてこれを容認する態度を示した。毛沢東は若者を動員して文革を拡大する戦略をとった。この時の中国の様子が文革のイメージとなっている。後の章で詳述するが、この時の文革が中国社会、特に人口問題と教育問題に与えた影響は計り知れないものがある（図10－7、図10－8、図10－9）。

一九六七年四月一日、『人民日報』は「愛国主義か、売国主義か」を掲載し、劉少奇を党内最大の走資派と批判した。その後、劉少奇夫妻への激しい批闘大会が繰り返されたが、それを先導したのは江青であった。六八年二月四日『人民日報』は「もう一人の党内最大の走資派」鄧小平に対する批判を開始した。それにより鄧は「留党」は許されたが、江西省南昌の農村に下放され、厳しい労働を強いられた。

図10-7　紅衛兵100万人大会

図10-8　毛主席語録と劉主席語録(9)（著者所蔵）

図10-9　批闘大会の劉少奇

一九六八年三月三〇日『人民日報』は、「革命委員会はすばらしい」を掲載し、毛沢東は「革命委員会」を文革の指導組織とすることとした。この背景には、劉少奇と鄧小平の権力を奪うことで第一の闘争目標を達成した毛沢東の「紅衛兵」の行き過ぎた武闘を制止し、運動を終息させる意図があった。毛は六八年一二月「知識青年が農村に行って貧農・下層中農から再教育を受ける必要に関する指示」を出した。このいわゆる「上山下郷」によって下放された都市の青年たちは、通算で一六〇〇万人にのぼった。

一九六八年一〇月、共産党は八期拡大一二中全会を開催し、劉少奇を「裏切り者・スパイ・労働者の敵」とし、党籍を永久に剝奪した。文革はここで一つの区切りを迎える。劉少奇はその後河南省開封市郊外の特別刑務所に投獄され、六九年一一月一二日に肺炎のため死去した。

一九六九年四月一日、共産党は九全大会を開催した。毛沢東が中央委員会主席に、林彪が唯一の副主席に就任した。この後文革は後期の段階に入る。本大会で林彪は毛沢東の国家主席復帰を主張し、「毛沢東天才論」など毛沢東を神格化することで自らがナンバー2（後継者）であることをアピールしようとした。それは、七〇年の憲法修正草案法にも反映され、序文に「わが国各民族人民の偉大な領導者毛沢東主席は中華人民共和国の創始者である」が入り、「義勇軍行進曲」の歌詞も書き換えられ、「毛主席万歳」が盛り込まれた。しかし、林彪と江青グループとの奪権闘争は激化の一途をたどった。

このような林彪であったが、一九七一年三月には上海でクーデターを秘密裏に計画するようになる。八月、毛沢東は南方巡視を実行し、各地で林彪に対する不満を表した。この談話の内容を入手した林彪グループは、毛の暗殺を決定し、九月一二日、広州から北京に向かう毛の列車爆破を計画した。計画は事前に露呈し、クーデターは失敗。一三日、林彪は飛行機で亡命を断行し、モンゴル・オンドルハンで墜落死した。このいわゆる「林彪事件」後、周恩来がナンバー2として活躍するようになる。米中接近、日中国交正常化はこのような中国の政治状況を背景にして実現していく。

4 中華民国（台湾）

国共内戦期の一九四八年四月一八日、中華民国では国民大会において「戡乱動乱時期臨時条項」を憲法に追加することが決定した。「戡乱《かんらん》」とは「動乱を鎮圧する」の意味で、共産党勢力の一掃を意味した。「戡乱」を達成するまでは非常事態であることが確認され、臨時的措置として蔣介石総統への権力の集中が容認されたのである。

台湾に移転してからも「戡乱」体制は基本的に続いた。そればかりか、一九五〇年七月二三日、「中国国民党改造案」が採択され、蔣介石は「全権委任」を獲得し、絶対的な独裁権力を

図10-10　蒋介石の風刺マンガ『人民公的蒋介石』（遼寧美術出版社、1962年）

得た（松田二〇〇六）。それを可能とした一因には、朝鮮戦争勃発下での台湾の東アジアにおける役割、地位の向上が考えられる。

このような東アジアの国際情勢は、蒋介石の「大陸反攻」スローガンを現実化させる可能性を示唆した。台湾では一九四七年に起きた二・二八事件[10]からいわゆる「省《しょう》籍矛盾《せきむじゅん》」問題が深刻化し、政治運営に大きな支障をきたしていた。四五年以前から台湾に住んでいた「本省人」とその後大陸から移り住んだ「外省人」との間の深刻な溝が社会を分断したのである。国民党は、「本省人」の不満を力で封じ込める政策をとり、四九年四月六日の台湾大学らの学生デモをきっかけに五月二〇日から台湾全土に戒厳令を敷いた。この戒厳令は、八七年七月一五日までの三八年間続けられた。これは、「党禁（政党・結社の禁止）」「報禁（国民党管理下外の新聞・雑誌の出版、およびテレビ・ラジオなどの報道の禁止）」と並んで、国民党独裁の象徴的な政策となった。

蒋介石および中国国民党は、対外的な危機、中国共産党とソ連の脅威を強調し、自らに権力を集中した。一九五〇年の第五回国連総会において、中国代表権問題の評決結果は、中華人民共和国：中華民国：棄権が、一六：三三：一〇で中華民国が中華人民共和国支持の二倍以上を獲得し、国連での五大国としての地位を継続させた。

一九五四年一二月にはアメリカとの「相互防衛協定」を締結し、軍事援助は五〇年から七四年に打ち切られるまで総額二五億六六〇〇万ドル、一般経済援助は六五年に打ち切られるまで、総額約一五億ドルが供与された。また、五一年四月には公式に軍事顧問団の派遣が再開された（若林一九九二）。蔣介石は、一度失った自らが理想とする外交戦略の理念型を台湾で再び実現したといえる。日本は蔣が望んだ通り、民主化し、経済発展して、アメリカを紐帯とする同盟国となったのである（図10-10）。

このような体制下、台湾では一九五二年に農業と工業の生産が戦前の最高水準を回復した。これを可能にしたのは、農地改革を実施し農民の所得を向上させ、増産に関心を持たせたことと、工場の再建と生産の回復に努めたことであった。五一年からのアメリカの援助はきわめて有効に働いたといえる。また、五三年からは四カ年経済建設計画を発足させ、それ以後計画的な経済建設をおこない、国際的には「台湾奇跡」といわれる経済発展を実現していくのである（高希均・李誠編一九九三）。

5　朝鮮半島情勢

†大韓民国(韓国)

(1) 李承晩時代

一九四八年八月一五日に成立した大韓民国は、アメリカ同様に大統領を直接選挙で選び、国民主権の議会制民主主義を実行する国家として発足した。大統領の任期は四年で二選までと制限され、権限も憲法で定められていた。しかし、李承晩は実際には四選され、一九六〇年四月二五日まで大統領であり続けた。それは、李が五四年一一月に強権発動をおこない、憲法を改正し、三選禁止の適用除外規定、すなわち「憲法が制定されたときの大統領、つまり李承晩に限って無制限に重任をみとめる」を盛り込み、また、その権限も大幅に拡大したのであった(中川一九六〇)。

韓国は一九六〇年代半ばまで世界の最貧国グループの中にあり、一人あたりの国民所得は日本の五分の一に過ぎなかった。李承晩は、大韓民国臨時政府が日本に対して宣戦布告したことを理由に国際社会に「対日戦勝国」として戦争賠償金を認めるように働きかけた。しかし、これは承認を得られなかったため、五一年に日本と平和条約を結ぶことはなかった。

韓国は、サンフランシスコ平和条約の日本が放棄すべき地域に竹島を加えるようアメリカに要請した。竹島とは、日本海に位置する二つの島（男島：西島、女島：東島）と三七の岩礁からなる島嶼《とうしょ》である。一九〇五年一月、明治政府は閣議決定により竹島を島根県に編入した。行政上の住所は島根県隠岐《おき》郡隠岐の島町となっているが、韓国と北朝鮮は「独島《トクト》」と呼んでいる。しかしアメリカは、竹島は古来日本の領土であった、としてこれを拒否した。これに不満をもった李承晩は、一九五二年一月一八日、大統領令である「大韓民国隣接海洋の主権に対する大統領の宣言」を発表し、周辺国との水域区分と海洋境界線を一方的に決めた。いわゆる「李承晩ライン」と呼ばれる境界線には竹島が含まれ、五四年からは警備隊員などを常駐させ、灯台を建てるなどして不法占拠したため、日本との間で現在も領土問題となっている。日本は一九五四年から三回にわたって国際司法裁判所に付託することを提案してきたが、韓国は拒否している状況が続いている

図 10-11　李承晩ライン

（図10－11）。

李承晩は、権威主義体制により経済復興を試みたが、失敗して国民の人気が落ち、一九六〇年四月一八日高麗大学の学生デモがソウル大学、延世大学にも波及し、四月二五日、辞任を表明して、ハワイに亡命した。

(2) 朴正熙時代

その後、韓国の権力を握ったのは、朴正熙少将であった。朴は日本の陸軍士官学校出身の軍人であったが、五月一六日に軍事クーデターを起こし、非常戒厳令を宣布して、軍事政権を発足させた。共産主義と対決できる国力を培うため、経済五ヵ年計画を開始し、経済建設に着手した。一九六三年には軍を退役して、大統領選挙に立候補し、当選した。朴正熙は、「国家主導で産業育成を図るべく、カネとモノを重工業に投入して高度成長を達成」したのである（西村・小此木二〇一〇）。それを可能にしたのは、日韓基本条約の締結であった。

一九六五年六月二二日、朴正熙政権は日本の佐藤栄作内閣との間で「日韓基本条約」（「日本国と大韓民国との間の基本関係に関する条約」）に調印し、一二月一八日にソウルで批准書が交換され、発効した（国立公文書館「日本のあゆみ」）。本条約において、日本は朝鮮半島における唯一の合法政府として大韓民国を認めたため、北朝鮮は本条約を無効としている。日本は当時の韓国の国家予算の二年分以上もの無償援助と有償援助を提供し、経済協力することで日韓の国交を正常化する。この条約で日本は朝鮮に残したインフラ・個人資産などの請求権を正式に放棄した。また、韓国も請求権を放棄することとなった。この中には、朝鮮人個人に対する補償金も含まれ、その個別支給は韓国政府に委託されたという解釈がなされているため（日韓請求権協定）、二〇一二年から起きた元徴用工の企業に対する賠償請求裁判に対しては、日本政府は「解決済み」との見解を崩していない。韓国の最高裁判所は責任企業に対する個人の請求権は消えたわけではないという判決を下し、支払いを命じている。

この日本からの経済援助、一九九〇年まで続く円借款、技術供与のＯＤＡの実行は、韓国の経済発展に大きな貢献をした。また六四年にベトナム戦争に派兵を決定したことにより巨額のアメリカ・ドルが流入して、「漢江《ハンガン》の奇跡」と呼ばれる高度成長を達成し、台湾・シンガポール・香港と並ぶ「アジアの小龍」の一つとしての地位を確立する。朴正熙大統領は李承晩同様憲法を改正して三選されたが、七九年になると民主化要求デモが盛んになり、一〇月二六日、側近の大韓民国中央情報部（ＫＣＩＡ）の部長であった金戴圭《キムジエギュ》によって射殺された。

†朝鮮民主主義人民共和国（北朝鮮）

朝鮮戦争休戦成立後、北朝鮮では金日成朝鮮労働党委員長がただちに経済建設の目標を設定し、三段階からなる「祖国工業化」の方針を提示した。特に重工業の復旧が優先された。一九五七年からは五カ年計画が発足し、ソ連から一〇億ルーブルもの経済援助に依存する計画であった。しかし、五八年八月フルシチョフは「五年計画は幻想」「重工業偏重主義」と批判し、また金日成の個人独裁も批判された。これに反発した金日成は、五六年一二月から「千里馬《チヨルリマ》運動（一日に千里走るという伝説の馬のようなスピードで経済建設を進める運動）」を展開し、大衆動員をおこなって、自らの権力基盤を固めていった（平岩二〇一七）[11]。これは、毛沢東が大躍進政策を発動した事情ときわめて類似している。「ソ連一辺倒」から自力更生へ、大衆動員、個人独裁の確立であった。

また、思想における「主体《チユチエ》思想」の考えを示し、自主路線を歩むことを内外に主張したのである。そして、中国の文化大革命が発動された後の一九六六年八月一二日の『労働新聞』は「自主性を擁護しよう」を掲げ、中国やソ連の大国主義とは異なる路線を歩むことを宣言した。金日成は、革命の「首領」としての地位を確立したのである。

註

（1）その語源は、升味《ますみ》準之輔《じゆんのすけ》「一九五五年の政治体制」（『思想』一九六四年四月号）による。

（2）『人民日報』紙上にはほぼ連日、日本の安保闘争関連の記事が掲載されている。ここでは、中国各地の日本人民支援集会と同時に、世界各地の日本人民への支援運動が紹介されている。一九五八年末から一九六〇年九月までの安保闘争関連記事は、約九〇〇にのぼる。

(3) 一九五八年五月二日、長崎市の浜屋デパートでは日中友好協会長崎支部主催の「中国切手、錦織、剪紙《せんし》展示即売会」が開催され、中華人民共和国の国旗が掲げられていたが、これを右翼団体に所属する男が引き下ろして、毀損した事件。その後、日本政府は中華人民共和国と中華民国双方にイベントの際、国旗掲揚を認めないと通告した。事件も、軽犯罪として扱われた。周恩来は、岸信介首相の対応を批判して、貿易を中止して対抗した。『朝日新聞』一九五八年五月一一日に特集がある。

(4) 一九五八年八月、社会党の佐多《さた》隆忠《ただたか》が訪中した際、周恩来総理が打ち出した関係改善のための前提条件。①中国敵視の言論と行動の即時停止②「二つの中国」政策の停止③日中両国の正常な関係回復のための障碍の除去。

(5) 家近亮子『日中関係の基本構造』(晃洋書房、二〇〇三年)の一六五〜一七〇頁で表にして詳述した。

(6) 文化大革命の時に社会で横行した階級区分。これにより、迫害を受けた人が多かった。「紅五類」とは「革命幹部・革命軍人・革命烈士(革命・抗日戦争・内戦などで亡くなった遺族)・労働者・農民」、「黒五類」は「地主・富農・反革命分子(中国国民党関係者など)・破壊分子(犯罪者など)・右派(反右派闘争で批判された人々)」であった。分類は家族、子孫にまで及んだ。

(7) これについては、家近亮子「中国(2)——経済調整から文化大革命」(家近亮子・川島真『東アジアの政治社会と国際関係』放送大学教育振興会、二〇一七年)の七七頁で表にして説明した。

(8) 「大躍進運動」により農村から人口が都市に大量に流入するようになると、農業生産が低下し、都市への食糧の供給量が減少し、都市の深刻な食糧不足が起きた。これを打開するため、一九五八年一月の全人代で「戸籍登記条例」が採択され、以後中国の戸籍は「農村戸籍」と「非農村戸籍(都市戸籍)」に二分されることになり、「農戸」の者が都市に出る場合は都市の受け入れ機関（工場・学校など）の許可書が必要となった。これは、実質上の住居移転の制限、移動の制限となった。

（9）図10－8の『劉主席語録』は一九六七年に香港で出版されたものである。装丁などは『毛主席語録』とまったく同じで、見分けがつかないように工夫されている。天安門の群衆の中には、まぎれて『劉主席語録』を振っていた人もいるといわれている。本書は、可児弘明氏（慶應大学名誉教授）から寄贈されたものである。

（10）一九四七年二月二七日に起きた台北市民と警察とのたばこの販売をめぐる衝突。台湾では四六年になると物価が高騰し、また、たばこ、酒、樟脳などが専売となっていた。たばこの闇販売をおこなっていた女性と警察官との間のトラブルが発生し、この時、警察が発砲したため、翌二八日台北市民が大規模なデモを起こした。陳儀は戒厳令を出したが、デモは台湾全土に拡大し、多くの住民が殺害され、投獄された。

（11）平岩俊司「朝鮮半島（1）」、家近亮子・川島真『東アジアの政治社会と国際関係』。

第11章　日中国交正常化と東アジア国際関係の変容

1　米中接近と中華人民共和国の国連加盟

†中ソ対立の激化

西安事件の項で述べたが、歴史的に見て、ソ連の中国共産党に対する評価は高いとはいえなかった。特にレーニンの都市革命論を無視し、独自の農村革命を実行していた毛沢東に対しては、「マーガリン共産主義者」との厳しい評価をし、王明などのいわゆる留ソ派（ソ連留学生組）に信任を与え、中国革命を指導させようとしていた。劉少奇は、留ソ派の一人であったため、中ソ対立が劉に対する攻撃を激化させた要因の一つとなったことは確かである。

毛沢東は、社会主義への移行の過程で自らの権威を高め、スターリンが享受していた個人独裁型の権力掌握を企図していたが、一九五六年、フルシチョフのスターリン批判、平和共存路線の提起によって、それを完全に否定されたことでソ連との論争が始まる。劉少奇は、フルシチョフが実行した集団指導体制の中国への導入をおこない、毛沢東の恨みを買うことになった。毛の死後文革を収束させ、一九七八年一二月から改革・開放政策を実行した鄧小平は、劉少奇の遺志を引き継ぎ、個人独裁を否定し、集団指導体制を確立していくことになる。

毛沢東は、一九六六年の文革発動後、ソ連との対立の姿勢を強め、紅衛兵は北京のソ連大使館を襲撃するなどした。これに対して、ソ連は一〇月になるとソ連内の中国人留学生に休学を命じた上、国外退去命令を出したため、中ソ関係は一触即発の状態になる。六八年八月に起きたチェコ事件後、[1]中国共産党がこれを侵略行為とし、ソ連を「社会帝国主義」「覇権主義」として激しく非難したため、緊張が高まっていった。

一九六九年三月二日、中ソ国境の東北端のウスリー川（烏蘇里江）にある小さな島、珍宝島（ソ連名、ダマンスキー島）で中ソ両軍の武力衝突が起きる。武力衝突は一五日にもあり、両国間に緊張した状況が生まれた。この、いわゆる珍宝島事件後も中ソ両国は、七月八日黒龍江（アムール川）の八岔島（ゴルジンスキー島）付近、八月一三日新疆ウイグル自治区テレクチ地区の国境線でと相次いで武力衝突を起こした。

このような状況下、ソ連共産党の機関紙『プラウダ』は一九六九年八月末になると、中国を激しく非難し、間接的に中国への核攻撃を示唆する記事を再三掲載する。毛沢東は、これを受けて、北京などの主要都市に核シェルターとなる地下街（地下都市）の建設を命じた。筆者が最初に中国に行ったのは一九七八年の夏であったが、その時北京の地下都市を案内され、「ソ連からの核の攻撃に備えるため建設した」という説明を北京市革命委員会の幹部から受けたのを印象深く覚えている。中国は六四年一〇月に原子爆弾の地下核実験に成功していたが、その技術はまだ米ソには追いついてはいなかったといえる。

そのような中、一九六九年九月一一日ソ連のコスイギン首相がベトナムのホー・チ・ミン大統領の葬儀出席のため、ハノイを訪れた帰途北京に立ち寄り、周恩来と会談した。会談は空港のラウンジでおこなわれるという異例のものであり、両国の緊張した関係を物語っていた。この時周恩来は、コスイギンに対して①一九世紀に結ばれた中国とロシアの条約が不平等条約であったことを道義的に認めること、②中国はそれらの条約によってロシアがすでに得ている領土に関しては返還を求めないこと、③国境問題はこれらの条約に沿って解決し、合意時点まで即刻軍を撤退させることを提案した。コスイギンは周の提案を受け入れると約束したが、帰国途端、激しい中国批判を再開した。このことは周恩来にソ連との関係改善は当分望めないばかりか、武力衝突再燃の危機感をも植え付けたのである。

†米中接近

中国の対米接近は、このような対ソ関係の悪化を背景に着実に進められていった。それは、一九六八年一一月にアメリカにおいてニクソン（Nixon）大統領が当選し、翌年一月の就任演説の中で「中国との冷えきった関係に終止符を打ちたい」と述べた、対中和解（デタント）の可能性を模索する声明を受けてのことでもあった。この演説の内容を聞いた蔣介石は、アメリカを「美帝（アメリカ帝国主義）」と呼び、「その外交は空前の非常に悩ましい状況下」の混沌としたものになったとその日記に記した（「蔣介石日記」一九六九年一月二一日）。蔣は、中華人民共和国との接近を模索するニクソンの政策を「ニクソン主義」と呼び、強い警戒感を示した。

一九七〇年一月にはワルシャワで米中大使級会談が開始したが、思うような進展は見られなかった。この時、両国間に横たわる最大の懸案は、台湾とベトナム問題であった。その後、周恩来はアメリカとの交渉を有利に導くため、その外交手腕を発揮していく。

まず、周恩来は一九三六年六月に長征中の毛沢東を陝西省保安（現・志丹）に訪ね（出迎えたのは周）、そのうえで世界に抗日革命家・毛沢東の存在を紹介した『中国の赤い星』[2]の著者であるアメリカのジャーナリスト、エドガー・スノー（Edgar Snow）を一九七〇年、中国に招待した。スノーの中華人民共和国訪問は、六〇年、六四年に続く三回目で、毛沢東の礼賛《らいさん》者とアメリカでは見られていた。一〇月一日の建国記念日に毛沢東と林彪と並んで天安門に姿を見せたスノーは、「もし、中国がデタントを求めるとすれば、その交渉相手はソ連とアメリカとどちらになる可能性が高い」のかという質問を周恩来にぶつけた。周はこのきわめて政治性の高い問いに対し、「実は私もまったく同じ質問を自分に問いかけているのです」と答えたという。そして、ソ連からの脅威がきわめて高いということをアピールし、スノーに対して「ワシントン側から先に」何らかの意思表示をおこなうことを要請したのである（図11－1、図11－2）。

　エドガー・スノーは帰国後ただちに周恩来の意思を大統領に伝え、これを受けたニクソンはアメリカ政府の公式文書をパキスタンのヤヒヤー・ハーン（Yahya Khan）大統領に託した。一九七〇年一一月一〇日ヤヒヤー・ハーン大統領は訪中したが、

図 11-1　延安を訪れたエドガー・スノーと毛沢東

図 11-2　北京大学のエドガー・スノーの記念碑

この時携えて行った文書の内容は、ニクソン訪中と台湾問題を一任されたキッシンジャー(Kissinger)大統領補佐官の訪中を打診する内容であった。周恩来は一二月初旬アメリカの要請に応える形で、キッシンジャーへの招待状をやはりパキスタンを介してアメリカに送った(ウィルソン一九七八)。

†周恩来外交の結実

(1) ピンポン外交

一九七一年は、周恩来の外交が実を結んだ年ということができる。三月二八日から四月七日まで名古屋で第三一回世界卓球選手権大会が開催され、人民共和国の代表選手たちが六年ぶりに参加した。これを実現させたのは、日本卓球協会会長でアジア卓球連盟会長でもあった後藤《ごとう》鉀二《こうじ》愛知工業大学学長と日本中国文化交流協会常務理事であった西園寺《さいおんじ》公一《きんかず》であった。後藤は七〇年九月から北京に使者を送り、周恩来に働きかけ、選手を送るように要請していた。周はその条件として、中華民国を招待しないこと、アジア卓球連盟から中華民国を除名することを挙げた。周恩来は、一貫して日本に対し「二つの中国」に対する拒否の姿勢を貫いたのである。

後藤はこの要請を受け入れ、中国が望む形での大会を開催することを決断する(『毎日新聞』一九七〇年一二月三一日付)。一九七一年一月下旬、北京にわたった後藤は、周恩来と直接交渉し、その意志を伝えた。周はこれを歓迎したが、日本の文部省と自民党、日本体育協会がこれにクレームを付け、反対した。最終的には周恩来が妥協し、二月一日に参加に調印した。本大会終了後、中国はアメリカなど欧米の卓球選手を中国に招待することを発表し、デタントを世界にアピールした（ウィルソン一九七八）。その意味で名古屋での世界卓球選手権大会は、きわめて政治性が高い大会であったということができる。

(2) キッシンジャー補佐官の訪中とニクソン・ショック

周恩来は、その後も積極的に動いた。一九七一年三月九日には北ベトナムを訪問し、中国が東南アジアの共産政権を「民族の犠牲」をもってしても支援するとの声明を発した。これに対して、蔣介石は「もし、アメリカが撤退に着手することになれば、南ベトナムは哀れなことになるだろう」、そうなったら、東南アジアと台湾はアメリカを頼りにすることができなくなるとの見解を示した（「蔣介石日記」一九七一年三月二一日）。

七月九日、ついにキッシンジャーの訪中が実現する。キッシンジャーの訪中は、まったく秘密裏におこなわれ、それを知っていたのはニクソンと数人の側近に過ぎなかった。この時キッシンジャーは公式にはパキスタンを訪問中であったが、胃炎を起こしたとしてヤヒヤー・ハーン大統領の別荘に静養し、マスコミの目から逃れる。しかし、実際にはパキスタン政府の専用機でイスラマバードから北京に飛んでいたのである。そのため、滞在は一一日までときわめて短いものであったが、ニクソン訪中を正式に決定するという重要な役割を果たした。

ニクソン大統領はキッシンジャー帰国直後の七月一五日、午後一〇時半という異例の時間に「翌年の五月までに中国を訪問するつもりである」ことをテレビ演説で発表した。この発表は、全世界に「ニクソン・ショック」として受け止められたが、演説のわずか三分前に国務長官から駐米大使に知らされただけの日本にとっては、さらに大きな衝撃となった（『朝日新聞』一九七一年七月一七日付）。当然、台湾にも衝撃は走った。しかし、演説直後ニクソンは、国務長官であったロジャースに駐米中華民国大使であった沈剣虹《ちんけんこう》あての電話をさせ、「アメリカは友人を裏切らない。今後米中（中華民国）関係は更に密接になる。アメリカは中米共同防衛条約の各義務を堅く守る」と説明した（「蔣経国総統文物」）。また、蔣介石は翌日、ニクソンから北京に使者を送ったことと演説を事前に知らさなかったことの「見苦しい言い訳の電報」を受け取ったことを明らかにしている（「蔣介石日記」一九七一年七月一六日）。

キッシンジャーは、米中接近は中国側から積極的におこなわれたと説明している。彼はその要因を次のように分析している。すなわち、「中国がわれわれにとって重要なのは、物理的に強力だからではなかった。周恩来は、何回も、中国は超大国ではないと強調したが、その通りだった。実際、もし中国がもっと強力だったら、われわれとの関係改善を同じような一徹さで求めなかったろう。北京は、孤立化から脱する手だてとして、また北辺の国境沿いの潜在的に命取りとなる脅威に釣り合う勢力として、われわれを必要としているのだった」（キッシンジャー一九八〇）と。彼も中国のアメリカへの接近の要因をソ連の脅威と見ていたのである。

(3) 中華人民共和国の国連加盟、中華民国の脱退

周恩来が一九五〇年代から着々と「外交無小事（小国）」の信念で進めていたアジア・アフリカ諸国との外交の最大の目的は、中華人民共和国への承認国を増やし、国連での代表権を中華民国から奪い取ることにあった。国連加盟国のうち、中華人民共和国承認国は一九六一年には三五カ国であったが、六四年に五大国の一つであるフランスが承認し七〇年には五三と増えていた（清水二〇一八）。七一年になるとそれが進み、クウェート、サンマリノ、オーストリア、リビアが相次いで中国を承認し、リビア承認の時点で中国承認国が六三と中華民国の六二を上回った。

蔣介石は、この状況をつぶさに見守り、その日記に焦る気持ちを日々綴《つづ》っていた。国連における五大国の地位は、自らと国民政府の外交部が勝ち取ったという自負心が蔣にはあった。しかも、それは紛れもない事実であった。そのため、アメリカなどの「二つの中国」「双重代表案（二重代表権）」には強い反対の姿勢を示した。蔣の考えは、中華民国の外交政策に反映して

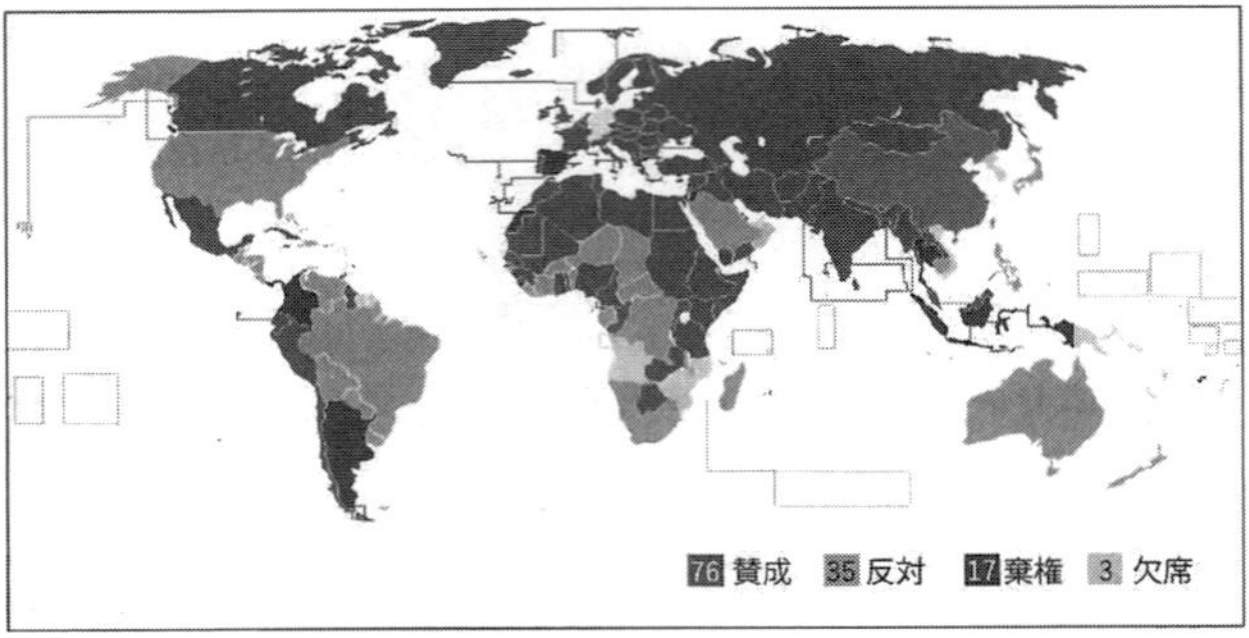

図11-3　アルバニア決議案の投票国図（家近亮子『現代東アジアの政治と社会』）

いく。一九七一年になると蔣は、アメリカの上院は、第二次世界大戦時の太平洋学会（IPR）の後身のようで、完全に「共匪」の宣伝機関になってしまった、と憤りを見せた（「蔣介石日記」一九七一年三月一日）。蔣は、アメリカの「大陸が中華人民共和国で、台湾が中華民国としてそれぞれが国連の代表権を得る」という提案を「幼稚な幻想」として一蹴した（「蔣介石日記」一九七一年三月一四日）。蔣は生涯の目標として「大陸反攻」を捨てていなかったし、北京を最後まで「北平」と呼んでいた。中華人民共和国の正統性を認めるアメリカの提案には承服できなかったのである。もちろん、周恩来もこの案を激しく非難した。蔣はこの時期、中華人民共和国が代表権を獲得し、安保理の常任理事国の地位を得、中華民国が一加盟国になるという状況を最も恐れていたのである（「蔣介石日記」一九七一年三月三一日「本月反省録」）。

一九七一年一〇月二五日は、東アジアの国際関係史上、きわめて大きな意味を持つ。この日、国連第二六回総会はいわゆる「アルバニア決議案」（二七五八号決議案「国際連合における中華人民共和国の合法的権利の回復」）を賛成七六、反対三五、棄権一七で可決した。中華人民共和国が二倍以上の支持を得たことになる。この状況は、一九五〇年の第五回国連総会と正反対の結果となった。日本は、この国連総会の投票に多大の関心を示し、テレビでライブ放送がなされたほどであった。日本の佐藤内閣は、「中華人民共和国の国連加盟には基本的に賛成、中華民国の議席追放には反対」を基本政策とし、「二重代表決議案」をアメリカと共に提案していたが、この決議案は表決すらされず、蔣介石のいう「幼稚な幻想」に終わった。日本はアルバニア決議案にはアメリカと共に反対票を投じている（図11-3）。

蔣介石が国連脱退を決断したのは、一〇月の始めであった。彼は二カ月悩み、「今日の状況で共匪が国連と安全保障理事会の地位を侵犯」するようであれば、「漢賊不両立」「毋為瓦全（節操を守らずに生きながらえることはしない）」の精神で「国連からの脱退を決断すべき」との見解を示した（「蔣介石日記」一九七一年一〇月二日）。したがって、中華民国の国連総会即日の国連自主脱退は、事前に準備されたことであった。その時、周書楷中華民国外交部長が読み上げた国連脱退宣言は、蔣介石が一〇月五日から張羣らと練り上げて起草したものであり（「蔣介石日記」一九七一年一〇月五日、一六日、一七日）、一九二〇年代からの蔣の外交戦略に対する切実な想いが詰まったものとなった。中華民国はその後、国際社会においては特殊な地域として今日に至っている。

(4) ニクソン訪中と上海コミュニケ

一九七二年二月二一日、ニクソン大統領が北京空港に到着した。アメリカ大統領の訪中は、これが史上最初のものとなった。ニクソンの中国滞在は七日間であったが、この間周恩来は、すべての日程に付き添い、数度に渡る会談を持った。アメリカとの交渉で最も問題となったのは、やはり台湾問題であった。キッシンジャーはこの問題を「厄介な問題」として、次のように述べている。すなわち、

北京は、中国の唯一の合法政府であることを主張し、台湾は、中国の一地方であるとの立場に固執した。また、台湾の将来は、内政問題である、ともいっていた。私は、台湾海峡の両側の中国人が抱いている見解に異議をとなえないとする次のような表現に同意していた。「台湾海峡の両側すべての中国人が、中国はただ一つであると主張していること、および台湾は中国の一地方であることを、アメリカは認める。アメリカ政府は、この見解に異議をとなえない」

中国側は、アメリカが台湾から米軍を無条件で、全面的に撤収すると約束することを望ん

だ。〔中略〕撤収を、台湾問題の平和解決と、アジア全体の緊張緩和に結びつけることをわれわれは主張した。（キッシンジャー一九八〇）

重要な問題は、台湾海峡からの米軍の撤収がどのような形でおこなわれるかにあった。すなわち、内政問題とする中国と、アジアの安全保障の一環として台湾問題を扱おうとするアメリカとの対立であった。この問題で交渉は難航した。この突破口を開いたのは、やはり周恩来であった。周恩来は「両国は大国です。すでに二二年間も台湾問題の存在を許してきました。もう少しそのままにしておいても大丈夫でしょう」と提言した（ウィルソン一九七八）。ここには周恩来外交の基本姿勢が見られる。すなわち、周は最優先課題の解決のためにはその他の問題を「棚上げ」にするという方式を採ったのである。「小異をすてて大同につく」。周のこの時の「大同」は、いうまでもなく、アメリカとの早期の国交正常化の実現であった。そして、そのことはソ連に対する最大の牽制となるはずであった。

しかし、周恩来の思惑は思ったようには進まなかった。ニクソンは帰国直前の二月二六日、北京から上海に赴き、翌二七日、米中共同コミュニケ（いわゆる「上海コミュニケ」）を発表する。この中では、一九五四年周恩来がネルーとの会談で協定した「平和五原則」と「覇権反対」を盛り込むにとどまり、国交に関する条文は入らなかった。特に、台湾問題に関しては、互いの主張を「声明」として盛り込むにとどまった。「上海コミュニケ」において、台湾問題は次のように表現されている。

中国側「台湾問題は、中米両国関係の正常化を妨げているカギとなる問題である。中華人民共和国は中国の唯一の合法政府である。台湾は中国の一つの省であり、はやくから祖国に返還されている。台湾の解放は中国の内政問題であって、他国には干渉する権利はない。アメリカのすべての武装力と軍事施設は台湾から撤去されなければならない。中国政府は、『一つの中国、一つの台湾』『一つの中国、二つの政府』『二つの中国』『台湾独立』をつくること、『台湾帰属未定』を鼓吹することを目的とするいかなる活動にも断固反対する。」
アメリカ側「アメリカは、台湾海峡両側のすべての中国人がみな、中国はただ一つであり、台湾は中国の一部であると考えていることを認識した。アメリカ政府は、この立場に異議を申し立てない。……アメリカ政府は、台湾からすべてのアメリカの武装力と軍事施設を撤去する最終目標を確認する。この期間に、アメリカ政府はこの地域の緊張情勢の緩和にしたがって、台湾におけるその武装力と軍事施設をしだいに減らしていくだろう。」（『日中関係基本資料集』）

ここには明らかに台湾問題に関する両国の温度差が表われている。中国は「上海コミュニケ」に「二つの中国」「帰属未定論」反対を盛り込むことで、日本をも牽制したといえる。このような米中首脳会談の内容は、明らかに周恩来にとって不満の残る結果であったと見るべきであろう。そのため、周は次なる外交目標の達成を急いだのである。その最大の目標が日中国交正常化であったことはいうまでもない。周恩来は、日本との国交回復を既成事実とすることで、その後の対米交渉の切り札としようとしたのである。

2 日中国交正常化と台湾との断交

†田中角栄訪中までの道

(1) 周恩来の対田中外交

戦後一貫してアメリカへの追随外交政策を採ってきた日本にとって、アメリカの「頭越し」の中国への接近は、きわめて大きな衝撃であり、自民党に「取り残された」というあせりを与えた。ニクソン演説後佐藤栄作総理は、記者団の「予想したどおりですか」という質問に、「とんでもないこと」と答えた。ニクソン訪中後の一九七二年七月五日に佐藤に代わり自民党総裁に選出された田中角栄は、首相就任直後「中華人民共和国との国交正常化を急ぎ、激動する世界情勢の中にあって、平和外交を強力に推進する」との首相談話を発表した。このような日本の積極的な姿勢は、中国にとっても望ましいものであった。なぜなら、周恩来はこの時個人的な事情もあって、日中国交正常化を急いでいたからである。

ニクソン訪中に同行したアメリカの記者団は、周恩来の健康状態があまり良くないことに気づいていた。記者団は、周が常に白い錠剤を飲み、眼に以前ほどの輝きがなく、「どんよりして、半開きの状態」であることを見てとっていた。周はこの時すでに癌に侵されていたのである。六月、周恩来は血尿を出し、中国の癌研究の第一人者であった呉桓興(ジョージ・ウー)の診断を受けた。この時、呉は周が膀胱癌に罹り、末期的状態にあることを告げた(田村他二〇〇〇)。周はこのときからきわめて精力的に日本に接近するようになる。

周恩来の最大の関心事は、佐藤栄作の後を誰が継ぐかということであった。そのために周は、一九七一年八月に名誉回復させたかつての腹心の部下である廖承志を起用し、日本の情報収集に当たらせた。この時周は、田中が次期総裁になることを予言したと言われる。周は、彼の特徴的外交手段のひとつである、相手国の外交代表者の個人的情報の収集にきわめて大きな精力を注いだ。田中訪中の際の、汗かきの田中のためのバスタオルの用意、室温一七度、好物の富有柿、台湾バナナ、木村屋のあんパン、田中の故郷の新潟の味噌で作った味噌汁などの今日では伝説化している準備はこの時決定された。

(2) 椎名悦三郎の訪台

日本にとって、中華人民共和国との国交を回復することは、とりもなおさず、台湾・中華民国との断交を意味した。そこに、自民党の苦悩があった。「二つの中国」および「台湾帰属未定」論は、中国との関係改善を望みながらも、台湾との関係を断ち切ることができなかった自民党首脳の苦肉の策であったといえる。それは、中国敵視政策というよりはむしろ、台湾への「思い入れ」が生み出したものといった方が適切かもしれない。一八九五年から五〇年間日本が台湾を自国の一部として実行支配したことは歴史的事実であった。下関条約により割譲された台湾は、日本にとって、植民地以上の存在となっていたということができる。

そのような存在であった台湾との断交は、日本政府にとって、物理的にも感情的にもきわめて困難なことであった。田中内閣がそれに踏み切れたのは、それまでの首相に比べて台湾との関わりが弱かったからだという仮説には、説得力がある。中華民国と太い人脈をもっていた佐藤内閣では断行できなかったことであった。田中は「中国と国交を結んだ国で、台湾との国交をそのままにしている国はない」という割り切りを見せた。しかし、自民党内の親中華民国派の議員たちはこれに反発した。日中国交正常化における日本の立場を説明し、台湾を説得するための特使として選ばれた副総裁の椎名《しいな》悦三郎《えつさぶろう》でさえ完全には納得していなかったのである。椎名は「最善の方策として、日本は日本流に、まず台湾との国交関係は現状のまま維持し、新たに中国との国交を開く方式」を考え、それを中国に強硬に迫るべきだと、思案したといわれる(田村他二〇〇〇)。

しかし、周恩来はこの点に関しては断固譲歩しない態度で臨んだ。周は椎名の台湾訪問を準備段階から牽制している。椎名は田中の蔣介石に宛てた親書を携えて(石井他二〇〇三)、一九七二年九月一七日訪台した。田中訪中のわずか一週間前であった。もし失敗しても調整の時間はなかった。椎名特使の訪台に同行取材を申し込んできたのは、朝日・読売・毎日・サンケイ・共同・日経・岩手日報・夕刊フジ・NHK・TBS・フジテレビの一一社であった。しかし、中国側の「台湾に行った人は、北京での仕事がむずかしくなるのではないでしょうか」という一言で、朝日・読売・日経・夕刊フジ・NHK・TBSの六社が直前になって取材を取りやめた。特に、NHKの取りやめに、椎名は困惑を隠せなかったといわれる。この時、日本の政治家もマスコミもまさに「北京恐怖症」にかかっていたといえる。このような状況を作り出すことに成功したのは、まさに周恩来の根回し外交の成果であった。

台湾においては、椎名訪台を断交交渉のためと受け止めていた。そのため、それに反対する市民たちが台北・松山空港に「椎名かえれ」と書いたプラカードをもって押しかけ、車に生卵や饅頭をぶつけるなど、不穏な状況であった。

台湾では一九七二年五月に蔣介石の長男の蔣経国が行政院長に就任し、それまでの外省人に独占された政治体制を改革し、本省人と若手を起用する政策を実行していた（清水二〇一八）。蔣介石はこの時期では経国に全幅の信頼を与え、後継者として認めていた。蔣は、この頃には体調を崩し、政治の表舞台から退くようになっていた。中華民国の国連脱退、ニクソン訪中、それに続く日本の新政権の中華人民共和国との国交正常化に対する積極策に対する懸念は（「蔣介石日記」一九七一年七月二〇日）、蔣の体調を悪化させ、一九一二年から毎日欠かさず綴っていた「日記」も七月二一日が最後となった。いかに、田中内閣の対中政策がショックを与えたかがわかる。蔣介石の長年の外交戦略の終焉となった日であった。

中華民国の政府要人達も厳しい対応をみせた。この時携えた田中親書には、蔣介石に対する深い感謝の念を述べながらも、「国民政府も北京政府も共に、中国は一つであるとの立場を堅持している以上、日中国交が正常化されれば、遺憾ながら日華の外交関係は維持できなくなる」と書かれていた。大平正芳《おおひらまさよし》外相も「日中国交正常化時点で台湾との外交関係が維持しえないことを、すでに口頭で幾度も台湾側に伝達していた」（清水二〇一八）のである。断交を宣告にきた使節を台湾が歓迎する道理はなかった。当然、蔣経国の発言にも厳しいものがあった。この時経国がもっともこだわりを見せたのが「日華平和条約」の廃棄問題であった。これが崩れれば、戦後の東アジアの国際関係が否定されることになるからである。経国は、これは蔣介石の考えでもあると伝えた（石井他二〇〇三）。

ところが、この状況は一九日の中華民国国民意代表者との座談会での椎名の発言で一変する。この時挨拶に立った椎名は、「日中正常化の協議会におきまして、相当に鋭い論議が交わされた結果、従来の関係とは外交関係を含めて、その他あらゆる関係と共に、従来の通りに、これを維持して行くと、そういう前提において、両国間の折衝を進めるべきである」（田村他二〇〇〇）と述べた。この発言の主旨が政府の意向と違っていたことは明らかであった。しかし、長年友好関係にあった中華民国に断交を告げるのは忍びなく、椎名がこのような玉虫色の発言をした心情は、察するに余りある。当然、この発言は台湾側を安堵させた。

しかし、周恩来はこの発言にただちに反応し、「二つの中国」を認めるものだと激しく抗議した。これに対して、大平外相は翌二〇日「中共との国交樹立は日本政府が責任を負うもので、椎名発言はただ台湾に対する儀礼的なものにすぎない」と述べ、事態収拾をおこなわざるを得なくなったのである（『朝日新聞』一九七二年九月二一日付）。

†田中訪中と日中共同声明

一九七二年九月二五日、田中角栄は大平正芳外相らと共に北京空港に降り立った。周恩来は空港に出迎え、その日のうちに首脳会談を設けた。周はとにかく田中の滞在予定の三〇日までに国交正常化を実現させたかった。それにあたって、周恩来はいわゆる「復興三原則」(①中華人民共和国政府は中国を代表する唯一の合法政府である、②台湾は中華人民共和国の領土の不可分の一部である、③「日華平和条約」は不法であり、無効であって廃棄されなくてはならない)を提示していた。周はこの原則が認められれば、他の問題には触れない方針であった。周にとって、この原則(特に、①②)は米中国交正常化実現のための切り札ともなるものであったのである。そのため、周は尖閣列島問題を「棚上げ」にし、歴史問題に譲歩し、そして、賠償請求の放棄を決定したのである。

図 11-4　吉田茂と蔣介石、在中華民国総統府での会談(1959 年 12 月 28 日)

日中国交正常化交渉での最大の問題は、米中同様、台湾問題であった。「日華平和条約」締結以降、日本と中華民国は政治・経済・軍事・文化各方面においてきわめて良好な関係にあった。特に自民党の中には親台湾派の議員が多く、一九四五年以前へのノスタルジックな感情も相まって、濃密な相互依存関係を構築していたのである。そこには、確かに、単なるアメリカ追随外交を超える

「何か」があった。吉田茂を始め、多くの政治家が訪台して蔣介石と会談をもち、信頼関係を構築していたのである（図11－4）。

一九七二年九月二九日、日中両国は日本側、田中角栄総理・大平正芳外務大臣、中国側は周恩来国務院総理・姫鵬飛外交部長が署名し、「中華人民共和国政府と日本国政府の共同声明」（いわゆる「日中共同声明」）を調印し、国交回復を声明した。「声明」の主な内容は次の通りである。

一　日本国と中華人民共和国とのこれまでの不正常な状態は、この共同声明が発出される日に終了する。

二　日本国政府は、中華人民共和国政府が中国の唯一の合法政府であることを承認する。

三　中華人民共和国政府は、台湾が中華人民共和国の領土の不可分の一部であることを重ねて表明する。日本国政府は、この中華人民共和国政府の立場を十分に理解し、尊重し、ポツダム宣言第八条に基づく立場を堅持する。

四　日本国政府及び中華人民共和国政府は、一九七二年九月二九日から外交関係を樹立することを決定した。

五　中華人民共和国政府は、中日両国国民の友好のために、日本国に対する戦争賠償の請求

を放棄することを宣言する。（石井他二〇〇三）

争点となっていた「日華平和条約」の廃棄と戦争終結問題は、周恩来の提案した「不正常な状態」の「終了」、で決着をみた。これは、中国側の大幅な譲歩であった。また、周恩来は第五条において、「中華人民共和国政府は、中日両国国民の友好のために、日本国に対する戦争賠償の請求を放棄すること」を宣言したのである。この宣言はその表現からみると、一方では蔣介石のいわゆる「以徳報怨」の演説を強く意識していることがうかがえるが、第4章で述べた一九一七年一一月のレーニンの「平和に関する布告（無併合・無賠償による講和）」の原則に則ったものであると見ることもできる。

このように、日中国交回復は台湾問題を中国側の主張通りに、また、「日華平和条約」に関しては日本側の立場を考慮し、賠償は中国側から自主的に放棄され、成功裏に終わったかのように思われた。しかし、田中訪中は日中間に新たな紛争の火種を残したのである。それは、いわゆる歴史認識問題であった。それまでの日中間の問題は中国承認問題を含む台湾問題に集約された。歴史認識問題は、それまでは問題にされなかった。というよりも、中国との間は戦争終結が未完了との中国側の認識の中で、問題化する以前の段階にあったという方が妥当であろう。

日本政府を代表する田中角栄首相の九月二五日の周恩来主催の歓迎会における挨拶の内容は中国側に大きな衝撃を与えた。田中に先立っておこなった周恩来の挨拶において、歴史問題は次のように表現された。

「一八九四年から半世紀にわたって、日本軍国主義者の中国侵略により、中国人民は重大な災難をこうむり、日本人民もまた深い被害をうけました。……中国人民は毛沢東主席の教えにしたがって、ごく少数の軍国分子と広範な人民とを厳格に区別してきました」(『人民日報』一九七二年九月二六日付)。

ここには、中国の歴史認識の基本的姿勢がみられる。毛沢東は、日中戦争の時期から中国を侵略しているのは日本の一部の帝国主義者であり、日本の広範な人民はそれに反対しているとの認識を示していた。毛は、抗日戦争に中国が勝利する要因の一つに、「日本国内の人民と日本の植民地の人民の革命運動のもりあがり」を挙げている(毛沢東一九三九)。毛沢東は一貫して日本の人民との連携を期待していた。それは、前章で述べたように、安保闘争に対する毛沢東の高い評価にも表われていたのである。無賠償決定の要因には、日本の人民もまた戦争の被害者であるとの基本的な認識があった。それは、蔣介石の「以徳報怨」の演説にも共通する認識であった。

これに対して、田中の挨拶の歴史認識にあたる部分は次のような内容であった。

「過去数十年にわたって、日中関係は遺憾ながら、不幸な経過を辿って参りました。この間わが国が中国の国民に多大のご迷惑をおかけしたことについて、私はあらためて深い反省の念を表明するものであります」（『朝日新聞』一九七二年九月二六日付）。

「不幸な経過」「多大なご迷惑」「深い反省」が、日本政府が戦後初めて中国に対して正式に示した歴史認識であった。この言葉は、宴会の席上、通訳によって次のように訳された。

「遺憾的是過去几十年之間、日中関係経過歴了不幸的過程。其間、我国給中国国民添了很大的麻煩、我対其再次表示深切的反省之意」（『人民日報』一九七二年九月二六日付）。

ここで問題となったのが、「麻煩」という言葉であった。この言葉が通訳の口から出た時、温厚で冷静な周恩来の表情がさすがに変わった。「麻煩」という中国語は、「面倒をかける」「手数をかける」「煩わす」の意味であり、これではまったくお詫びの言葉にはならなかったのである。田中の「ご迷惑」自体がきわめて軽い言葉であったことは確かであるが、その翻訳もまた不適切であったと思われる。すなわち、日本語の「ご迷惑をおかけしました」は、一応謝罪の意味を含むが、言葉通りに中国語に訳すと「麻煩」にしか訳しようがない。ここに言葉の壁がある。周恩来はその夜、激怒したことが外交文書に残されている。日中間の歴史認識問題は、この「麻煩」というきわめて軽い「お詫び」の言葉からスタートをきることになったのである。

3 文化大革命の収束と東アジア

†文化大革命の収束と第一次天安門事件

周恩来は、失脚した幹部の名誉回復に努め、一九七三年三月には鄧小平も副総理に復帰した。このような周・鄧時代の再来に危機感をもった江青は、九月三〇日、張春橋、姚文元《ようぶんげん》、王洪文《おうこうぶん》と「四人組」を結成し、一〇月から清華大学、北京大学などで「批《ひ》林《りん》批《ひ》孔《こう》運動」を展開した。ここでいう「孔子」は、周恩来を指していた。この時期、周は腎臓癌の病状が悪化し、七四年七月には新華社が入院中と発表した。そのため、毛沢東は鄧小平を第一副総理に就任させることを提議したが、これを不満に思った「四人組」は、鄧小平を攻撃の的とする。この時期、毛沢東は「現在は安定を図る方がよい」との見解を示していた。

一九七五年一月第四期全人代が開催された。ここでは周恩来が総理、鄧小平が副総理となったが、病の悪化した周の代わりに鄧が日常の業務を担当することとなった。ここでは憲法修正がおこなわれ、「中国共産党は全中国人民の領導的核心である。労働者階級は自己の前衛である中国共産党を通じ国家に対する領導を実現する。マルクス主義・レーニン主義・毛沢東思想はわが国の領導的思想の理論的基礎である」（第二条）として、七〇年憲法草案とは異なり、毛沢東個人ではなく思想が盛り込まれ、その権威は相対化された。また、共産党の役割がマルクス・レーニン主義に基づいて明確化された。これは、七八年憲法にも引き継がれ、鄧小平の「四つの基本原則」で普遍化し、現在に引き継がれている。一〇月鄧は、周の主張を継承し、科学技術の重要性を強調して「生産発展の基礎の上にこそ大衆の生活は向上する」と主張し、これが文革批判と見なされた。毛沢東は急速な脱文革（「全面整頓」）をはかる鄧小平を危険視し、大部分の活動を停止した。

そのような中、一九七六年一月八日、周恩来が死去した。四月四日の清明節（祖先の霊を祭る祭日）に向けて数日前から天安門広場に民衆が集まりだし、清明節当日には数十万の人々が集まって周の遺影に花輪を捧げた。その中には「四人組」批判のスローガンも紛れ込んでいた。中央政治局はこれを「反革命事件」と断定し、花輪などを撤去し、集会を禁止した。五日、その措置に激怒した民衆が警官や民兵と衝突し、多数の負傷者を出した（「第一次天安門事件」）。この事件は鄧小平の陰謀とされ、鄧は四月七日すべての職務を解任され、華国鋒《かこくほう》が党第一副主席、国務院総理に任命された（図11-5）。

同年九月九日、毛沢東が八二歳で死去した。四人組は奪権を試みたが一〇月六日、華国鋒は四人組逮捕に踏み切り、「失われた一〇年」「未曾有の混乱期」といわれた文革は事実上終結した。共産党としての公式な終結宣言は七七年八月の一一全大会においてである。中国は、新しい時代に向けて、その重い扉を開けた。二人の中国革命の指導者の相次ぐ死は、東アジアの変容を予感させるものであった。

東アジア諸国・地域の変容

台湾においては、蔣介石が一九七五年四月五日に死去した。享年八八であった。蔣は一九一二年の時点で「政治・軍事・外交三位一体論」を確立し、その理念型となる権力の掌握に邁進した。台湾に移転した後の蔣介石は中華民国総統として、戡乱時期であることを理由に権力を独占した。特に蔣がこだわったのは、外交権の掌握であった。蔣は、一九三一年に「外交は無形の戦争」と主張し、外交部長や各国の外交官と頻繁に連絡を取り、越権指導をおこなった。蔣の日記には、重要な外交政策や決定を「我主張」「我決定」と書いていることが頻繁に確認できる（家近二〇一二）。最晩年、中華民国の国連脱退を決定し、その脱退宣言を

図 11-5　周恩来の葬儀（郭徳宏主編『中国共産党図史（中巻）』）

起草したのも蔣自身であった。その蔣が日本の田中政権が中華人民共和国との国交を正常化することを知った時点で、日記の筆を折った。米中接近以上に蔣にとっては辛い出来事であったのであろう。

蔣介石の死後、中華民国総統には福総統であった厳家淦《げんかかん》が就き、蔣経国は中国国民党中央委員会主席となった。国民党は、孫文を永久「総理」にしていたが、蔣介石を永久「総裁」とすることで、その功績を称えた。経国が総統に就任したのは一九七八年五月二〇日であった。「十大建設計画」でインフラを充実させ、南北高速道路、桃園国際空港を建設するなどした。経済成長率は、六〇年代が九・六％、七〇年代が九・七％、八〇年代が八・三％と高水準を保ち、経済が急成長した（高・李編一九九三）。

これは、中華民国が「著しい外交孤立にもかかわらず、一つの政治経済実体としての『台湾』が一種独特の国際的地位を保持し続ける」状況下で可能となったことであった。台湾は、断交した諸国と多面的な「実質関係」の構築を強化し、政府だけでなく民間団体も参与する「総体外交」を推進していったのである（若林一九九九）。日本は、中華民国との正式な外交関係は断ったが、一九七二年一二月一日には早くも大使館級の「交流協会」（東京）、二日には「亜東関係協会」（台北）を成立させ、その後は国家間関係と変わらない関係を樹立し、現在に至っている。

ニクソン訪中後、米中の国交正常化は一九七九年一月一日まで実現しなかったが、七三年にはアメリカ軍はベトナムから大量に引き揚げをおこない、七四年には対台湾無償軍事援助が停止された。七九年、アメリカは中華民国と断交したが、三月一日にアメリカ大使館が閉鎖される前に、「北米事務協調委員会」が発足し、大使館級の役割を果たす。また、四月一六日にはアメリカでは「台湾協会」が発足し、実質的外交活動を開始した。

また、一九七九年四月一〇日アメリカのカーター（Carter）政権は「台湾関係法」を採択した（美国在台協会）。その内容は次のようなものである。

第二条B項

一　合衆国人民と台湾人民との間の〔中略〕広範かつ緊密で友好な通商、文化およびその他の諸関係を維持し、促進する。

二　同地域の平和と安定は、合衆国と政治、安全保障および経済的利益に合致し、国際的な関心事でもあることを宣言する。

三　合衆国の中華人民共和国との外交関係樹立の決定は、台湾の将来が平和的手段によって決定されるとの期待にもとづくものであることを明確に表明する。

四　平和的手段以外によって台湾の将来を決定しようとする試みは、ボイコット、封鎖を含むいかなるものであれ、西太平洋地域の平和と安全に対する脅威であり、合衆国の重大な関心事であると考える。

五　防御的な性格の兵器を台湾に供給する。

六　台湾人民の安全または社会、経済の制度に危害を与えるいかなる武力行使、または他の強制的な方式にも対抗しうる合衆国の能力を維持する。

この「台湾関係法」により、台湾はアメリカの強い保護の下に入った。台湾は、安全保障上の安定を得、経済と社会建設に専念することができたのである。

韓国は、日本とアメリカが中華人民共和国との国交を正常化する中であくまでも台湾にいる中華民国を正統政府として、一九九二年八月までは国交関係を維持した。そこには、大韓民国臨時政府が孫文と蔣介石の保護の下で活動し、カイロ会談では朝鮮の独立を強く蔣が支持したことへの恩義があったということができる。

韓国では一九七七年から反体制運動が激しくなり、民主化が加速する「ソウルの春」の現象が出現する。これを推進していたのは、金大中《キムデジュン》、金泳三《キムヨンサム》、金鍾泌《キムジョンピル》であったが、軍の全斗煥《チョンドウファン》、盧泰愚《ノテウ》が、クーデターを断行して実権を握っていた。八〇年五月には大規模なデモが発生し、金大中、金鍾泌は逮捕され、金泳三は自宅軟禁となり、全斗煥が全権を掌握した。これに対するデモが起き、デモ鎮圧のため軍が出動し、多くの犠牲者が出た。これが光州事件である。このように民主化は一時的に鎮圧されたが、経済は発展し、日韓関係も中曽根《なかそね》康弘《やすひろ》内閣の下で改善していく。

北朝鮮では金日成の息子の金正日《キムジョンイル》が後継者として登場し、主体思想の権威を高め、金日成の偉大さを誇示する巨大建造物（凱旋門、人民大学習堂、金日成競技場など）を次々と建設していった（平岩二〇一七）。この時期、金家による世襲の独裁体制の基礎が固められたといえる。

註

（1）一九六八年八月にチェコスロヴァキアのプラハで起きた事件。チェコスロヴァキアでは社会主義の体制を変革する運動（「プラハの春」）が起き、ソ連ブロックといわれた地域統合が崩れそうになった。これに対し、ソ連はワルシャワ条約機構軍を派遣し、軍事介入し、チェコスロヴァキア全土を占領下に置いた。フルシチョフに代わり書記長となったブレジネフは、「一国の社会主義の危機は、社会主義ブロック全体の危機」という考え（ブレジネフ・ドクトリン：制限主権論）を展開した。

（2）『中国の赤い星』の原著名は、*Red Star over China*（Victor Gollancz,London, 1937）であり、保安で四カ月間毛沢東自身から直接取材した毛の半生を綴ったノートをもとに一九三七年一〇月に出版されたものである。この本は、各国で翻訳され、ベストセラーとなった。

第12章　東アジアの経済発展——政治と社会、相互関係の変容

1　中国——改革・開放の時代へ

†文化大革命の終結と華国鋒の登場

華国鋒が四人組逮捕に踏み切った一九七六年一〇月六日の夜、政治局緊急会議が開催された。ここでは華が毛沢東自身の選んだ後継者であることと、党・政・軍の三権を掌握することを承認した。すなわち、文革直後の中国においては、毛沢東の個人独裁を否定するのではなく、華にその体制を引き継がせようとしたといえる（家近二〇一二）。北京では一一月二四日、軍民一五〇万人による「四人組」逮捕と華国鋒の党主席就任を祝う祝賀デモがおこなわれた（図12－1）。

図12-1　「四人組」打倒勝利と華国鋒党主席就任祝賀150万人大会

一〇月二五日『解放日報』『人民日報』は、「偉大な歴史の勝利」と題する共同社説を発表した。この中で毛沢東が一九七六年四月に華国鋒に対して、「你辦事、我放心（あなたがやれば、私は安心だ）」と書いたメモを渡したとされている。その後、華は「卓越したマルクス主義者」「英明な指導者」「毛主席が選んだ後継者」として礼賛されるようになる。華国鋒は一二月第二回「農業は大寨《だいさい》に学ぶ」全国会議を開始し、「農業は大寨に学び」、「工業は大慶《だいけい》に学ぶ」大衆運動を継続させ、「農業を基礎とし、工業を導き手とする」国民経済を発展させることを主張した。これは、毛沢東路線の継承であったといえる。華国鋒の政策は、一般に「二つのすべて（毛主席のおこなった決定はすべて断固守り、下した指示はすべて終始かわらず従う）」とよばれた。

†鄧小平の権力掌握

鄧小平の職務復帰を一九七七年三月の中央工作会議で提案したのは華国鋒であった。しかし、その直後の四月一〇日、鄧小平は共産党中央に手紙を書き、「二つのすべて」の誤った観点を指摘した。そして、「実事求是」を対立概念とし、華が「文革期の毛沢東」をそのまま引き継ぐという印象を醸成《じょうせい》することに専念した。

一九七七年七月の一〇期三中全会で鄧小平は完全復活（党副主席、軍事委副主席、副首相）を果たす。しかし、八月に開催された共産党一一全大会において、文革の終結宣言をおこなったのは華国鋒であり、新しい党規約を採択したのも華の強い指導下においてであった。ここでは、①「四つの現代化」を実現させ、「社会主義の強国」を築き上げること、②そのためには、「広範な知識分子およびその他の勤労大衆と団結する」ことが必要であること、③「階級闘争・生産闘争・科学実験の三大革命運動」を継続させること、そして④「党内民主」の重要性、官僚主義に反対することが主張された。この方針は、文革は終わったがその中心指針であった階級闘争は継続するという印象を与えた。

この時期、胡耀邦が中央組織部長に任命されたことは注目に値する。胡は湖南省出身で、抗日軍政学校を卒業し、一九三九年一月、毛沢東に中央革命軍事委員会総政治部組織部長に任命され、腹心の部下とみなされていた。

鄧小平は一九七八年になると、「四つの現代化」の重要性を説きながら徐々に権力基盤を固めていった。六月の全軍政治工作会議での講話の中で「実事求是」を強調し、繰り返し「二つ

人民日报
RENMIN RIBAO
华主席
希望
中共北京市委宣布
天安门事件完全是革命行动
对于一九七六年清明节因悼念敬爱的周总理、反对"四人帮"而受到迫害的同志要一律平反，恢复名誉

図12-2　第一次天安門事件が「完全に革命行動」であるとする記事（1978年11月16日「人民日報」）

のすべて」を批判し、思想解放を呼びかけたため、輿論《よろん》は鄧小平を支持した。この風潮の中で、一一月一四日には北京市党委員会が第一次天安門事件を「完全な革命行動である」として、評価を逆転させた。ここに至り、二五日の中央工作会議で華は自己批判をおこなわざるを得なくなり、党内での求心力を急速に失っていく。そのため、一二月一八日から二二日まで開催された共産党一一期三中全会は、鄧小平が主催することとなったのである（図12－2）。

†改革・開放政策の始動

（1）中国共産党一一期三中全会の検証

一一期三中全会に先立つ中央工作会議の席上で、その後の中国の方向性を示す重要な鄧小平の講話がおこなわれた。その内容は、次のようなものであった。

「私は、一部の地区、一部の企業、一部の労働者・農民が、その勤勉によって好成績をあげた場合、他に先立って高い収入を得、よい生活を送るようになるのを許すべきだと考える。一部の人の生活が先に良くなれば、模範を示す大きな力が生じて、周囲に影響を与えるだろう。そうなれば、他の地区、他の職場の人びとは必ずそれを見習おうとすることになる」。

このいわゆる「先富論」は、経済発展の原動力となると同時に格差を生み出す原因ともなった。いずれにしても、鄧小平の考えが実行に移されていく改革・開放期の幕が開いたのである。

一一期三中全会では以下のことが決まった。

①全党の工作を社会主義現代化建設に移行させること。
②「プロレタリア独裁下の継続革命論」を誤ったスローガンとして批判し、階級闘争は基本的に終結したとの認識を確認する。
③「二つのすべて」を誤った方針とする批判を堅持する。
④国民経済回復のため、「自力更生」を基礎とし、「世界各国との平等互恵の経済合作」を締結する方針。

すなわち、階級闘争の終結と全方位外交の始動の大前提の下、一九七九年になると、政治・経済・社会・外交のあらゆる面で新しい中国が動き出した。

(2)「改革・開放」とは何か?――政治体制の堅持、経済政策の変容

「改革」は、中国の伝統的な革命思想(易姓《えきせい》革命。天命説に基づく天子交代、王朝交代を容認した)とは異なり、「乱れた政治をたて直す(前の政策を否定する)」の意味で、あくまでも体制内改革であり、既存の支配体制の継続・強化が目的の政治行動をいう。したがって、あくまで目的は共産党の一党支配を存続させるためであり、政治体制は堅持されることが前提となる。その点に関して、鄧小平は一九七九年三月三〇日に「重大政治任務」とする講話をおこなった。

そこで提起されたのが「四つの基本原則」であり、現在も党の基本的指針となっている。それは、①社会主義の道の堅持、②人民民主独裁の堅持、③共産党の領導の堅持、④マルクス・レーニン主義・毛沢東思想の堅持をいう。この理論的枠組みの中では、社会主義の道を歩み続ける限り、マルクス・レーニンのいう「人民民主独裁」が許容される。ここでいう「人民」とは階級としての労働者・農民と階層としての知識人を指し、社会主義建設の担い手となる。そして、共産党には労働者階級の前衛(前に立って導く人)としての役割が与えられる。すなわち、社会主義である限り、理論的にも制度的にも、そして実質的にも共産党の領導が容認されることとなるのである。したがって、中国共産党は決して社会主義の看板を下ろさないのである。

「開放」は、「扉を開ける」「出入りを許す」の意味で、外国との貿易の活発化、投資の受け入れを意味する。中国は文革時代の「鎖国」状態を終わらせ、対外開放をおこなっていく。鄧小

年月	政策内容	備考
1979年	1月　「台湾同胞に告げる書」発表。「三通」「四流」の呼びかけ。アメリカと国交正常化成立。「一人っ子政策」の開始。9月馬寅初の名誉回復	台湾の和平統一を第一に政策としてかかげる。アメリカとの貿易開始。経済発展のための人口抑制政策
	3月　陳雲「計画と市場問題」講話。計画経済と市場調整の同時併存を提起	計画経済下での市場経済の可能性を模索
	4月　中央工作会議、「調整・改革・整頓・提高」の八字方針を決定。農業における自由市場・生産請負制の始動。人民公社は保持	国民経済の方向性となる。調整期の再来。安徽省で調整期政策の再開
	7月　広東・福建両省に対外経済活動の自主権付与。深圳・珠海を輸出特区に	税金面で優遇。「先富論」政策開始
	12月　大平正芳首相訪中。円借款開始決定	経済優先、歴史認識問題不問
1980年	1月　鄧小平、20世紀末までに一人あたりGDPを1000米ドルとし、「小康」社会建設を目標とすると発表	当時は、人民のほとんどが「貧困」(年収1000元以下)
	2月　中央書記処新設。総書記・胡耀邦決定。劉少奇の名誉回復決定。集団指導体制の堅持。党内民主の発揚	鄧小平の右腕としての胡耀邦の採用。個人独裁の禁止
	3月　劉少奇の『共産党員の修養を論ず』の再版。鄧小平「建国以来党の若干の歴史問題決議」草案を起草。毛沢東の評価、功績7分、誤り3分	「人民に奉仕する党」の再確認。81年6月、「歴史決議」正式に採択
	5月　深圳・珠海・仙頭・厦門を経済特区	沿岸部の経済発展
	7月　全国の工業企業(6600社)の自主権拡大試行を発表	工場長責任制の模索
	8月　華国鋒総理辞任、趙紫陽の就任	
	11月　華国鋒、中央委員会主席、軍事委員会主席辞任。中央委員会主席・胡耀邦、軍事委員会主席・鄧小平	鄧・胡・趙の集団指導体制の始動
1981年	2月　共産党、社会主義精神文明建設加速に関するスローガン提示	「五講・四美」活動の展開
	5月　中国科学院、「科学の発展と中華の振興」のスローガンを提起	国家目標としての「中華」の提起。祖国統一の目標
1982年	1月　全国農村生産隊の90%が農業生産責任制を確立したと発表	「全国農村工作会議紀要」の発表
	9月　共産党12全大会。鄧小平、「中国的特色ある社会主義建設」の提起。13日『光明日報』、「孔子に対して、再研究と再評価を進めよう」掲載	主席制廃止、総書記制導入を決定。「古を今に用いる」

図12-3　改革・開放初期の主要な政策

平は、改革・開放政策を始動させる前に、この大前提を提起し、共産党の領導体制を守ろうとしたといえる。当時、世界の潮流として経済発展が政治的な民主化をもたらすと予測されていたが、中国はこの潮流から外れた経済発展を目指したといえる。

これらの多くは、経済調整期に劉少奇の指導下で試行されたものであった[1、2、3]（図12－3）。

(3)「八二年憲法」の制定

改革・開放初期、共産党は個人独裁に反対し、華国鋒に集中していた権力を鄧小平・胡耀《こよう》邦《ほう》・趙紫陽《ちょうしよう》で分け、集団指導体制を確立し、「四つの基本原則」を基礎とした共産党一党支配体制の継続を企図した。経済においては、農業と工業において責任制を導入し、生産性の向上を目指した。また、広東省や福建省の沿岸部に特権（税制など）を与え、外国からの投資がスムーズになる環境を整備した。外交においては、アメリカと国交を正常化したことによって、台湾との関係を改善し、祖国統一を軍事的にではなく、平和的におこなおうと企図した。全体的方向性は、「中国的特色ある社会主義建設」と「中華の振興」スローガンおよび「孔子の再評価」による台湾同胞に対する呼びかけにあったといえる。これらの政策を盛り込むため、一九八二年一二月、第五期全人代第五回会議で中華人民共和国憲法が改正された。

現行憲法であるいわゆる「八二年憲法」の特徴は、以下の通りである。

「序言」

①「中国は、世界で歴史の最も悠久な国家の一つである。中国の各民族人民はともども、光輝燦然たる文化を創造し、光栄ある革命的伝統をもっている」→「中華の振興」を明文化した。

②「一九一一年に孫中山先生の指導する辛亥革命が封建帝制を廃止して、中華民国を創建した」→「孫文」「中華民国」を初めて憲法に登場させた。これは、台湾との統一を意識したためと考えられる。

③「中国の各民族人民はひきつづき中国共産党の領導のもと、マルクス・レーニン主義と毛沢東思想の導きのもと、人民民主独裁を堅持し、社会主義の道を堅持し、〔中略〕我が国を高度の文明と高度の民主主義をそなえた社会主義国に建設するであろう」→「四つの基本原則」の内容を憲法に盛り込み、「中国的特色ある社会主義」建設を提唱した。

「本文」

①「中華人民共和国は労働者階級が指導し、労農同盟を基礎とする、人民民主独裁の社会主義国家である」「社会主義制度は中華人民共和国の根本制度である。いかなる組織または個

人であれ、社会主義制度を破壊することを禁止する（第一条）」→「共産党の領導」を明記するかわりに「社会主義」をあくまで堅持することを強調し、欧米型民主主義に対抗することを明記したといえる。

②「国営経済は社会主義的全人民所有制経済である。国家は国営経済を強固にし、発展させるのを保障する（第七条）」「人民公社の継続（第八条）」「国家は社会主義的公有制の基礎の上に計画経済を実施する（第一五条）」→これらの条文からわかることは、この時点では社会主義経済の維持を明記し、確認したことである。

③「国家は……人民の中に愛国主義・集団主義、および国際主義・共産主義の教育をおこなう。資本主義的・封建主義的、その他の腐敗思想に反対する（第二四条）」→愛国主義教育推進を明記し、資本主義はあくまでも「腐敗思想」とする従来の主張を引き継いでいる。

④「国家は計画出産を推進し、人口の増加を経済社会発展計画に適応させる（第二五条）」→後に述べるように、人口抑制政策を国家が指導することを明記した。

以上からわかるように、改革・開放政策は初期段階では経済においてもあくまでも社会主義の枠組みの中での改革であった。これは、共産党内に根強い資本主義に対する警戒とそれにともなう腐敗への懸念があったからである。

それでも、文革からの脱却を試みる中国の初めての制度化はこの憲法から始まったといえる。

2 改革・開放政策の開始と東アジア

†日中平和友好条約の締結

日中国交正常化の立役者となった田中角栄首相は、「日本列島改造論」を実行に移し、国民の人気を集めた。しかし、一九七四年一一月号の『文藝春秋』にジャーナリスト・立花隆《たちばなたかし》が「田中角栄研究」、児玉隆也《こだまたかや》が「淋しき越山会の女王」を掲載したことをきっかけとして、国会で田中金脈問題を追及され、総辞職した。一二月に三木武夫《みきたけお》が組閣したが、七六年二月にロッキード事件(4)が発覚し、七月二七日に田中が逮捕された。中国では九月九日の毛沢東の死とそれに続く一〇月の四人組逮捕という劇的な変化が起きていたが、その当時の日本はロッキード事件に揺れていたのである。三木内閣はその年の一二月に福田赳夫《ふくだたけお》内閣に代わった。

福田には田中、三木の二人の首相がやり残した懸案を処理する使命があった。日中平和友好条約の締結である。一九七二年の「日中共同声明」は、あくまでも声明であり、正式な条約締結は済んでいなかったのである。七七年七月に完全復活した鄧小平は、九月と一〇月に自民党の浜野《はまの》清吾《せいご》・日中友好議員連盟会長や二階堂進《にかいどうすすむ》などの代表団を迎え、相次いで会談した。浜野は、議員連盟に参加している議員は超党派で国会議員の半数を超える五二五名いること、「一日も早い条約締結を目指す決意」であることを説明した。これに対して、鄧小平は福田に対する期待を表明した。その福田は、忠実に「共同声明」を遵守する姿勢でこの交渉を進めていったのである（石井他二〇〇三）。

平和友好条約締結交渉は、一九七八年二月四日から開始し、園田直《そのだすなお》外相を中心に都合一五回おこなわれ、八月一二日北京で締結された。前文には「共同声明の遵守」、「国際連合憲章の原則の十分な尊重」、「アジア及び世界の平和及び安定に寄与すること」への希望が入った。全部で第五条からなるその内容は、第一条では「平和五原則」と平和的手段による紛争の解決、第二条には反覇権主義の原則が入り、第三条では「両国間の経済関係及び文化関係の一層の発展並びに両国民の交流の促進のために努力」することが謳われた。

その三日後の八月一五日、福田首相は靖国神社に参拝したが、中国からの批判はなかった。前述したように、中国共産党は蔣介石同様「戦争責任二分論」を主張していたため、「一般の兵士」のみが祀られていると思われていた靖国神社へ日本の首相が参拝することへの違和感は示さなかったのである。これを批判するようになるのは、A級戦犯の合祀が明らかになってからである。ちなみに靖国神社がA級戦犯を「昭和殉難者」として合祀するのは一九七八年一〇月一七日で、鄧小平が来日する直前であった。来日の翌日の一〇月二三日に宮廷晩餐会が催され、昭和天皇が「長い歴史の中の不幸な時代」という「お言葉」を述べたが、鄧小平は「過去よりも今後の平和関係を」と述べ、過去よりも未来志向の姿勢を示したのである。ちなみに、昭和天皇は、A級戦犯合祀が明らかになった後は、靖国への参拝をおこなわず、「それが私の心だ」というメモを残している。

しかし、そのような中国側の歴史認識は、一九八二年六月に起きたいわゆる教科書事件（第15章参照）で一変する。八月一五日付の『人民日報』は、「南京大虐殺」などの日本軍の「侵略の罪状」を特集し、「あの侵略戦争が両国民にもたらした災厄と苦痛を決して忘れてはならない」と協調した。同時に、鄧小平は愛国主義教育の一環として全国に日本の侵略の記念館、記念碑を建てることを支持した。これに従い、一九八三年江蘇省政府は南京郊外に「侵華日軍南京大屠殺遭難同胞紀念館（いわゆる「南京大虐殺記念館」）」を建設することを決定し、八五年八月一五日に鄧小平を迎えてオープンした。本館の入り口や記念碑には各国語で「犠牲者 300000」の文字が刻まれ、今に至っている。

また、靖国神社にA級戦犯が合祀されたことが一九八五年に明らかになると、これを問題にした中国の外交部は、八月一四日、中曽根首相の参拝を「両国民の感情を傷つける」「なぜなら、東条英機らの戦犯も祀られているから」との見解を示した。しかし、中曽根は翌一五日、閣僚と共に戦後初めての公式参拝に踏み切ったのである。この時期から、日中間の歴史認識は、教科書、南京、靖国をめぐる問題を焦点として展開していく。

このような、日本の態度に不満をもった鄧小平は、一九八七年六月四日に「日本は世界で一番中国に借りが多い国」「我々は国交正常化の時に戦争賠償の要求を出さなかった」「日本は中国の発展を助けるためにもっと貢献すべき」「率直に言ってこの点に不満をもつ」との見解を示した。このような中国の要求に応える形で、中曽根の後を継いだ竹下登《たけしたのぼる》内閣は、八八年八月八一〇〇億円の対中円借款に合意し、「中日友好環境センター」建設計画（一〇五億円の無償援助）などの決定に踏み切ったのである（家近二〇〇四）。

†日本の対中援助と改革・開放政策の推進

一九七八年一二月、改革・開放と同時に福田内閣に代わって発足した大平正芳内閣は、大平が国交正常化の時の外務大臣であったため、中国の評価は高かった。七九年一二月七日、訪中した大平は鄧小平、華国鋒と会談したが、「日本が過去の戦争で中国人に与えた大災難に責任を痛感し、深い反省の上に立って、平和に徹する」旨を述べた。七二年九月の田中の歴史認識は、「軽すぎる」と批判を受けていたが、それを補う形となった。その上で大平は中国の改革・開放、近代化建設への協力を表明し、五〇〇億円までの円借款および「中日友好病院建設

図12-4　鄧小平（左）と太平首相（右）

計画（一六〇億円の無償援助）」を申し出たのである（図12－4）。

二〇一八年一二月二〇日のBBCニュース中文版は、一八日に人民大会堂でおこなわれた「改革開放四〇周年紀念大会」の模様を報道した。そこでは改革開放に貢献した外国人が表彰されたが、大平首相は「日中国交正常化と改革開放の発展に多大な貢献をした」と高く評価されたのである。そこで明かされたエピソードに、鄧小平が大平との会談の際、日本が池田勇人《いけだはやと》内閣の時に「飜両番―所得倍増計画」を実行し、経済発展したと話したことで、鄧が「小康社会」建設のヒントを得、「中国式の現代化建設」の方向性が形成されたというものがある。それでも、かつて主要敵であった日本から資金援助を受けることには、当初は共産党内部でも懐疑的な意見が多くあった。しかし、先に述べたように、一九八二年の教科書問題からは、日本の援助は「当然」のことと受け止められるようになっていく。

日本が中国の経済発展に貢献したことは胡錦濤国家主席の時代に国務院総理を務めた温家宝《おんかほう》が二〇〇七年四月一一日に来日し、一二日に中国の首脳として初めて日本の国会で演説した時に初めて述べられた。この時は、第一次安倍内閣であった。小泉純一郎内閣の時に冷え切った日中関係（政冷経熱）を改善すべく、安倍は首相になると初めての訪問先に中国を選び、未来志向の「戦略的互恵関係」の構築を提案した。温家宝の訪日はその返礼の意味があったのである。

この演説の中で温家宝は、日本が歴史問題で何度も謝罪したことを認め、日本側の態度を高く評価していること、「中国の改革開放と近代化建設は、日本からの支援をいただいたもので、中国人民はいつまでも忘れない」ことを中国代表として表明した（『朝日新聞』二〇〇七年四月一三日付）。この演説の内容は、当時の情勢においては画期的であった。小泉首相は、靖国神社に在任中の二〇〇一年から毎年参拝し、江沢民政権下の中国ではこれに強く反発し、反日デモも何度か起きていたからである。

†中国の改革・開放政策の開始と東アジア

このような中国の改革・開放の日本の援助に対する評価の認識は、東アジアの戦後をグローバルな視点でとらえる上で非常に重要である。東アジア諸国との戦後処理において、日本は戦争賠償をおこなわなかった。それは、最大の当事者であった中華民国の代表・蔣介石が、戦争賠償請求権を行使すれば、日本国民が貧しくなり、結果として共産主義がはびこり、日本が社会主義化する可能性があるとの判断をもっていたからである。戦後の日本が民主化し、経済発展することが日本の共産主義化を防ぎ、東アジアを安定させると蔣は考えていたのである（家近一九九八）。

（1）韓国

日本は、韓国に対しては前章で述べたように、一九六五年六月二二日に締結した日韓基本条約で巨額の援助資金を提供した。また、アメリカの要請でベトナム戦争に派兵したことで戦争特需景気が起きたことと相まって、朴大統領の開発独裁体制下で韓国は急速に経済発展した。七九年一〇月二六日、朴正煕が暗殺された後、大統領代行に就任した崔圭夏《チエギユハ》総理は、「穏やかな民主化」「上からの民主化」を試みた。その結果、「ソウルの春」と呼ばれる学生を中心とした民主化の動きが見られるようになった。しかし、それは八〇年五月の光州事件を引き起こし、全斗煥の「小型軍事革命」政権が成立したのであった（小此木二〇一〇）。全は戒厳令を公布し、民主化を取り締まった。

全斗煥大統領は、一九八〇年一一月に当選したアメリカ共和党のロナルド・レーガン（Reagan）大統領との関係を構築すべく、戒厳令を解除した。また民主化の象徴となっていた金大中の刑を減軽して八一年二月に訪米し、関係を修復した。金大中は、市民活動家であったが、親民党の大統領候補となり、朴正煕の政敵と言われた。親日家としても有名であったためか一九七三年八月八日、東京のグランドパレスホテルで韓国中央情報部（ＫＣＩＡ）の工作員に拉致された。そのあと神戸から出航した工作船の中で殺害されそうになったところを海上保安庁のヘリコプターの威嚇により、九死に一生を得、ソウルで解放されたが、その二カ月後に自宅軟禁されたのである。

韓国はアメリカとの関係改善や対日関係の安定、ソウルオリンピックの開催決定などにより順調に経済発展したが、それにともなって民主化の要求も激しくなり、大統領直接選挙を可能とする憲法改正を求める声が大きくなっていった。そのような中、一九八七年四月、全斗煥は、改憲は八八年のソウルオリンピックまで延期し、間接選挙で時期大統領を選出することを発表した。全斗煥が大統領候補として推したのは、陸軍士官学校で同期であった盧泰愚であった。すなわち、韓国では朴正煕、全斗煥、盧泰愚と日本の陸軍士官学校出身者が大統領となったことになるのである。

このような上からの決定に対して、全国で抗議デモが起き、盧泰愚は一九八七年六月二九日になって大統領直接選挙の実施、金大中などの政治犯の釈放、言論の自由の回復など八項目の民主化要求を全斗煥に提起した。これを「六・二九民主化宣言」という（平岩二〇一七）。それに基づき、八七年一二月に直接選挙が実施され、金大中、金泳三なども立候補したが、結局盧泰愚が当選し、自らの手で民主化を推進することになる。

(2) 台湾

台湾においては、改革・開放が開始したと同じ年の一九七八年五月二〇日、蔣経国が総統に就任した。経国は一九一〇年四月二七日に生まれなので、六八歳であった。この時、経国は次期総統となる李登輝《りとうき》を台北市長に任命した。李登輝は、一九二三年一月一五日、台北市郊外の淡水で生まれた本省人であり、京都大学農学部出身で、アメリカのコーネル大学の大学院で博士号を取得していた。経国は、中華民国を取り巻く国際環境が厳しくなる状況下で、台湾の団結のためいわゆる「台湾化」を企図し、「戦後二〇年の社会・経済発展のなかで上昇してきた本省人のエリートを、積極的に取り込み、政権の支えとする」新たな人事政策を実行したのであった（若林一九九九）。

同年一二月一五日、アメリカは翌年一月から中華人民共和国と国交を樹立することを発表した。その事は、日本と同様、中華民国とは断交することを意味した。前章で述べたように、一九七九年四月にいわゆる「台湾関係法」が発表されたとはいえ、台湾にとっては厳しい国際環境となった。そのような中、同年一二月民主化要求の急先鋒となっていた雑誌『美麗島』を発行していた美麗島社が政府の許可をとらずに高雄で計画した「世界人権デー」記念大会が弾圧される事件が起きる。この事件の裁判は、アメリカの要求で公開されたが、その過程で民主化運動が本省人たちの同情を得るようになり、「民主化をむしろ勢いづけた」結果となったのである。

一九八四年、総統に再選された蔣経国は福総統に李登輝を選び、八五年には蔣家の者が総統職を継ぐことはないことを明言した。また、政治の革新を支持し、八六年九月には民進党(民主進歩党)の結成を許した。民主化の一歩となる中国国民党のみを政党として、他の政党の結成を禁止してきた「党禁」の解除、「政党・結社の自由」の実行である。八七年七月一五日には四九年から三八年間続けられていた戒厳令が解除され、一〇月には中国大陸への里帰り訪問が解禁された。八八年一月一三日、経国が死去し、李登輝が総統に就任した。その後、台湾の民主化は、李総統の下で進められていく。

3 第二次天安門事件とその影響

†「北京の春」と民主化運動

改革・開放政策の実施により知識人たちの多くは政治的民主化もその改革のプログラムに入っているとの期待をもった。一九七八年春から天安門広場近くにある西単《せいたん》の十字路の煉瓦《れんが》の壁に「大字報」（壁新聞）が貼り出されるようになる。当初内容は多岐にわたっていたが、次第に民主主義を高く評価するなど政治的なものが多くなっていった。そこは次第に「民主の壁」と呼ばれるようになり、外国のメディアにも注目されるようになった。当初鄧小平はこれを容認する態度を示したため、言論が活発化、過激化していく。一二月、民主活動家である魏京生《ぎきょうせい》らが民主化要請の政治的主張を貼り出した。運動当初の民主化勢力の主力は、かつての紅衛兵であったが、信奉していた毛沢東自身の手で農村に下放され、文革に裏切られた経験があった。彼らは大学に進学する機会を失い、新しい時代が必要とする知識人としての専門知識も欠き、時代の孤児となりつつあったのである。

「北京の春」の時期はきわめて短く、魏京生は社会主義制度に反対した罪で一九七九年三月には逮捕、一〇月に懲役一五年の判決が下され、一二月には壁新聞は禁止された。その後共産党は社会主義精神文明運動を加速することで、民主運動を沈静化させると同時に、八三年からは官僚主義や腐敗汚職の問題に対処するために共産党内部の「整党」をおこない、民衆の批判をかわそうとした。その時期、「先富論」による格差が出始め、インフレや「官倒（官僚によるブローカー行為）」も激しくなり、民衆の不公平に対する不満が溜まっていたのである。

†胡耀邦の死と第二次天安門事件

このような中、「民主と法制」のスローガンのもとに政治体制の改革に着手しようとしたのが党内民主派の胡耀邦であった。一九八六年一二月五日、安徽省合肥《あんきしょうごうひ》の中国科学技術大学から始まった民主化を求める学生（七八年以降に入学した学生）運動は八七年初頭にかけて全国規模に広がっていった。この運動には多くの党員である知識人、研究者がかかわっていた。その代表的な人物の一人が物理学者で科技大学副学長の方励之《ほうれいし》であった。方は学生たちに「民主とは自ら勝ち取るものだ」と檄をとばしていたのである。

これに対して、鄧小平は一二月三〇日学生運動に厳しい講話を発表した。その後「ブルジョア自由化反対運動」が展開され、学生運動の原因が「党内一部同志」による「ブルジョア自由化思想の放任である」とされ、胡耀邦に批判が集中し、翌八七年一月に総書記の職を辞任することになった。また、方励之などは共産党を除名された。胡の後は、趙紫陽、李鵬《りほう》がその穴を埋めた。共産党は六月各大学に「祖国を愛し、社会主義を愛し、共産党領導を擁護する」の学生を育成するよう要請した。これは、一度民主化の夢をもった学生たちに強い失望を与えることになった。

このような中、胡耀邦が一九八九年四月一五日、急性心筋梗塞の突然の発作で亡くなる。この死を悼み北京大学などに壁新聞が出現した。興味深い対句に次のものがある（王丹二〇一四）。

小平、八四にして健在。耀邦、七三にして先に死す。
政壇の浮沈を問うに、何ぞ命を保つこと無からん。
民主は七〇にして未だ全からず。中華は四〇にして興らず。
天下の興亡を看るに、北大もまた哀れ。

この句からは、当時学生が胡耀邦を民主改革の先導者と見なし、民主化を達成することが、中華思想の復興より早期に実現すると予想していたことがわかる。第二次天安門事件後、民主化の可能性はほぼ〇％となり、民衆は「拝金主義」に走り、そのことが中国を経済大国に押し上げ、中華の復興を達成する素地を提供している。これは、歴史の皮肉といわざるを得ない。

四月一七日の中国法政大学の学生と教師による胡耀邦追悼の天安門までのデモ行進を皮切りに、翌日北京大学、北京師範大学、精華大学などの学生六〇〇〇人がデモ行進をおこなった。この北京の学生運動は上海、西安、合肥にも広がりを見せた。学生たちは胡耀邦の「遺志を継承」すべく、民主化と政治体制改革を政府に要求した。彼らは次第に天安門にテントをはり、座り込んでハンガー・ストライキ（絶食）をおこなうようになる。四月二〇日には中華門前で

図12-5　「民主の女神像」

学生と警官が衝突し、負傷者を出した。鄧小平は、二五日「今回の学生運動は共産党の領導と社会主義制度を否定する政治動乱」であると発言し、翌日の『人民日報』は、「必ずや旗幟鮮明にして動乱に反対しよう」を掲載した。

　このような鄧小平の決定に反して、五月九日趙紫陽は現代社会主義研究問題座談会に出席し、中国は「民主の関門を越える」必要があると主張し、学生運動に理解を示した。このような中、一五日から一八日までソ連のゴルバチョフ書記長が訪中し、五九年ぶりの首脳会談をおこなう。鄧小平はこれを中ソ対立から脱却し、関係を正常化するための重要な会談だと見ていた。そのため、学生運動への対応が遅れたといえる（矢吹一九九〇）。一七日、厳家《げんか》其《き》らが「中国知識界声明」を発表し、独裁者・鄧小平が「無限の権力を握っている」として非難し、その辞任を要求した。一九日、趙紫陽と李鵬は天安門広場を訪ね、王丹、ウアルカイシなど学生代表と直接対話をおこなったが、この時趙が「来るのが遅すぎた。学生諸君に申し訳ない」と語ったことが問題となる。

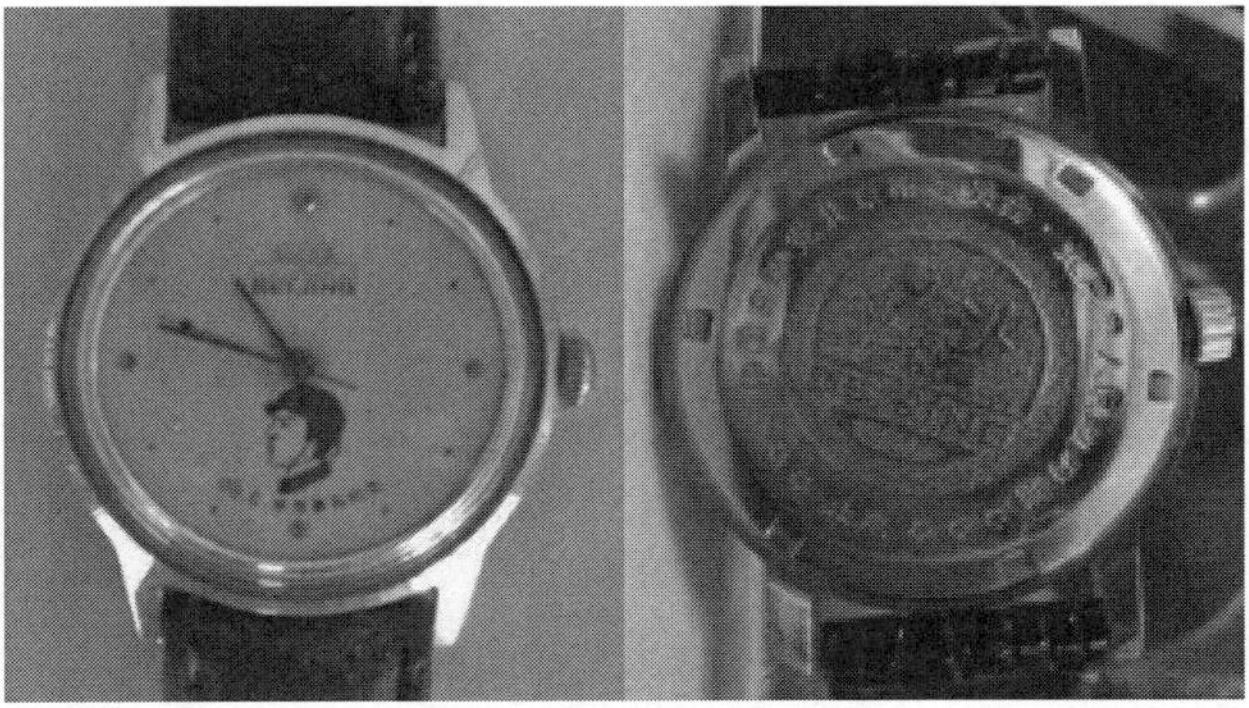

図 12-6　鎮圧に参加した兵士に配られた「平息暴乱紀念」時計（裏面には中国共産党北京市委員会北京市人民政府とある。著者所蔵）

五月二〇日、北京市に戒厳令が出され、装甲車で武装した人民解放軍が北京市付近に進駐した。このような中、五月三〇日には中央美術学院の学生たちによって制作された「民主の女神像」が広場の中央に建てられた。六月三日午後から人民解放軍は天安門広場に向かって進軍した。長安街などでは学生、民衆と小競り合いが起き、多数の犠牲者が出た。四日未明、各地方部隊は天安門広場に到着し、突入の態勢をとった。そのような中、広場でハンストに参加していた北京師範大学講師の劉暁波《りゅうぎょうは》などが学生たちを説得し、撤退交渉を受け入れさせ、六時には撤退は完了した（第二次天安門事件）。五日中国政府は今回の学生運動を「反革命暴乱」と規定すると発表した。劉は「反革命罪」で逮捕投獄され、学生リーダーたちの逮捕も相次いだが、アメリカや香港などに逃れた者も多かった（図12－5、図12－6）。

†第二次天安門事件の影響

この事件による負傷者、死亡者数はいまだに明らかにはなっていない。日本を含む海外のメディアは、学生運動の指導者でアメリカに亡命したウアルカイシや柴玲《さいれい》などの証言から天安門広場で一〇〇〇人単位の学生が殺害されたと報道した。しかし、中国当局の発表では学生・市民と軍双方を含む死者は三一九名であったが、天安門広場での殺害はなかったという証言も後に公開された。(5) それでも、人民解放軍が「人民」に銃を向ける姿が全世界に報じられたのは衝撃的であった。西側諸国は中国を強く非難し、先進国による経済制裁がおこなわれ、中国は国際的に孤立状態に陥り、改革・開放は大きな挫折を迎えた。

また、共産党内部では改革・開放政策を鄧小平と共に推進してきた胡耀邦と趙紫陽という実行部隊を失うことになった。趙は六月二三日の共産党一三期四中全会で「動乱を支持した」として全職を解任され、総書記には上海市長であった江沢民が就任した。鄧小平が「この一〇年の最大の過ちは教育にある」としたため、一一月国家教育委員会は「大学生行為準則」を作成し、「徳・智・体の総合発展と紅と専を備える社会主義事業の後継者」養成を教育の目標とすることを決定した。また、江によって愛国主義教育が推進されることとなる。反右派闘争、文革、天安門事件を経験した中国人民は、政治を語ることは危険であるという「学び」の中で、経済活動に邁進するようになる。ちなみに、中国は現在天安門事件という言葉を使わず「北京政治風波」「八九風波」と称し、歴史教科書には記載されていない。「言及するな、想起するな、忘却せよ、とばかりに事件を封印し」(馬場二〇一三)、中国の若者には事件そのものを知らない人も多い。

一九七九年以降、平均経済成長率一〇%を達成した中国は一九九〇年一二月の共産党一三期七中全会で国民経済の目標を「温飽」から「小康」へと転換させることを発表した。この時点で、国民の九〇%が貧困から「温飽」へと移行していた。共産党はこれを改革・開放の最大の成果とした。鄧小平は「小康」社会実現のため、市場経済の全面的な開放に向けて歩き出す。

東アジアにおいては、日本がアメリカの占領政策と朝鮮戦争によって高度成長に向かった。また、台湾に移転した中華民国は日本統治時代の経済的、社会的基盤をそのまま引き継ぎ、さらに朝鮮戦争の勃発によってアメリカの安全保障の範疇に入り、経済援助を受けることで経済発展することができた。韓国は、日韓基本条約による日本からの経済援助とベトナム戦争の特需によって経済発展し、最貧国から脱却して北朝鮮を経済的に追い抜くことに成功する。また一九九一年、南北朝鮮は同時に国連加盟を実現した。

当時の世界においては、経済発展による中間層の成長が民主化をもたらすということが定理として信じられていた。開発独裁から民主主義へと向かった国は他のアジアでも多く見られたのである。台湾と韓国は、基本的に定式通りだったといえる。しかし、中国にはその定理を当てはめることができない。一九八九年の第二次天安門事件は、民主化なき経済発展の路を中国に提供し、今日に至っているのである。

註

（1）「三通」とは、直接的な通商、通航、通信をいう。また、「四流」とは、人的、文化的、経済的、および観光交流をいう。

（2）中国では民衆の生活レヴェルを①貧困（衣食に困る状態）、②温飽（衣食が足りた状態：改革開放開始時のとりあえずの目標：一九九一年に九〇％達成宣言）、③小康（まずまずの状況：二〇〇二年に小康社会宣言：二〇一八年現在、八割が到達）④富裕（人口の約一割）としている。

（3）「五講」とは、文明・礼儀・衛生・秩序・道徳を重視すること。「四美」とは、精神・言語・行動・環境美を守ることをいう。急速な社会の価値観の変化と経済発展に対応する人民を形成しようとした運動である。

（4）アメリカの航空機製造大手のロッキード社による日本の旅客機受注をめぐる大規模な汚職事件。田中首相の他、佐藤孝行運輸政務次官や橋本登美三郎元運輸大臣も逮捕された。

（5）被害者数に関しては、二〇〇三年スペインの国営テレビのキャスターとカメラマンが六月四日未明に天安門広場内部で撮影した映像が公開され、大量殺害はなかったことが証明されている。NHK「天安門空白の3時間に迫る」『クローズアップ現代』二〇〇三年六月三日放送。

第13章　共通化する少子高齢化問題

1　世界の人口問題

歴史的に見ると、人口論には二つの潮流があった。マルサス（Malthus）は、一七九八年ロンドンで『人口論』を出版したが、資本主義が進むイギリスで、「人口は、制限されなければ、等比数列的に増大する。生活資料は、等差数列的にしか増大しない」と警告し、食糧生産および過剰人口による労働者の窮乏化と関連づけて人口抑制の必要性を説いた。この時期、世界の人口は急増し約九億人になっていた。マルサスは人口抑制を人々による「道徳的抑制」にのみ頼ろうとしたが、一八二二年、ブレイス（Brace）は『人口原理の例証』を出版し、初めて「出生制限」論を提起した。この新マルサス主義は、人為的・強制的「出生制限」に対する宗教的是非をめぐり、再び大論争を巻き起こすこととなった。

マルサス主義、新マルサス主義に対する批判は、人間による労働の価値を高く評価するマルクス主義の登場によって先鋭化する。マルクスは『賃労働と資本』の中でマルサス人口論の「全くの馬鹿らしさ、下劣さ、および不誠実さ」を「暴露する」必要性を強調した。ここから対抗概念としての「人口資本論」「人手論」などの人口論が生まれる。

国際的規模での人口論争の再燃は、一九六〇年代から見られるようになる。二〇世紀の論点は科学技術や医学の進歩による人口の増加と「開発・発展」との相互関連の分析にあった。七二年に出版されたローマクラブの報告書『成長の限界』は来たるべき人口爆発にともなう資源と食糧の不足、環境の悪化を予見し、世界に警鐘を鳴らしたことで有名である（メドウズ他一九七二）。この論争から「経済発展こそが政治的・社会的安定をもたらし、人口過剰は経済発展の最大の阻害要因となる」という「定説」が生み出された。国連は一九七四年を「世界人口年」とし、八月にルーマニアのブカレストで第一回世界人口会議を開催した。ここでは人口抑制の目標が定められ、各国は人口政策を実施する義務を負うことを承認した（Milwertz 1997）。当時ブカレスト会議の採択にはカトリックとイスラム教および第三世界の国々から強い反発があり、深刻な南北対立を浮き彫りにした。

世界の人口は、一八〇〇年には約九億であったが、一九三〇年には約二〇億になった。人口が二倍になるのに一三〇年を要したことになるが、その人口がさらに二倍の四〇億に達するのは一九七五年であり、わずか四五年しかかからなかった。そして九九年一一月、ついに地球の生態系の許容範囲を超えるといわれる六〇億人に達した。二〇〇一年度版の国連人口基金（UNFPA）[1]発行の『世界人口白書』（*The State of World Population*）は、世界の人口は二〇五〇年には九三億人に達し、すでに「人口増加、人口移動、消費および生産の拡大が生態系に一段と深刻な影響を残しつつある」と警告した。そのあと二〇一九年四月に発表された「世界人口予測・二〇一七年改訂版」では、毎年八三〇〇万人の人口増加が見込まれ、二〇三〇年には約八六億人、五〇年には約九八億人、二一〇〇年には約一一二億人になるだろうと予測されている。[2]最新の二〇二四年度版ではピークは二〇八四年の一〇二億九〇〇〇万人で二一〇〇年には世界各地で少子化が進むと予測している。ただしアフリカ・中近東・オセアニア・北米では、同時点でも人口が減らないとしている[3]（図13-1）。

順位	国名	推計人口
1位	インド	14.4億人
2位	中国	14.3億人
3位	アメリカ	3.4億人
4位	インドネシア	2.8億人
5位	パキスタン	2.5億人
6位	ナイジェリア	2.3億人
7位	ブラジル	2.2億人
8位	バングラデシュ	1.7億人
9位	ロシア	1.4億人
10位	エチオピア	1.3億人

図13-1　2024年世界人口ランキング
（UNFPA世界人口白書をもとに著者作成）

この表から現在、世界の人口の上位一〇位のうち、半分がアジアに集中していることがわかる。一方で人口増加はアフリカとインド、パキスタンが著しい。いわゆる発展途上国の人口は、二〇〇五年は五三億人であったが、二五年は七一億人、五〇年は八三億人となる予測で、世界全体の八五％を占めることとなる。先進国ではさらに少子高齢化が進むことが予測されている。特に、東アジアではその傾向が強いといえる。

2 東アジアの人口問題

†日本

日本の人口は、総務省統計局の調査報告「人口減少社会の到来」の「我が国の人口構造の推移」によると、国勢調査を開始した一九二〇（大正九）年の人口は、五五九六万人であった。戦後は七二一五万人からスタートし、二〇〇四年の一億二七七九万人をピークに、翌二〇〇五年から出生数よりも死亡数が上回る「人口自然減少」へと転じた。そして、二〇四六年には一億人を下回り、五五年に八九九三万人になると予測されている。これは、一〇〇年前となる一九五〇年代半ばの数値と同じだが、その人口の構成は大きく異なっている(4)（図13-2）。

総務省統計局の「人口推計二〇二四年三月確定値」によると、二〇二四年三月一日現在の日

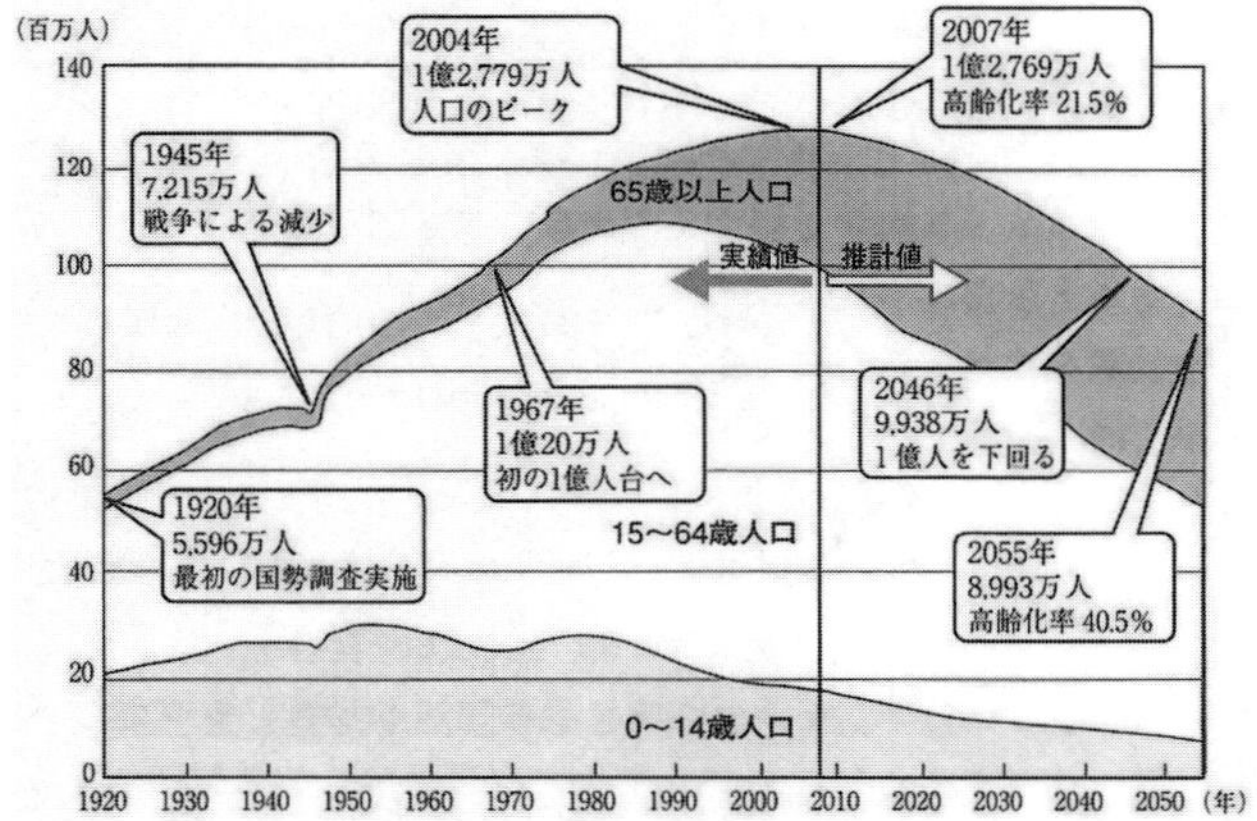

図 13-2　日本の「人口構造の推移」(実測値(1920〜2006 年)は総務省「国税調査」「人口推計」(各年 10 月 1 日現在推計人口)推計値(2007 年〜2055 年)は国立社会保障・人口問題研究所「日本の将来推計人口」(平成 18 年 12 月推計)の中位推計による。1941 年〜1943 年は、1940 年と 1944 年の年齢３区分別人口を中間補正した。1946〜1971 年は沖縄県を含まない。)

本の人口は、一億二四〇〇万六〇〇〇人(外国人を含まない日本人のみでは一億二〇七九万二〇〇〇人)で前年から五六万五〇〇〇人(日本人のみ、八三万九〇〇〇人)減少した。その構成は以下のようである[5](図13-3)。

高齢者とは六五歳以上を指し、人口に占める割合が七%を超すと高齢化社会、一四%で高齢社会、二一%で超高齢社会という。

日本は、二〇一〇年に超高齢社会に突入したが、五五年にはその割合が四〇%を超すと予測されている。現在世界で超高齢社会となっているのは日本だけだが、韓国、台湾、香港、中国も近い将来、超高齢化社会と向き合う必要がでてくると予想されている。そして、その最大の理由は、この地域全体の長寿と常態的少子化にある。

人口ボーナスとは、生産年齢人口（一五～六四歳）の増加率が人口増加率よりも高くなる状態を指す。戦後の日本は、人口ボーナスの恩恵により高度成長を実現した。しかし、日本はどこよりも早く、一九九〇年に人口オーナス（重荷、負担）、すなわち生産年齢人口が急減し、同時に高齢人口が急増する状態に陥り、それが加速している。人口オーナスは、国別ＧＤＰを引き下げるので、当然のことながら一人あたりＧＤＰも下がり、国民は貧困化し、高齢者に対する医療費と年金の負担が生産年齢人口を直撃することとなる。

年齢層	人口数	推計人口
15 歳未満	1403 万人	11.3%
15～64 歳	7374 万人	59.5%
65 歳以上	3623 万人	29.2%
うち 75 歳以上	2039 万人	16.4%

図 13-3　2024 年の日本の人口構成

この状態を改善するためには、少子化を改善すると同時に人口構成の見直しを検討していく必要があるのではないかと筆者は考える。すなわち、日本が「高齢者」を六五歳以上と規定したのは昭和五七年（一九八二年「法律八〇号」）であった。その時期、例えば昭和五五年の平均寿命は、男七三・五七歳、女七九・〇〇歳であったが、二〇二四年の推定平均寿命は、男八一・七歳（世界第二位）、女八七・二歳（世界第一位）で、男は約八・一三歳、女は八・二歳延びている。この状況を踏まえると、高齢者は、少なくとも七〇歳もしくは、七五歳と規定してもおかしくないように思う。

　また、「生産年齢人口」の見直しも必要であるように思う。現在はＯＥＣＤ（経済協力開発機構）の規定で国際的に一五～六四歳になっている。これは、先進国では実態が伴わないように思う。例えば、日本の高校進学率は九八％を超えているし、韓国は約九九％でほぼ全員が高校に進学する。実態に即して生産年齢人口を一九歳～七〇歳、もしくは七五歳と規定することで、人口動態が大きく変わり、社会構造が変容する。これには、定年制の見直しが必要となる。高齢者が働き続けることで、年金の支給額が減り、若者の負担を減少させることができる。これは、「少子超高齢」先進国の日本が率先してやるべきことではないだろうか。

　少子化とは、「合計特殊出生率（一人の女性が生涯産む子どもの数、以後出生率）」が低いことを指すが、非婚率の上昇と晩婚化現象は、東アジア全体の社会現象となっている。例えば、日本が現在の人口を維持するためには、出生率は二・〇七の水準が必要となる。日本の低出生率は、戦後のベビーブームが去った一九五六年頃からすでに始まり、七四年以降二・〇五を下回り、二〇〇五年には史上最低の一・二六となった（河野二〇一六）。

　その後、緩やかに回復したが、二〇一八年六月一日に厚生労働省が発表した二〇一七年の「人口動態統計」によると、出生率は一・四二で前年を下回り、出生数は三万人少ない九四万六〇六〇人にとどまった（『日本経済新聞　電子版』二〇一八年六月一日二〇時配信）。その後毎年低下を続け、二〇二三年の出生率は一・二〇で過去最低となり、東京都はついに一を下回った（『NHK NEWSWEB』二〇二四年六月五日一九時四五分）。たとえ、出生率が上がっても分母となる子どもを産む女性の数が減少していくため、人口減少には歯止めがきかないことになる。この現象は、他の東アジアの国と地域でも同様に見られる。

その背景には女性の高学歴化と社会進出が考えられるが、その状況を支える社会の受け皿が未成熟な点が少子化を加速させていると考えられる。日本では、ようやく二〇一九年一〇月から幼児・保育教育の無償化が実施されたが、待機児童問題は解消できていない。そこには保育士、幼稚園教諭の不足、待遇改善の問題もある。対策の遅れが負のスパイラルを生んだといえる。ヨーロッパ諸国の取り組みと比べると、東アジアの少子化対策はきわめて貧困であるといわざるを得ない。

東アジアでは、伝統的に男性が外で働き、女性が家を守るという儒教的、家父長的な価値観がいまだに強く残っている。特に子育ては、基本的に母親が主に負担すべきであると考えられてきた。子どもを預けて、仕事をすることに「後ろめたさ」を感じる社会が存在していた。そのため、「社会が子どもを育てる」ことが定着しているヨーロッパのような子育て支援社会の形成が遅れたのである。

かつて少子化に悩んだフランスの二〇二〇年の出生率は一・八三で、先進国では最も高い。

その理由には「住居と教育・保育行政は節約しない」方針を確立したことが挙げられる（高崎二〇一六）。フランスでは、子育ては社会がおこなうもので「親に期待しない」という体制を確立した。妊娠と出産、すべてに保険が適用され、妊娠四カ月から三歳まで乳幼児手当が支給され、三歳から学校に入る。一人親手当も支給され、一人子どもを産むと、年金受給の資格年齢が二年短縮する、行政が責任をもつベビーシッター・保育ママ制度が充実している、こういった対策で出生率を劇的に回復した。ちなみに、フランスの六割が結婚していない親であり、結婚の形態も価値観も多様である。その上、高等教育にいたるまで教育は基本的に無償となっている。後に述べるように、東アジアの少子化の原因の一つは、子育てにお金がかかる、特に教育費が高いことを考えると、改善策が急がれる。

†中国

一九七四年二月、毛沢東はいわゆる「三つの世界論」を提起し、自ら中国を第三世界の一員と位置づけた。そのため、中国は前述したブカレスト会議に第三世界の立場で参加し、「人口大国化論」に固執した毛沢東の指示で先進国主導の人口抑制政策に強い反対を表明した。

その中国が、一九七八年一二月からいわゆる「一人っ子政策（独生子女政策）」を導入し、国家主導の人口抑制に踏み切ったことは、世界に衝撃を与えた。カトリック教会は、「中国の一八〇度の政策転換は、まさに第三世界への裏切りである」[6]と非難し、アメリカの人権派からも強い批判を受けた。中国の人口政策は、「マルクスからマルサスへ」という大転換をとげたことになるが、それはまさに改革開放政策と歩調を同じくしたのである（家近二〇一八）。

（1）中国における人口動向

①中国の人口の推移

近代の幕開けといわれるアヘン戦争が起きた一八四〇年代初期、中国の人口は約四億一二〇〇万人であり、その約一〇〇年後の一九四九年一〇月の中華人民共和国成立時の人口は五億四一六七万人といわれた。[7]この間外国の侵略との戦い、内戦、それらの混乱に起因する農業生産の低迷、度重なる自然災害等の負の環境に悩まされ続けた中国においては、「多産多死」の状況が続き、人口増加率はきわめて低かったといえる。そのことが毛沢東の判断を狂わせる一つの大きな要因となった。中国の人口は一九八八年末には一〇億八一〇九万人となったが、建国時の二倍を超えるのに四〇年しかかからなかったことになる。

②人口増加の要因

このように中国の人口が急増した原因には次のことが考えられる。

ⓐ国家統一と政治の安定、一元支配の継続

中華人民共和国成立によって中国は国家的安定期に入り、衛生と医療の発展のもとで乳幼児の死亡率が大幅に低下した。また平均寿命が延びたことも人口増加の基本的条件として挙げることができる。

ⓑ「人口大国化論」および「毛沢東人口論」の存在

伝統的に中国には人口が多いことが大国の証明であるという考えがあった。近代においては、孫文が「三民主義」の「民族主義」のなかで人口の多いことは「天の恩恵である」との見解を示した。また、毛沢東は建国後「人口は国力の象徴」という「人口大国化論」の考えを示した。これに加えて毛はマルクスの影響を受け、「人口の増加は経済発展の原動力、生産力の向上につながる」と主張した。このような「毛沢東人口論」は、共産党内部に存在していた馬寅初《ばいんしょ》などの人口抑制論を封じ込めることになり、「産めよ、増やせよ」政策が実行されることとなった。

ⓒ農業立国としての特徴

農業立国であった中国では特に男子の労働力が不可欠とされた。同様に、国家としての基本条件である儒教の家父長制が「多子多福」の考えを生み出してきた。このような伝統的な考えに加え、建国後加わった新たな条件が「多子多福」を「多子多得」へと変質させる。すなわち中国では土地革命とその後の農業の社会主義的改造、すなわち集団化がすすんだ。ここでは、生産物は農民個々人に平等に分配されることとなった。その結果、子供が多い方が一家の取り分が多くなるという現象が生じ、農民は多産に励むようになった。また、改革・開放後導入された「生産請負制」も家庭内の人数が生産に影響するという結果をもたらし、「一人っ子政策」が徹底しない原因の一つとなった。

ⓓ文化大革命前期（一九六六〜一九七一年）の人口急増の影響

第10章で述べたように、文革は中国に一〇年にわたる未曾有の社会混乱をもたらしたが、その前期の五年間に人口は一億二六九一万人が純増したといわれる。若林敬子は紅衛兵運動・学校閉鎖・経験大交流への参加など「若者の暴走（フリーセックス）」を生み出す条件がつくられ、その結果「婚外婚出産」が増大したことを理由の一つとして挙げている。（若林一九九五）。ちなみに、純増のピークは一九七〇年の二三二一万人であった。

(2) 中国における人口政策の変遷

①節育運動・計画出産の萌芽

建国後、人口問題が論議されるようになったのは、一九五三年七月の第一回人口センサスの後である。この調査結果が六億一九三万人（その後、調査の間違いが指摘された）と、予想より一億人以上も多かったため、「節育運動」が展開されることとなった。五四年一二月劉少奇は「節育」の必要性を説く講話をおこなっている（劉少奇一九五四）。この時期の人口問題の代表的イデオローグは、当時北京大学学長であった馬寅初であった。馬は一九五七年七月五日付『人民日報』に「新人口論」を発表し、「中国の人口は多すぎる」として、人口増大に伴う「十大矛盾（耕地面積・生産力・教育・食糧生産・就業・生活水準などの矛盾）」について述べ、人口増加は経済発展の阻害要因になりうることを主張した。

まさに馬寅初の主張はブカレスト精神の先取りであったということができる。そして、馬は国家主導の産児制限政策（計画出産）導入の必要性を強調した。これは、毛沢東人口論とマルクス主義への挑戦と受け止められ、反右派闘争の渦中、五八年四月になると馬は「中国のマルサス」というレッテルを貼られ、六〇年三月、北京大学学長の職を解任されて失脚した。その後、経済調整期の一九六二年になり、劉少奇の指導下で中央・地方を通じて計画出産指導機構が設けられ、節育が試行されたが、文革の発動はこの芽を摘んだばかりでなく、人口の急増をその結果として招き、「一人っ子政策」導入への道を拓くこととなったのである。

②改革・開放期の人口政策「一人っ子政策」

ⓐ「一人っ子政策」の開始と仕組み

文革前期の人口の急増に危機を感じた周恩来は、一九七一年初めから全国レベルで「計画生育」運動を再開させる。その結果七三年八月には「計画出産指導小組」が設立された。この時の基本方針は「晩婚・晩産、一組の夫婦に子供は二人まで」であった。

一般に「一人っ子政策」は一九七八年の天津市の一女性労働者の「国家への貢献のため少生優育を実行する」という宣言から始まったといわれる。同年一二月三日、それに同感した天津市医学院の女性教職員四四名が連名でいわゆる「一人っ子提議書」を市政府に提出した。この提議を受ける形で七九年一月二六日北京において全国計画出産辦公室主任会議が開催された。ここでは「一人っ子政策」の基本路線である「一組の夫婦につき子供一人」が決定し、「独生子女証（一人っ子証明書）」の配布が開始された。

「一人っ子政策」の基本的な仕組みは、以下の表の通りである（若林二〇〇二）（図13－5）。

この賞罰制度と同時におこなわれた「人口目標管理責任制」が地域における隣組の監視や職場請負制的役割を果たし、その達成率を競わせることとなり、都市における達成率をほぼ一〇〇％とした。村民委員会・居民委員会、機関・部隊・社会団体・企業事業組織などの単位が計画出産工作を監視すると規定されてきた（「人口と計画生育法」第一二条）。

法律・条例名	規制内容
憲法（82 年 12 月）	◎国家は計画出産を推進して人口増加を経済社会発展計画に適応させる　◎計画出産の義務　◎扶養の義務と婚姻の自由
婚姻法（80 年 9 月）	◎計画出産の義務　◎結婚年齢制限（男 22 歳，女 20 歳以上）　◎婿入の推奨・姓の自由　◎夫婦別姓・離婚・優生
各地区の計画出産条例（92 年 4 月までにチベットを除く 29 地区で制定ずみ）	◎結婚年齢の上乗せ（都市：男 27 歳，女 25 歳，農村：男 25 歳，女 23 歳）　◎1 夫婦子ども 1 人の宣言をして，一人っ子証を受領（2 子以上は特定の条件を満たす夫婦のみ許され，出産間隔 4 年を経て，許可が必要）　◎超過出産・計画外出産に対する経済制裁と処罰　◎人口目標管理責任制の実施

賞罰制定

一人っ子宣言実施の夫婦 優遇策（七優先）	非実施の夫婦（計画外出産） 罰　則
◎奨励金の支給 ◎託児所への優先入所，保育費補助 ◎学校への優先入学，学費補助 ◎医療費支給　◎就職の優先 ◎住宅の優遇配分，農村では宅地 ◎退休金（年金）の加算と割り増し	◎超過出産費（多子女費とも）の徴収，夫婦双方賃金カット ◎社会養育費（託児費・学費）の徴収 ◎治療費と出産入院費自弁 ◎昇給昇進停止

図 13-5 「一人っ子政策」の基本的な仕組み

ⓑ条例の改正――第二子出産規定

都市における達成率の高さに反して、農村においては違反が続発した。農民達は労働力としての男子誕生まで子供を産み続けることが多く見られた。彼等は罰則を恐れて、先に誕生した女の子や障害をもった子を戸籍に入れないことが多く、戸籍を持たない子、いわゆる「黒孩子《ヘイハイズ》[8]」の増加が社会問題となった。その存在が条例改正の一つの要因となった。二〇一一年時点で戸籍のない人口は、一・〇二％で一三七〇万人であった。彼らは、教育や医療を受ける権利などを失うという深刻な状況にあり、中国政府は特例措置として戸籍を与えるなどしてその救済に取り組んでいる[9]。

一九八四年八月メキシコ・シティで開催された第二回世界人口開発会議において、アメリカ（レーガン政権）は中国の人口抑制政策を強く非難し、国連人口基金への援助金（約四〇億円）を停止する決定を発表した。このような国際世論への配慮と農村における違反の増加を受けて、一九八四年から段階別・地域別に条例の改正がおこなわれ、第二子出産の条件が拡大・緩和された。特に農村部では地域によって多少の違いがあったが、「第一子が女児の場合で出産期間四年から五年をおき、母親は二八歳以上」という条件で第二子がもてるようになった。また、もともと少数民族は、これも地域によって多少の違いはあるが、都市、農村を問わず夫婦双方が少数民族の場合許可されていた。

すなわち、厳密に言うと「一人っ子政策」は都市に住む漢民族のみ（一人っ子どうしの結婚は第二子が許されていた）に施行されていた政策であるということができる。

(3) 中国の人口問題の現状と今後

中国は、世界に前例のない人口抑制政策である「一人っ子政策」を開始してから三六年にあたる二〇一五年一〇月、中国共産党はその政策を廃止し、翌一六年一月から「一夫婦に子ども二人まで」の「二人っ子政策」、二一年からは三人目が産める政策を施行することを決定した。中国は「一人っ子政策」によって四億人の人口が抑えられたとその成果を強調しているが、その背後では次に述べるようなさまざまな社会問題が生み出された。

①男女比のアンバランス

「一人っ子政策」は、「どうせ産むなら男の子」「どうせ産むなら優秀な子」という風潮を生み出し、女子や障害児が生まれると、捨てる、戸籍に入れない、殺害するなどの行為が横行した。その結果、中国においては人口の男女比のアンバランスが顕著となり、二〇〇三年からは「関愛女孩（女の子を大切にする）運動」を展開し、男女比のアンバランスを是正することに躍起になっている。しかし、二〇一五年末の中国の人口の男女比は、男：七億四一四万人、女：六億七〇四一万人となっており、男性の方が三三七三万人多かった。このため、結婚の条件（定職、持ち家、マイカー）が上がり、結婚できない独身男性（光棍児《こんこうじ》）が二〇二〇年には二四〇〇万人になると予測された（若林・聶二〇一二）。

②一人っ子社会の弊害

一人っ子に対する過保護が生み出したエピソードには枚挙のいとまがない（河路一九九六など）。「小皇帝」と化した子どもに対する両親と両家の祖父母・六人による過保護は過干渉になり（「四二一症候群」）、恋愛や就職の面接、入社式にまで両親が付き添うなどして深く介入している。彼等はまったく自立できないか、自立を望んでも、両親が子離れできないかの共依存関係にある。また、夫婦の親四人が高齢となった場合、介護などの負担が生産年齢人口に重くのしかかってくる。

③超高齢社会の到来

中国の人口は近代以降一貫して世界第一位の座を保ってきたが、二〇二二年減少に転じ、二〇二三年インドにその座を譲った。「世界人口推計二〇二〇」によると、二〇二〇年、高齢者は総人口の一二・二％になり、三五年には二〇・九％、五〇年には二六・三％に達し、超高齢社会が加速することが予測されている。これに対して生産年齢人口は、二〇二〇年の七〇・四％から五〇年には五九・七％に落ち込むと予測される。

中国では二〇〇〇年には六五歳以上の高齢者の独居老人世帯（「空き巣老人」）が一二％となり、二〇一一年には五〇％を超え、七〇％に達する大・中都市もある（若林・聶二〇一二）。この問題への対策として二〇一二年「中国老人権益保護法（改正案）」が出された。この原則は「老人の養老は在宅を基礎とする」ことにあるが、働き手の減少問題と相まって、その実現はきわめて困難となっている。今後日本同様、老人介護、年金、医療保険等の社会保障制度の充実が重要な政治課題となっていくことは必至である（家近二〇一八）。

④人口マイナス成長現象の創出

中国の二〇〇〇年の合計特殊出生率の全国平均は一・七一であったが、北京は〇・七二、上海は〇・六八で、二〇〇三年に自然増加率はマイナスに転じた（〇三年、上海：マイナス一・三五%、北京：マイナス〇・一〇%）。この状況を受け、上海市においては二〇〇三年九月から条例の改正作業が開始され、農村に適用されていた第二子出産規定が都市住民にも適用されることとなった。これは北京市などの大都市でも同様に適用される。また、先に述べたように「一人っ子政策」は、二〇一六年から「二人っ子政策」、二〇二一年には「三人っ子政策」となったが、それでも人口の減少は止まらない。二〇二〇年の合計特殊出生率は一・二八となり、少子化傾向に歯止めがかからない。特に都市部においてそれが大きく見られる。これは、東アジアが抱える全体の問題とリンクしているといえるのである（図13－6）。

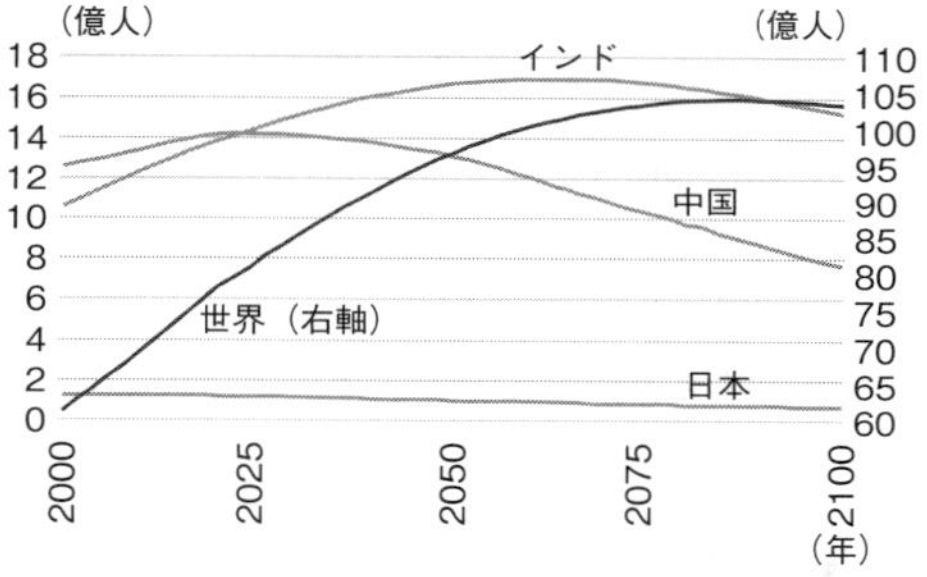

図13-6　世界、中国、インド、日本の人口推移見通し（国連「世界人口推計2022」をもとにジェトロ作成）

†韓国

二〇一八年、東アジアばかりでなく世界の中で最も合計特殊出生率が低いのは、韓国となった。二〇一九年二月二七日の韓国統計庁の発表によると、一八年の出生数は前年より三万人少ない三二万七〇〇〇人で過去最少であり、出生率は〇・九八で一・〇を割り込むという衝撃的な数値となった。この傾向はますますひどくなり、二〇二三年の出生率は〇・七二と過去最低となった。

韓国の出生率は、一九八〇年には二・八二で高い水準を保っていたが、一〇年後の九〇年には一・五七に下がった。二〇〇〇年からは一・四八前後であったが、一七年は一・〇五と急落した（『日本経済新聞　電子版』二〇一九年二月二七日付、図13－7）。

また、平均出産年齢は、三二・八歳で年々上昇する傾向にある。晩婚・晩産は、東アジアの一つの特徴となっているが、韓国ではその傾向が二〇一〇年頃から強くなっている。その理由には次のことが考えられる。

(1) 若者の経済不安

次章で述べるが、韓国は世界でも有数の高学歴国である。その上、成人男子には約二年間の兵役（二〇二四年時点で陸軍と海兵隊：一八ヵ月、海軍：二〇ヵ月、空軍：二一ヵ月）が課せられているため、就業年齢が他国に比べて高い。すなわち、二四歳から二五歳で就職することが一般的となっている。しかも、「大企業に就職しても四〇代後半になると、肩たたきが始まる雇用慣行の存在」がある（大西二〇一四）。そのため、「恋愛・結婚・出産をあきらめる」「三放世代」が出現したのである（『日本経済新聞　電子版』二〇一九年二月二七日付）。

また、財閥系の大企業と中小企業の待遇の格差、不安定な労働市場（平均勤続年数の低下など）（大西二〇一四）が結婚をあきらめる素地を作っているのである。

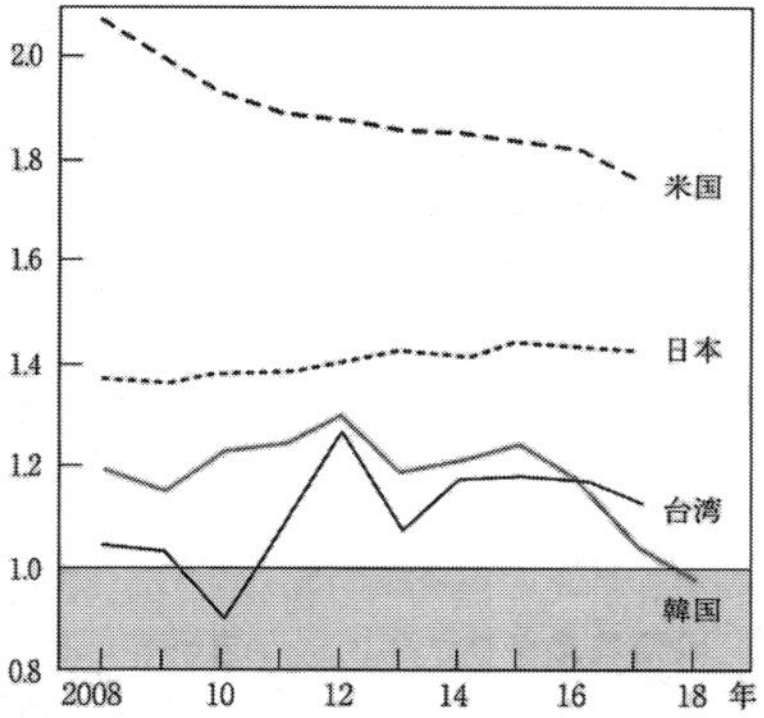

図 13-7　主要国・地域の合計特殊出生率（韓国統計庁と日本の内閣府などの資料をもとに作成）

（2）女性の社会進出

二〇〇八年のデータでは韓国の女性（二五〜二九歳）の就業率は七〇％前後であった。しかし、韓国では日本同様育児休暇をとると、昇進が遅れたり、復帰が困難だったりする企業文化があるため、キャリアアップを重視し、結婚を選択しない女性が増えている。二〇〇〇年の三〇歳から三四歳の女性の未婚率は一〇・七％であったが、一五年には三七・五％に急増している(10)。

韓国政府は少子化対策として二〇〇九年から「アイサラン（子ども愛）プラン」を実施し、保育所の増設、保育料支援の拡大、施設未利用者世帯への養育手当導入などの対策、二〇一三年三月からは五歳までの乳幼児の完全無償教育を実施してきたが（裵海善二〇一五）、その効果はまだ見られないといえる。

（3）儒教文化の影響

韓国では現在でも儒教文化が強く、「敬老」「孝道（親孝行）」が諸徳行の根本として強調されてきた。そのため、「高齢者は家督権者として家族を統率し」、「尊敬される存在であり、主として彼らが属する家族によって老後が保障される「家族責任」型の扶養形態」をとってきた（林・矢野二〇〇五）。当然、介護は娘、もしくは嫁の仕事とされるため、職業との両立が難しくなる。次に述べるように、韓国も人口抑制政策をとってきたため、中国と同様の現象（「四二一症候群」）が見られ、結婚に二の足を踏む女性を増加させているといえるのである。

（4）人口抑制政策の歪み

韓国では日本の戦後同様、朝鮮戦争後にベビーブームが生まれた（一九五五〜六二年）。この時期の合計特殊出生率は、六・〇を上回っていた。そこで、朴正熙政権は高い出生率は経済発展を阻害するとの認識から一九六一年五月に人口抑制政策を導入し、これを国策としたのである。すなわち、韓国では中国よりも一七年も早く人口抑制政策が実施されたことになる。六三年には保険局母子保健課に家族計画係を設置し、家族計画事業一〇カ年計画を開始した。

人口増加率を段階別に低下させる計画は、その目標値を二・九%から一九八一年には一・五%まで下げるものであった。その間、七三年には不妊・避妊手術、条件付きの妊娠中絶を合法化した（「母子健康法」）。一九八〇年の家族計画事業においては、「二人も多い（一九八〇年）」「一人だけ生んで若々しく過ごし、狭い土地を広く住もう（一九八七年）」などというスローガンを掲げ、さらなる少子化を促した。また、低所得層には不妊手術のための補助金を支給したりして国家事業として少子化に取り組んだのは中国と変わりがない。このような状況下で、一九八〇年代には韓国でも中国同様の人口の男女比のアンバランスが見られるようになり、男女の産み分けで差別をしないように働きかける運動が起きた（裵海善二〇一五）。

韓国が人口抑制政策の放棄を宣言するのは一九九四年になってからであるから、三三年間実施していたことになる。その期間は、中国の「一人っ子政策」と変わりがないことになる。その後は、少子化対策に転じ、二〇〇三年からは出産奨励政策を実施しているが、家族主義が強く、社会の受け皿が日本同様にできていないため、その成果が見られないのが現状である。

(5) 超学歴競争社会の影響

次章で述べるように、韓国の超学歴競争社会は世界に類を見ないが、その社会現象が子どもをもうけたくない原因の一つともなっているようである。韓国の若者は、自分が経験した受験戦争の歪みを子どもに経験させたくないという思いが強いことが彼らに対するインタビューで明らかになっている。結婚しても子どもを持たず、自分がかつて失った自由な時間を取り戻したいと思う若者が増えているのである（『朝日新聞』オンラインイベント、二〇二四年五月一七日）。

†台湾

台湾は、日本や韓国と同様に合計特殊出生率がきわめて低い。「中華民国行政院主計処」の統計によると、二〇〇九年は一・〇三、二〇一〇年には一・〇を下回った。そのため、台湾政府は出生率の向上に努め、二〇一六年は一・一七まで回復したが、一七年には一・一三と減少し、二〇二三年は一・〇九となっている。二〇二四年一月「中華民国内政部戸政司」が人口統計資料速報を発表したが、それによると、台湾の人口は二三四二万四四二人であり、前年比一五万五八〇二人増加して二〇二〇年以来のマイナス成長が止まったが、出生数は一三万二〇二四人で統計が始まって以来、最低となった（中央廣播電臺—RADIO TAIWAN INTL、二〇二四年一月一一日)。

(1) 人口抑制運動の実施

その原因には、中国と韓国同様、国家主導の人口抑制運動の実施があったことを挙げることができる。

台湾の人口は、日本統治が終わる一九四五年は六〇〇万人であったが、内戦による大陸からの移住もあり、六三年には一二〇〇万人を超した。二〇年足らずで二倍になったことになる(図13-8)。

この表からわかることは若林が指摘するように、「来台外省人の総計は、一〇〇万人プラス数万人程度としておくのが妥当のよう」であるので、人口の急増は自然増とみなすことができる。

年度	総人口	本省人	外省人
1952	812万8374	747万8544	64万9830
1969	1433万7862	1208万4690	225万3172
1999	2035万2966	1757万8228	277万4738

図13-8 台湾人口の推移(若林正丈『台湾の政治』、1952年時点では外省人現役軍人約27万人が戸籍に含まれていなかった。)

台湾は耕地面積も限られていたため、中国農村復興委員会主任であった蔣夢麟《しょうむりん》らは、産児制限の必要性を訴え、「幸福な家庭」というパンフレットを農民に配付して、産児制限の方法などを周知させようとした。しかし、中国国民党内部では前述した孫文の「人口は天の恩恵」という遺教を引き合いに出し、反対する意見が多かった。この時、蔣夢麟は

「台湾の人口は毎年三・五％の増加率、すなわち三五万人の割合で増加している」ため、食糧増産に追いつかないと訴え、何らかの対策をとるように主張したのである（高希均・李誠編一九九三）。

そこで実施されたのが「産児制限」に代わる「妊娠前衛生」計画であった。これは、婦女幼児衛生研究所が中心になり、看護婦に直接農村を巡回させ、農民に対して家族計画の知識と方法を普及させるという、農民の教化を目的としたゆるやかな人口抑制政策であった。当時の台湾の農村では子どもは四人以上が理想とされていたため、人口の急増が見られたのである。

この「妊娠前衛生」キャンペーンは、一九六四年から全島で実施された。蔣介石は九月二〇日、チリの記者に対するインタビューの中で「台湾省の人口増加率が高すぎるというのは事実である」「人口増加の速度が次第に落ちるような方法をとっている」として、この取り組みを容認する発言をした（高希均・李誠編一九九三）。この時期は、すでに韓国で産児制限が始まっており、大陸でも劉少奇が節育運動を展開していたため、それを意識したとも考えられる。いずれにしても、東アジアではブカレスト会議よりも前に人口抑制を実施していたということになる。しかし、台湾では強制的な方法をとることを避け、あくまでも住民の自主性に任せるという方法を貫いた。

(2) ライフスタイルの変化と共に

その後、台湾では出生率が徐々に下がり、一九八五年には二・〇になる。その傾向は、女子の大学進学率の向上にともなって、さらに下がり、現在の状況になった。

筆者は、二〇一六年勤務校の海外スクーリングで協定校である台湾の中国文化大学を訪問し、日本語文学系の先生方の協力を得、学生一一〇名(女子・六二、男子・四八)に「家族に関する意識調査」のアンケートを実施した。その結果、「結婚したい」「結婚したくない」という問いに対して、「したくない」と応えた男子は二八%であったのに対して、女子は三七%にものぼった。この数値は、韓国のものとはからずも共通している。「したくない」は、経済的に「できない」が本音であることがその後のインタビューで判明している。

また、結婚したら子どもが欲しいか、という問いに対して、「欲しい」と答えたのは、女子が六〇%であったのに対して、男子は三〇%にとどまっている。台湾は、超学歴社会のため、教育費にお金がかかり、子育てに自信が持てない若者の意識が垣間見える結果となった。

台湾の場合、仕事に就いている女性は九〇%を超している。男子が徴兵で就業が遅れるため、雇用は大学卒業後ただちに就職する女子に有利となる。基本的に非正規雇用は存在しないため、会社の幹部に昇進している数も多い。結婚して子どもを産んでも仕事を続けるのが一般的だが、その場合、夫か妻の実家に頼るという家族型保育が多いという。それが不可能な場合、女性は自らのキャリアを捨ててまで、結婚して子育てをするという選択をしなくなったといえる。
東アジアにおいては、戦後人口が急増したため政府主導の人口抑制政策が実施された。その結果、経済発展が達成されて高学歴社会が創出され、社会進出する女性が増えた。しかし、旧態依然とした家族主義から脱却していないため、子育てに必要な受け皿となる社会が未成熟のままとなっている。それが少子化の最大の原因となっていると考えられる。この問題を改善するためには、この地域の伝統的な思想や風習、男女同権のさらなる深化、「子どもは社会が育てる」というヨーロッパ型の思想と支援の普及が必要となると思われる。

註

(1) 国連人口基金(United Nations Population Fund)は一九六七年国連人口問題活動信託基金として設立され、六九年に国連人口活動基金(United Nations Fund for Population Activities)、八七年には現在の国連人口基金と改称されたが、その略称はUNFPAUNFPAを継承している。七四年から一〇年に一度の割合で国際人口開発会議を開催。人口問題を「持続可能な発展」と結びつけ、その問題点を提起し続けている。
(2) https://www.jircas.go.jp/ja/program/program_d/blog/20170626, 二〇一九年四月五日アクセス
(3) Population Dynamics of Jakarta and Cairo (ipss.go.jp)、二〇二四年八月五日アクセス
(4) 「人口減少社会の到来」—https://www8.cao.go.jp/shoushi/shoushika/whitepaper/measures/w-2006/18pdfhonpen/pdf/i1010400.pdf

（5）統計局ホームページ／人口推計（二〇二四年（令和六年）三月確定値、二〇二四年（令和六年）八月概算値）（二〇二四年八月二〇日公表）（stat.go.jp）

（6）https://www.hvri.catholic.ne.jp/zimmern0.4htm. 二〇〇五年一〇月一日午後九時アクセス

（7）のちに、この時に一億人少なくする読み違いがあったことが指摘された。

（8）中国政府が「黒孩子」に関する報道を公式におこなったのは、一九八八年六月になってからである。この時「黒孩子」の数は一〇〇万人といわれたが、実際はその二〇倍以上であると推定された。九〇年代に入り、各県・郷政府は「黒孩子」を戸籍にいれるようテレビ・ラジオを通じて訴えるようになった。

（9）「『一人っ子政策』廃止の中国　戸籍ない闇っ子対策強化」、『NEWSポストセブン』二〇一五年一二月五日（https://ironna.jp/article/2691）。

（10）https://www.nikkei.com/article/DGXMZO41815530X20C19A2EA2000/　二〇二〇年一二月一〇日アクセス

第14章　教育・格差問題

1　格差社会――東アジアのジニ係数の推移

歴史的に見て、世界には常に格差が存在した。ここでいう格差社会とは、収入や財産によって社会の構成員に階層化が生じ、階層間の移動が困難になる状態の社会を指す。近代以前の社会においては、出自によって身分が固定し、階層間の移動はほとんど不可能であった。しかし、イギリスで起きた産業革命は資本家となる中産階級を生み出し、出自ではなく、生産活動が新たな格差を形成させることとなった。マルクスは、資本主義によって生じた格差を是正すべく、社会主義思想を生み出し、共産主義革命の必要性を説いた。

ロシア革命以降、世界を二分するほど多くの社会主義国が生まれ、第二次世界大戦後は冷戦による対立の構造を生み出したが、現在では中国、ベトナム、ラオス、北朝鮮、キューバだけが社会主義を維持している。しかし、中国とベトナムは一九八〇年代から経済においては資本主義を導入したため、経済発展し、平等原理の中の新たな格差という歪な社会が出現している。

各国の格差をはかる指標にジニ係数がある。これは、一九三六年にイタリアの統計学であったコッラド・ジニ（Gini）によって考案されたもので、社会における所得分配の不平等さを明らかにする指標となっている。これが高ければ高いほど格差が大きいということになるが、完全な平等社会の場合、数値はゼロになり、数字が一に近づくほど不平等、格差が大きいということになる（橋木二〇一七）。

日本のジニ係数は、戦前は〇・五を超えており、超格差社会であったことがわかる。戦後の高度成長を迎え、「一億総中流」意識が常態化し、自分が「中流」と思う国民は九〇％以上にのぼった。これに対して、上流と答えた人は一％にも満たず、逆に下流と意識している人々も五〜六％で推移してきた（佐藤・熊沢二〇一九）。高度成長後もジニ係数は〇・三を下回ることはなく、ヨーロッパ諸国よりも高かったが、国民の意識は平等観が強かったといえる。しかし、後に述べるように、この「中流」意識は徐々に変化しつつある。

GLOBAL NOTEによる二〇二一年の「世界のジニ係数・国別ランキング」（GLOBAL NOTE、二〇二四年六月一九日）によると、最も高かったのは南アフリカの〇・六三であったが、日本は一三位の〇・三四であった。ちなみに、二〇一七年は一七位であったので、格差が拡大したといえる。また、韓国は一五位の〇・三三で同じく二〇一七年には二七位であったため、格差の広がりが大きくなっていることがわかる。中国では二〇〇〇年から数値から年々上がり、戦前の日本に迫りつつある。文化大革命期には〇・二七まで下がっていた中国の格差は、改革・開放によって拡大し、GLOBAL NOTE の統計にはないが、二〇二〇年の指数が〇・四七という報告（Tom Hancock, 2021.11.29, 14:07JST）があるため、GLOBAL NOTE のランキングに当てはめると、世界第五位となり、アジアで最も格差の大きな国となる。

†中国の格差問題

毛沢東が最終的に目指したのは「共同富裕」であったが、その方法として人口の大多数を占める農民の貧困を改善することによって全体を「底上げ」する方式を主張した。毛沢東は、資本主義が横行すれば格差が拡大し、搾取と被搾取階級が復活すると警戒していた。「走資派（資本主義を歩む人々）」を徹底的に弾圧したのはそのためであった。

これに対して、劉少奇は性善説に立ち、「共産党員の修養」を徹底させ、経済改革を実行すれば、農民の生活も向上すると主張し、改革・開放の萌芽となった経済調整政策を実行した。そのため、第10章で述べたように、劉少奇は文革期に糾弾され、殺害されたのである。しかし、同時に「走資派」として失脚して農村に下放されていた鄧小平は文革終結後、劉の遺志を引き継ぎ、改革・開放を実現させた。

第12章で明らかにしたように、鄧小平は改革・開放政策発動にあたり、二つの理論を提起した。一つは、「先富論」であり、もう一つは中国共産党の領導を未来永劫不動とした「四つの基本原則」である。鄧小平の「先富論」の先にあるものは、毛沢東と同様の「共同富裕」である。しかし、その方法論は大きく異なる。鄧は、その過程で「一部の人々、一部の地域が先に富むこと」を容認した。現在、「先に富んだ人々が貧しい人々を扶ける」状況は一部に限られ、富める人はますます富み、貧しい人は貧困から脱却できず、格差（農民と都市住民、都市と農村、沿岸部と内陸部、都市内部、農村間）は広がるばかりである。ここでは、その格差の原因を解明していく。

(1) 改革・開放の歪み——「先富論」の功罪

一九七九年以降、平均経済成長率一〇％近くを達成した中国は、第二次天安門事件の翌年にあたる一九九〇年一二月の共産党一三期七中全会で、国民経済の目標を「温飽」から「小康」へと転換させることを発表した。この時点で、国民の九〇％が貧困から「温飽」へと移行したとし、これを改革・開放の最大の成果とした。しかし、それは天安門事件を改革・開放の影響とする共産党内部からの批判と対外的な孤立、および経済制裁に対抗する政治的アピールであった可能性が高い。なぜなら、実際には農村における貧困は依然として解消されていなかったからである。

一九九〇年一二月二四日、鄧小平は重要談話を出す。それは、党内になお残る市場経済への懐疑的見方（鄧のいう左傾化）を払拭する目的があった。中国では九〇年初めから第二次天安門事件後の思想統制と歩調をあわせるように改革・開放政策の推進にブレーキがかかる状況が見られた。鄧はその談話の中で、「資本主義と社会主義の違いは、市場経済と計画経済にあるわけではない」、「社会主義にも市場経済はあるし、資本主義にも計画経済はある」とし、「世界経済に算入するためには市場経済なしには不可能」であることを強調した。

その後鄧小平は一九九二年一月、深圳・珠海・上海などの南方沿岸の経済特区を視察し、いわゆる「南巡講話《なんじゅんこうわ》」を発表した。その主な内容は、以下の通りである。①「一つの中心、二つの基本点[1]」路線は一〇〇年不動。②一〇〇年の間に中国を中級の発展国家にする。③計画と市場は資本主義と社会主義の本質的区分ではない。④証券・株式導入が必要。⑤実事求是。⑥社会主義「三つの有利論[2]」の展開、であった。

この後、中国は全面的な市場経済導入に踏み切る。一九九二年一〇月一二日から共産党一四全大会が開幕し、ここで江沢民総書記は政治工作報告をおこなったが、その内容は①「四つの基本原則」を立国の基礎とする、②社会主義初級段階論の継続、③社会主義市場経済体制の完成、④祖国統一問題の解決、一国二制度の実行、⑤鄧小平総設計士論、⑥持続的経済発展（年率八～九％を目標とする）の堅持、そして⑦「先富論」を基礎とする「共同富裕論」の実現、にあった。改革・開放はここから第二段階に入り、現在に至っている。

格差は、この時期から一気に拡大した。その理由の一つには、二〇〇二年一一月の共産党一六全大会において、「私営企業家」の入党が正式に認められたことが挙げられる。これは、建党以来階級闘争を主要な政治目標としてきた共産党にとっては画期的なことであった。第二次天安門事件直後に党の総書記に就任した江沢民《こうたくみん》は、「共産党は労働者階級の前衛だ。搾取にしがみつき、搾取で生活する人を入党させて、どんな党にするのか」と発言して、彼らの入党を断固拒否した。その江沢民が二〇〇〇年春には「私営企業家は党の改革と先富政策の下で育ち、元々は労働者であった」と語り、〇一年七月には「私営企業家は、中国の特色ある社会主義事業の建設者である」と定義づけた。そして、自らの任期の最後の仕事として彼らに入党の資格を与えることを決定したのである。すなわち、ここから彼らは階級としての存在ではなく、一つのまとまりをもった「階層」として認定されるようになったのである。

しかし、階級概念論からすれば、「私営企業家」は紛れもなく資産階級そのものである。現在すでにその子女たちが成人し、資産を引き継ぐ状況が発生している段階において、彼らを労働者の一部として認知し続けることは論理的に無理がある。改革・開放前期はあくまでも計画経済の枠組みの中で資本主義経済を導入することが前提であった。しかし、後期は一気に市場経済が加速し、党籍をもった富裕な資本家層が出現してくる。党員であることが利益につながる現在、共産党員数は年々増加し、二〇二三年末の党員数は約九九一八万人（内女性三〇・四％）で前年から一一四万人増加し、企業や学校に設置される党組織も一一万増えた（『日本経済新聞　電子版』二〇二四年六月三〇日二一時〇六分）。中国共産党の一党支配は年を追うごとに強固になっていることがわかる数字である（図14－1）。

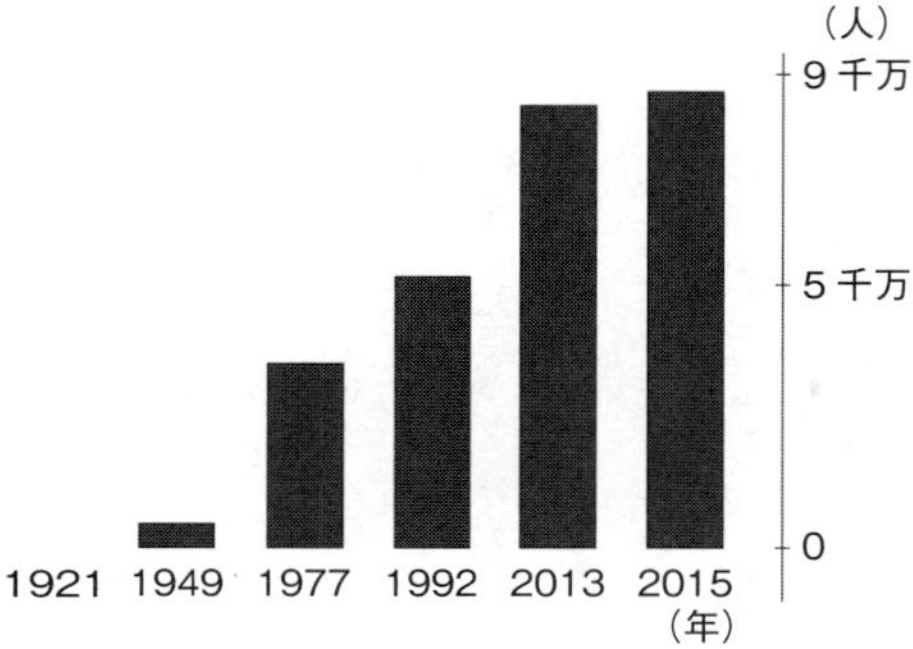

図14-1　中国共産党の党員数の推移（北京週報、2024年9月8日をもとに著者作成）

(2) その結果、何が起きたか

江沢民を引き継いだ胡《こ》錦濤《きんとう》総書記は、二〇〇七年一〇月の共産党一七全大会で「科学的発展観」を提起し、格差などの社会矛盾を是正し、「和諧《わかい》社会（調和のとれた社会）」の建設を目指すことを宣言した。「和諧社会」に関する議論は二〇〇四年から共産党内でおこなわれ

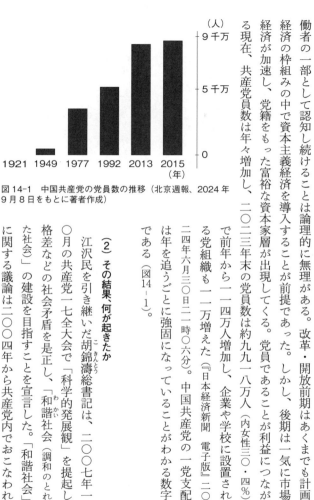

ていたが、安定を第一とすると、鄧小平理論に反して発展を阻害し、改革・開放にブレーキがかかるのではないかという懸念が出された。共産党には「小康社会」達成というもう一つの目標もあったからである。

その後党内での議論の末、二〇〇六年一〇月の共産党一六期六中全会では、「我が国は全体的には和諧社会といえるが、少なからぬ矛盾と問題がある。主に、都市と農村、地域間において、経済社会面の発展の不均衡、人口・資源・環境圧力の増大、さらに就職、社会保障、収入分配、教育、医療、住居、生産の安全、社会治安などの方面で、関係する大衆の切実な利益に比較的突出した問題が存在する」ことが認められたのである。これは、共産党が公式に明らかにした改革・開放の問題点といえる。その後も「和諧社会」の達成は困難をきわめている。その原因には次のことが考えられる。

†格差の要因としての教育、人口、戸籍問題

ここでは格差の拡大と固定化の最大の要因を教育問題とし、それに大きく関連している人口政策、戸籍問題をからめて論じていく。一般に「都市と農村の格差」を問題にするが、それは一概にはいえない。なぜなら、南方の広東省や福建省、上海近郊などの沿岸部の農村は豊かで、農民は農村戸籍を活用して農地を所有し、それを企業の工場建設などに貸し付け、高額な地代

を得ている場合が多いからである。豊かな農村は、数多く存在している。問題は、奥地の農村と北京や深圳・上海などの沿岸都市との格差である。最貧困農民と都市の最富裕層との収入格差は二五倍以上になっている。

(1) 教育改革——義務教育の導入

文革期、大学の学生募集は一九六六年から五年間、大学院生の募集は一二年間、留学生派遣は六年間停止した。このように文革期の教育が様々な点で深刻な打撃を受けたことは明らかである。しかし、そこには一定の成果も認めることができる。それは、中学(初級中学)が農村にほとんど存在していなかったため、農民が自ら精力的に「民辦《みんべん》中学」を設立し、その普及に努めたことであった。人民公社内部に学校が建設されたことによって、貧しい農民の子でも中学校に行きやすくなった(家近二〇一八)。

文革終結後、教育問題に最も熱心に取り組んだのは鄧小平であった。まず、鄧小平が着手したのは高等教育すなわち、大学・専門学院のたて直しであった。一九七七年八月四日鄧は教育工作座談会で「我が国の知識分子は、社会主義に服務する労働者である」と発言して、まず知識人の地位回復をおこない、八月一三日には全国高等学校招生(大学学生募集)工作会議が開催され、全国統一試験を実施することを決定した。これに基づいて同年全国で五七〇万人が受験した。同時に鄧小平は、海外留学も推奨した。現在英米などへの留学は、後に述べるように、中国からが最も多くなっている。

このような高等教育の早期の改革に対して、初等教育および中等教育改革は迅速には進まなかった。初等・中等教育改革が遅れた理由は、①農村部の小・中学校は人民公社内部に建設されている場合が多かったため、八五年六月の人民公社の解体までは抜本的な改革ができなかったこと、②義務教育導入のための党内調整と法整備とに時間がかかったことが考えられる。

資本主義発展に寄与するための、また児童の労働を禁じた義務教育に対して、マルクスは反発し、それを資本家階級の子女のためのブルジョア教育制度であると批判した。そして、貧しい労働者・農民のために、勉学と労働を共存させる多様な形態の教育制度確立の重要性を訴えた。そのため、ソ連をはじめとする社会主義国では義務教育制度は採用されなかったのである。

中国でも人民共和国成立以前は、毛沢東が「半工(耕)半学」の革命教育、いわゆる「解放区教育」を実施していた。文革期の教育は、まさに毛沢東教育理念の再来であった。一九六六年五月七日、毛沢東はいわゆる「五・七指示」を発令した。その中で教育に関しては、学生は学業だけでなく、工業・農業・軍事をも学ばなくてはならない、との指示がなされた。その結果、九月の新学期を前にして大学を含むすべての学校は閉鎖されることとなったのである。

一九六七年になると、小学校は春節以降に再開されたが、学習内容は低学年では若干の算数と理科を学ぶが、高学年では『毛主席語録』『老三篇（「人民に奉仕せよ」「ベチューンを記念する」「愚公山を移す」）』や革命歌曲を中心に学び、軍事訓練にも参加する。大学・専門学院では政治学習と軍事訓練が中心で、生産への参加が必修となり、農村への下放も奨励された。

その後全国の学校は散発的または部分的に再開されたが、通常の授業形態とはほど遠いもので、ほぼ全体の学校が再開されたのは一九七〇年九月になってからであった。再開後の各学校におけるスローガンは、「旧解放区の教育経験に学べ」であり、「解放区教育」の復活がもてはやされた。例えば、上海の同済大学は六七年夏自ら学校名を「五・七公社」と改め、就学年数を三年に短縮し、生産活動への参加を最優先するカリキュラムを組んだのである（家近二〇一四）。そのような中国が義務教育を導入したことは画期的なことであった。

一九八五年五月一五日に開催された「全国教育工作会議」において、建国後初めて義務教育問題が論議された。激しい議論の結果、段階別にまた計画的に九年制義務教育を実施することが決定した。この決定に基づき、翌八六年四月、第六期全人代第四回会議において「義務教育法」が採択された。これは、まさに日本に遅れること一〇〇年目の決定であった。それは、抜粋すると次のようになる（法律出版社編一九九八）。

第二条　国家は九年制義務教育を実行する（小学校六年、初級中学三年）。

第四条　国家、社会、学校及び家庭は、法に依り学齢児童が義務教育を受ける権利を保証する。
第五条　およそ満六歳に達した児童は、性別・民族・人種の区別なく入学し、規定の年限の義務教育を受けなくてはならない。条件が整わない地区においては、七歳まで入学を遅らせることが可能である。
第六条　学校は全国で通用する普通語（標準語）の使用を普及させなくてはならない。
第十条　国家は義務教育を受ける学生の学費を免除する。
第十一条　いかなる組織も或は個人も義務教育を受けるべき学齢児童・少年を雇用することを禁ずる。（児童の労働の禁止）

中国においては、一九八六年に義務教育が導入されてもその普及はスムーズではなかった。施行から九三年までの小学校入学率は平均で九七・一％であったが、中退者も多く、初級中学への進学率は七六・一％にとどまっており、九年制義務教育の普及は困難を極めた。そこで、一九九四年一月、国家教育委員会は「九年制義務教育と青・中年「文盲」(3)消滅」を実現させることを決定した。

その方針によると、第一段階として、一九九六年までに都市と経済が発展している農村、第二段階として、一九九八年までに経済発展が中程度の地域の一部、第三段階として二〇〇〇年までに残りの経済発展が中程度の地域および条件が整った貧困地域で九年義務教育の普及を完了する。この段階で全人口の八五％に普及が完了する。残りの一五％の最貧困地域や生活条件の厳しい地域では実情に合わせて、一〇％には初等教育の五または六年制を、残り五％には最低でも三または四年制義務教育を普及させることとなった。二〇〇七年九月になって、胡錦濤総書記の指導の下に、農村での義務教育の完全無料化が実施されるようになり、それまで実施されていた学費の無料化に加えて、諸雑費（水道代・プリント代・下駄箱使用代など）も無料になった。これにより、二〇〇七年小学校入学率は九九・五％に達した（『朝日新聞』二〇〇八年一月二二日付）。

（2）初等・中等教育の現状と問題点

中国においては中学校への入学時必ず全員が選抜試験を受ける必要がある。地域によっては、小学校の卒業生数と中学の募集人数に開きがあるため、中学に行きたくても行けない生徒が出て、中学浪人を強いられる場合がある。また、成績の悪い生徒には留年制度もある。その逆に学業に優れた生徒は「飛び級」ができる。そのため、従来詰め込み式の「応試教育」がおこなわれてきた。これに対する反省から、一九九九年から二〇〇三年にかけてカリキュラム改革が実施され、個人の資質を高めるいわゆる「素質教育」が重視されるようになった。

中等教育は初級中学と高級中学（高校）から成り立っているが、高校進学率は二〇一七年には九〇％まで上昇している。しかし、これは、中学卒業者を対象とした数字なので、小学校、および中学退学者の多さを考慮すると、まだ低い水準にあるといわざるを得ない。

（3）教育の機会均等問題——戸籍による教育の格差

九年制義務教育の普及はまだ完全ではない。義務教育達成のためには貧困撲滅が必須条件になる。胡錦濤政権は「和諧社会」創設のスローガンのもと、義務教育の徹底に力を入れたが、教育の機会を失わせている原因は貧困だけではない。

これまで述べてきたように、中国は特殊な戸籍制度で農民の農村からの移動を禁止し、都市住民のための食糧生産に専念させてきた。しかし、改革・開放政策により外国からの投資がすすみ、中国の「世界の工場」化と共に農村からの労働移動が急増することになった。一九九〇年代になると、いわゆる「盲流（農村から都市への人口流入）」が激しくなったが、九二年一二月一二日付の『人民日報』はこれを肯定する呉銘の論文を掲載した。中国の出稼ぎ労働者、いわゆる「民工」は都市の安い労働力として急増した。しかし、その陰で教育の格差問題が発生している。

農民がある都市に出てくる場合、受け入れ先の企業の許可書が必要となるが、その都市の戸籍を取得することはできない。中国の戸籍は、日本でいう住民票の機能に類似している。例えば、北京市の戸籍を持っていても、上海市の戸籍が取得できるわけではない。戸籍は所属行政機関がそれぞれに管理する仕組みとなっている。したがって、農民が都市の工場で雇われても、その都市の住民サービス（教育・医療・社会保障など）を受けることはできない。

近年数多くの農民が「民工」として、都市へ出稼ぎに出ている。彼らは家族単位で移動している場合が多い。「流動児童」と呼ばれる「民工」の子は農村戸籍であるため、出稼ぎ先の都市の公立学校には入れない。そのため、私塾に近い無認可の「民工学校」に入ることになるが、出稼ぎの労働者にとっては学費などが高く、廃工場やマンションの一室に教室を設けるなど、教育環境は劣悪な場合が多い（仲田二〇一四）。そのため、就学のため子どもだけが農村に帰るケースが多く、いわゆる「留守児童」が増加している原因となっている。戸籍の壁に阻まれ、都市の公立学校に行けない「民工」の子の就学問題は、戸籍制度改正の問題と合わせて、習近平政権に負わされた重い課題となっている。

また、高校（高級中学）はその八〇％が都市部に偏在しているため、農民の子が進学する場合、都市に出る必要がある。それは、経済的に困難を極める。当然、農民の子がさらに上の高等教育を受ける機会はさらに限られることとなる。

このような状況を打破するため、二〇一七年、李克強《りこっきょう》首相は戸籍制度改革に着手し、「多くの都市で戸籍の制限を緩和する」ことを宣言した。例えば、北京市は人口が約二〇〇〇万人だが出稼ぎなどで北京市の戸籍をもたない住民は八〇〇万人いる。その人々に対して、点数制度による選抜を実施するようになった。「学歴・居住年数・社会貢献度」などを点数化して選抜する方法である。その条件は、①北京市に連続七年以上社会保険を支払っている、②北京市居住証を持っている、③四五歳以下であること、④「一人っ子政策」に従っていること、⑤犯罪記録がないこと(ガルベラ・パートナーズ・グループ、二〇一六年九月二日)であった。その結果、二〇一八年には一二万人の応募があったが、北京市の戸籍を取得できたのは六〇一九人に過ぎない(NHK、二〇一九年一月三〇日)。わずか五%の合格率では、さらに都市戸籍を特権化する可能性がある。ここでも学歴は大きな要素となっているため、ますます教育の格差が拡大する可能性がある。

(4)「一人っ子政策」と教育の格差

第13章で述べたように、中国では改革・開放政策と時を同じくして「一人っ子政策」が開始された。当初、全国レベルで「一組の夫婦につき子供一人」の原則が貫かれていたが、働き手としての男の子(童農)を必要とする農村部では違反が相次ぎ、「黒孩子」が増えたために一九八四年に条例を改正して、条件付きで二人目を産むことができるようになった。しかし、実際には男の子が生まれるまで産み続けることが多く、三人以上子どもがいる家も珍しくない状況であった。

これに対して、都市では「一人っ子政策」達成率はほぼ一〇〇％で、一人っ子は「小皇帝」化し、親は教育費を惜しまず、「貴族学校」と呼ばれる私立学校も登場し、教育費は年々高騰し、海外留学も急増し、アメリカやイギリス留学は中国からの学生が最も多い。上海や北京の都市住民は、二人目を許可されても教育費がかさむので、一人しか子どもを産まない家庭が多い。そのため、少子化となっている。これに対して、貧しい農村においては、教育内容、教師

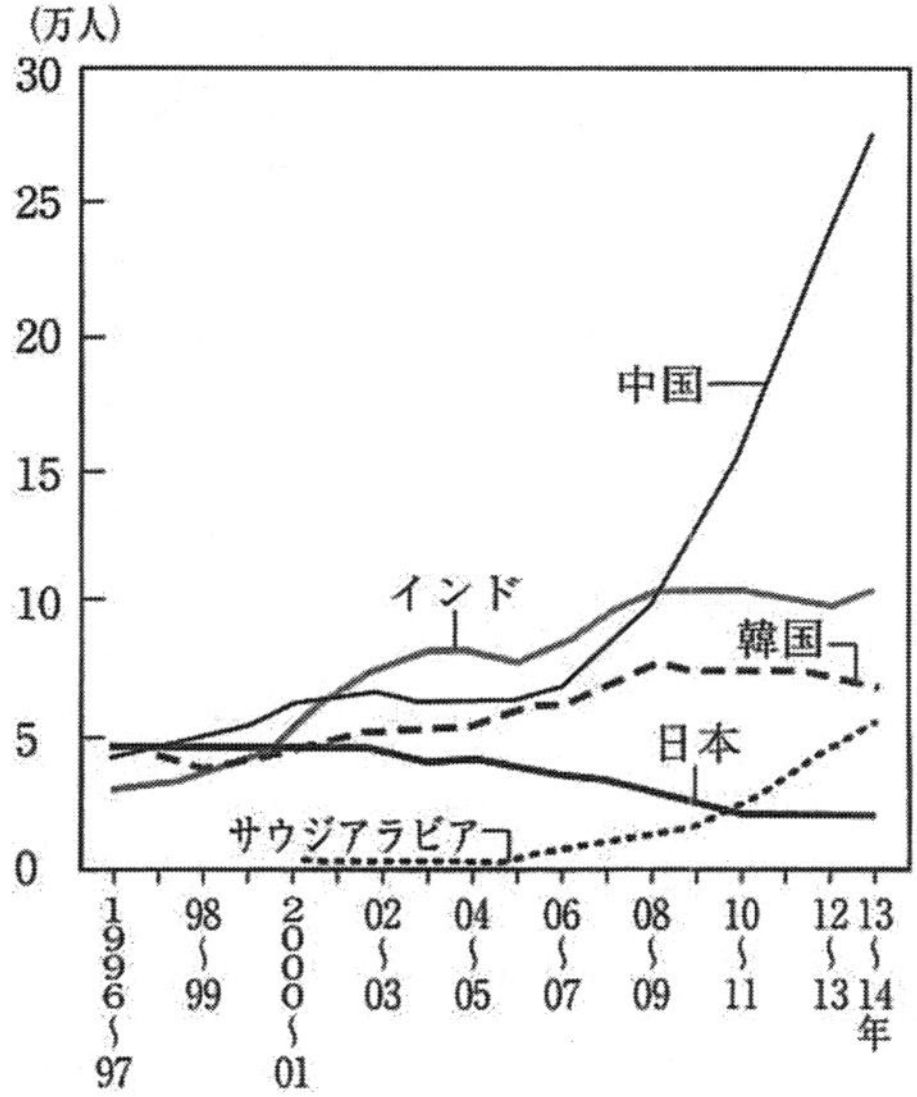

図 14-2　アジア諸国からの米国の大学・大学院への留学生数推移（YOMIURI ONLINE 国際 2014 年 11 月 23 日をもとに作成）

の質など多くの問題を抱え、中学卒業率も低く、高校に進学できる可能性もきわめて低い。まして や、高等教育を受ける機会はほとんど失われているといわざるを得ない。都市と農村の格差は、教育の格差の拡大の固定化により恒久化するおそれがある（図14－2）。

†高等教育の普及と就職難問題

中国では改革・開放後の個人所得の向上によって、高学歴願望が急速に増大した。その傾向を受けて、一九九九年、全国統一試験（七月七日）直前の六月二五日、中国政府はその年の高等教育機関の募集定員を三割増大させることを発表した。その結果、募集定員が前年度の一〇八万三六〇〇万人より五一万三二〇〇万人も多い一五九万六八〇〇万人となった。これは、前年度比四七・四％の増加であった。この年から年々募集定員は増加し、二〇〇七年には実に九九年の三・五倍にあたる五六六万人に拡大している。まさに、高等教育の大衆化が急速に起きたのである。二〇一六年の大学や短大などの高等教育学校への進学率は四二・七％に達した（一九九〇年は三・四％、二〇一二年は三〇％であった）が、二〇二二年には五七・八％となった（『人民中国―PEOPLE's CHINA』二〇二三年一月一六日一六時二五分）。このことによって引き起こされた問題点は、以下のようである。

①学費の値上げ

募集定員増加の背景には「教育産業化論」の存在がある。国家にとってまた地方政府にとって、学費は大きな財源となる。一九九九年、募集定員拡大と同時に全国の国公立大学は学費を四〇％値上げした。これによって、それまで貧しくともなんとか進学の可能性があった優秀な農民の子の高等教育への進学がきわめて困難になった。

②私立学校の増加

私立学校の設立はまず一九八五年の「教育体制改革の決定」により個人経営など多様な経営形態が推奨され、九三年の「私立大学設置暫定規定」によって正式に幼児教育から高等教育まで設立することができるようになったが、年々学費の高い私立学校が増加している。

③「両包《りょうほう》制度」改革——大学生の就職の自由化と就職難

本来社会主義における高等教育は、国家の社会主義事業に奉仕する人材を育てる目的のために存在していた。そのため、中国でも学費・寮費共に国家が負担し、さらに奨学金を出している場合が多かった。その代わりとして大学生は卒業後の職場への配属は選択することができず、大学側の決定に従ってきた（「両包制度」）。しかし、学費は一九八六年から徐々に徴収されることとなり、私立学校も増加したため、この制度は一九九四年一月に見直されることとなり、卒業後の職業選択の自由が認められることとなった。

「両包制度」の廃止によって大学生は職業選択の自由を手に入れたが、その代わりとして就職難を経験するようになった。大学卒業生数の急増がこれを深刻化させている。例えば、二〇〇三年九月の就職率は全国平均で七〇％であったが、そのうち、総合大学の卒業生の就職率は八三％であり、私立学校などそれ以外の高等教育機関の卒業生の就職率は五五％という低い水準にとどまった。それ以後低下の一途をたどり、二〇一三年の卒業生は六九九万人であったが、七月一日付の内定率は七三・三％であった。大学生の就職難は、深刻な社会問題となったのである。

二〇一八年の新卒者は八二〇万人に増加したが、全国省都市の九万一六八人を対象におこなったアンケート調査によると、「就職がうまくいって、満足」と答えた人は〇・九％に過ぎず、「非常に厳しく希望に合う就職は難しい」は三四・六％、「就業は難しいが、その状況を受け入れざるを得ない」と答えた人は四八・二％にのぼっている。すなわち、約八三％の若者が不満足な状態で仕事に就いているのである。(4) これは、都市内部の格差が深刻化する要因となっている。

二〇二四年現在、一九九五年〜二〇〇九年生まれのいわゆる「Z世代」は約二億六〇〇〇万人いる。その学歴の内訳は、図14-3のようである。

二〇二二年の大学卒業者数は約一〇七六万人と前年を一八・四％上回った。それに対して、中国の経済はまだコロナ前の水準まで回復していないため、求人数が卒業生数に追いつかず、就職難が続き、高学歴の人材が望むポストが大幅に不足している。そのため、「内巻（過剰競争）」が起き、これに嫌気がさし、ゆとりあるライフスタイルを送ろうとする若者が増え、いわゆる「躺平（ねそべり）」族が増加している。働かない、働きたくても働けない若者の増加が社会現象となっている。彼らは、将来貧困老人になる可能性がある。

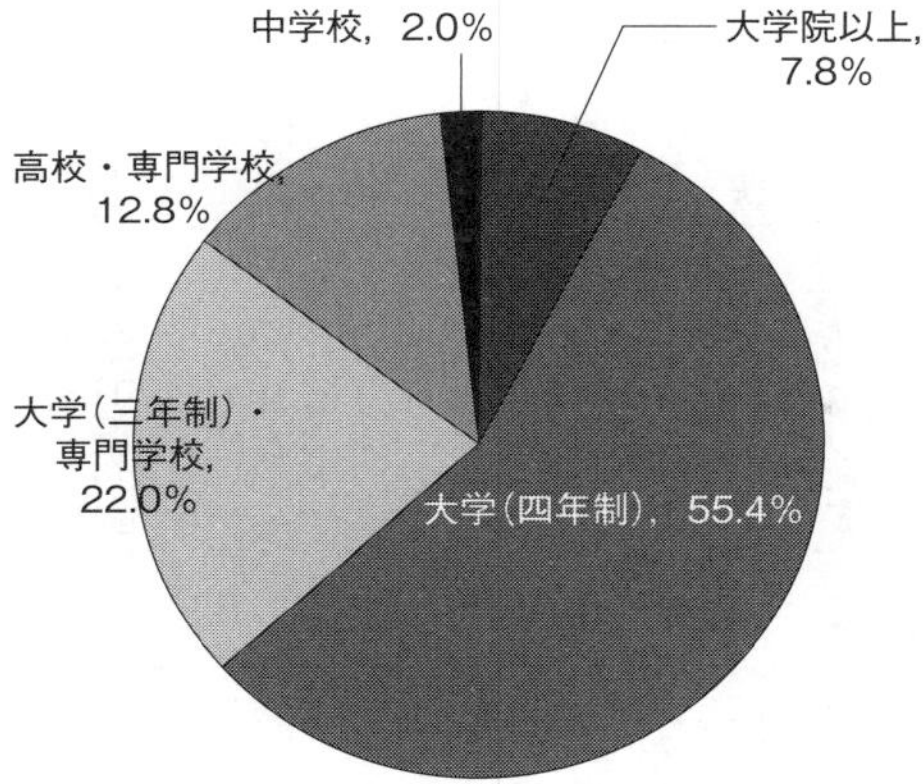

図14-3　中国の「Z世代」の学歴内訳（南方都市報大数据研究所・南都民調中心「Z世代の生活様式と消費スタイルの年度報告2022」JETORO2023年5月12日中国、就業形態の多様化と若年層の就職観―地域・分析レポートをもとに作成）

まず、中国が取り組むべき問題は、農村における義務教育の徹底と教育の質の向上であるが、都市の重点大学で教員免許を取得した学生が農村に行くことを拒否するため、教師の質の差が深刻になっている。それが教育の格差を拡大化している一因と考えられる。現在、中国の重点大学では卒業要件として大学生や大学院生たちを貧しい農村に行かせて、半年から一年間ボランティアで教師体験をさせる取り組みをおこない、一定の成果をあげているが、抜本的な問題解決とはなっていないのが現状である。

2 東アジアの格差問題

中国に比べて、日本・韓国・台湾の教育の機会は均等であり、義務教育（台湾の場合、「国民教育」）は完全に普及している。また、高校への進学率も高い。そのため、高等教育機関進学率は、他の地域に比べて高くなっている。文部科学省より二〇二三年一二月二〇日に発表された「学校基本調査」によると、日本の大学進学率は、五七・七％で前年比一・一％過去増加して八年連続最高を記録したが（短大・専門学校を合わせた高等教育機関への進学率は八四・〇％であった）、女子の割合は四五・七％であった（文部科学省二〇二三）。しかし、韓国や台湾と比較すると、大学への進学率はまだ低い。台湾では八四・二％（二〇二〇年）、韓国も七一・五％（二〇二一年）であり、世界有数の大学進学率を保っている。

†日本

上述した大学進学率は二〇二二年世界ランキングで見ると、五二位であり、先進国の中では決して高いとは言えない（韓国は七位）（GLOBAL NOTE、二〇二四年三月二八日）。日本では図14－4で示すように、私立大学が圧倒的に多い。ちなみに、韓国四年制大学の場合、国公立が四六校で私立が一二一校であるので、その割合は六一%でアメリカに近い。ちなみに台湾の場合は、五四・七%が私立大学となっている。

また、日本では二〇一三年から国公立大学の改革がおこなわれ、独立法人化された。各大学に裁量権が与えられたわけだが、その代わりに学費も上がっている。また、私立大学の学費は年間平均八〇万円を超えているため、大学に進学できる家庭は限られてくる。奨学金は日本育英会のものが一般的であるが、利息が付いており、卒業してからの返済に追われる人も多く見られる。給付型の奨学金はきわめて少なく、親の負担と学生本人が負う負担（アルバイトや奨学金返済）が大きいのが現状である。

国	総大学数	私立大学	割合
中国	2263	638	28.2%
日本	1182	975	82.5%
アメリカ	4276	2583	60.4%

図 14-4　中国・日本・アメリカの大学（短大を含む）の私立大学の割合

このような状況下、日本の場合、教育の格差が社会的な格差につながっている現状がある。日本は、本来終身雇用が重んじられ、転職は「負」の行為と見られていた。キャリアアップのために転職をおこなうアメリカなどとは就職に対する考え方が異なっていたのである。それに対して、「聖域なき構造改革」を実践したのが小泉純一郎内閣であった。これにより、労働構造が激変し、非正規雇用（パートタイマー・アルバイト・契約社員・派遣社員）の労働者が急増した。そのため、二〇〇二年か

ら〇六年にかけて、正社員は七二％から六七％に減少したのである。(5)

二〇一五年から政府は正社員を増やす政策を実行に移したが、それでもこの改造によって生まれた非正規雇用の人々と正社員との格差を埋めることができないでいる。彼らをフリーターと規定すると、その学歴別構成比は、大学・大学院卒が男性一二・五％、女性八・〇％に対して、中卒と高卒の占める割合は男性七一・三％、女性六五・〇％と圧倒的に高いことがわかる。雇用体系は賃金に影響するが、正社員・正職員の生涯賃金の平均が二億七九一万円であるのに対して、非正規雇用の生涯賃金は一億四二六万円と一億円以上の差があることが指摘されている（数値は二〇〇六年現在）（橘木二〇一七）。教育の格差が雇用形態に影響し、生涯賃金を引き下げ、貧困化を招いているといえるのである。彼らは、賃金の低さから結婚できない層を形成している。当然年金額も低いため、彼らが高齢化したときは、高齢者の貧困問題が今以上に深刻化することは必至である。

日本は、二〇一九年一〇月から幼保教育の無償化に踏み切り、少子化を改善しようと企図しているが、そもそも子どもを産む分母を増やさない限り、少子化を根本的に改善することはできない。そのためには、高等教育をフランスを始めとするヨーロッパ諸国のように無償化とするか、給付型の奨学金を増やす必要があると思われる。

二〇一九年五月一〇日、日本で「大学無償化法」が成立した。これにより、二〇二〇年四月から住民税非課税家庭（年収二七〇万円未満）の子どもの授業料は免除される他、返還不要の奨学金も給付されることとなった。また、東京都は二〇二四年度から所得制限なく（二〇二三年度までは世帯年収益九一〇万未満の世帯が対象であった）高校の授業料無償化に踏み切った。待たれるのは、大学などの高等教育機関の無償化である。奨学金という債務の罠から若者を救うことが格差、少子化からの脱却の大きな一歩となると思われる。

もう一つ日本が取り組むべき課題は、男女間の賃金の格差是正と子育て支援の拡充である。二〇二四年九月二日に公表された「女性の職業生活における活躍推進プロジェクトチーム（PT）」調査の「都道府県別男女間の賃金格差ランキング」によると、男性を一〇〇とした場合、女性の賃金は最大が栃木県で七一・〇％、最小が高知県の八〇・四％であった。経済協力開発機構（OECD）に加盟する先進国の平均が約八八％（二〇二一年）であるので（JIJI.COM 二〇二四年九月二日二〇時五八分）、日本の男女間賃金格差は国際的に見て、かなり深刻である。

この問題は子どもの貧困問題と直結している。日本では夫婦が離婚した場合、母親が子どもの親権を取ることがほとんどだが、父親が十分な養育費を支払わない事例が多く、賃金の安い母親にかかる経済的な負担はかなり大きい。母子家庭の子どもは貧困になりやすく、行政の支援が必要である。岸田《きしだ》文雄《ふみお》内閣は、二〇二三年六月「こども未来戦略方針」を発表し、二〇二四年一〇月から①児童手当（三歳までは一人一万五〇〇〇円三歳以上は一人一万円）は所得制限を撤廃し、高校生まで支給期間を三年間延長し、第三子以降は倍額の三万円とすること、②大学での授業料減免対象を年収六〇〇万円までの多子世帯に拡大することなどを決定したが、それでも貧困子ども（一日三食を食べられない）の増加は歯止めがかからない状況だ。東京都は二〇二四年度から完全給食無償化（私立学校の児童には給食費として月五五〇〇円支給）を実施するように補助金を出して市町村に働きかけている。また、給食に一日の食を頼る生活をしている子どもたちには各自治体が「子ども食堂」を運営しこれに対応している。

貧困は教育格差を生み出し、格差を恒常化する危険がある。さらなる支援が必要と思われる。

†韓国

韓国の格差は学歴によるものよりも、産業構造によるところが大きい。日本は、戦前三井・三菱・住友・安田の四大財閥（コンツェルン）が産業界を支配し、独占していたが、戦後GHQによって解体され、独占禁止法も制定された。しかし、韓国においては戦後も財閥支配が継続している。

韓国の財閥《チェボル》は、創業者一族の家族経営が特徴となっている。サムソン・LG・現代《ヒョンデ》自動車・ロッテなど世界的ブランドとなっている企業が多く、韓国の経済発展を促進してきた。財閥系企業のトップは、政治的・社会的地位も高く、影響力がある。財閥系の企業とそれ以外の中小企業との賃金の格差は大きく、社会的格差の主要な原因となっている。

また、日本同様に非正規雇用の問題がある。韓国の非正規雇用は、「限定的労働者（契約・嘱託・臨時雇・季節雇など）」、「時間制労働者（パートタイム）」、「非典型労働者（派遣・請負・在宅・特殊形態など）」に分かれているが、その比率は、男性二六・五％、女性三九・九％となっていて、女性が圧倒的に多い。その理由の一つには、結婚・出産による経歴断絶が挙げられる。韓国も日本同様に出産後の職場復帰が難しいことが浮き彫りとなっている。

さらに、定額給与を見ると、正規雇用の男性を一〇〇とすると、女性は七〇・〇％と日本よりも低いが、非正規雇用になると男性が五八・八％に、女性は四〇・一％までに落ち込む（裵海善二〇一五）。そのため、韓国の女性は満足のいく職に就くと、結婚して出産することを拒む傾向にある。彼らが安心して子どもを産む環境を提供するには、日本同様保育施設の充実と共に雇用形態の安定化、男女平等化が急務といえるのである。

韓国では日本並みに人口の高齢化が進んでいる。二〇〇八年には人口の平均年齢が三七歳であったが、行政安全部が発表した「二〇二四年行政安全統計年報」によると、四四・八歳と急速に高齢化している。ちなみに日本は二〇二〇年の国勢調査では四七・六歳であった（Search.KOREA、二〇二四年九月一日七時三〇分）。少子超高齢化は日本と同様にかなり深刻な状況であることがわかる。

†台湾

第13章で述べた筆者がおこなったアンケート調査によると、台湾の場合、教育の格差と男女間の格差は、日本や韓国ほど見られない。台湾の高等教育機関は、四年制大学と職業訓練に特化した専科学校、独立学院（単科大学）、技術学校（四年生と二年生）であるが、職業教育が充実しており、即戦力となる人材の育成がなされている。したがって、会社や公務員として幹部となっている女性の数も多い。問題となるのは、全体としての賃金の低さである。中国資本と観光者の増加により、物価が高騰しているにもかかわらず、賃金が上がらないことで若者が結婚したくてもできない、教育費が高くて子育てが不安、親の介護は在宅が多くその負担も大きい、という社会不安が起きているのである。

台湾は、教育格差の少ない社会を創出したが、そのため賃金格差がつきにくい社会となり、かえって全体の賃金を引き下げる現象が見られる。教育費が高く、また中国との関係で将来に不安を抱えているため、少子化が進んでいると思われる。

註

（1）「一つの中心」は、経済建設を指し、「二つの基本点」は改革・開放政策と「四つの基本原則」を指す。

（2）「社会の生産力の発展」「総合国力の増強」「人民の生活水準の向上」をいう。

（3）日本の場合、「文盲」という言葉が死語となってから久しいが、中国ではいまだに使われている。非識字率は建国当時約八〇％であり、義務教育導入前は二〇％以上あったが、二〇〇七年には八・四七％に下がった。中国政府は、「文盲消滅」に躍起となり、成人教育に力を入れている。

（4）「中国で新卒の就職難が問題に」(https://zuuonline.com/archives/185682) 二〇二四年一月二五日アクセス

（5）総務省『労働力調査』(https://www.stat.go.jp/data/roudou/index.html) 二〇二三年二月四日アクセス

第15章　対立と共存関係の行方――歴史認識・領土をめぐる対立

1　現代東アジアの国際関係――恒常的対立の形成

†日本の中国への援助、歴史認識問題の政治化

日本は、第12章で述べたように大平正芳内閣の時代から中国の改革・開放政策に理解を示し、政府援助をおこなった。中国側もこれに対して感謝の意を表明し、日中友好ブームが起きた。日本人の中国への観光と植林などのボランティア活動も活発化した。筆者も何度か四川省成都のパンダステーションや瀋陽郊外の農村部へ植林に行った経験がある。それを物語るように、毎年内閣府のおこなっている「外交に関する世論調査」は、この時期が中国に「親しみを感じる」日本人の数が最高値を示している（アメリカと同数値の七八・六％）（図15－1）。

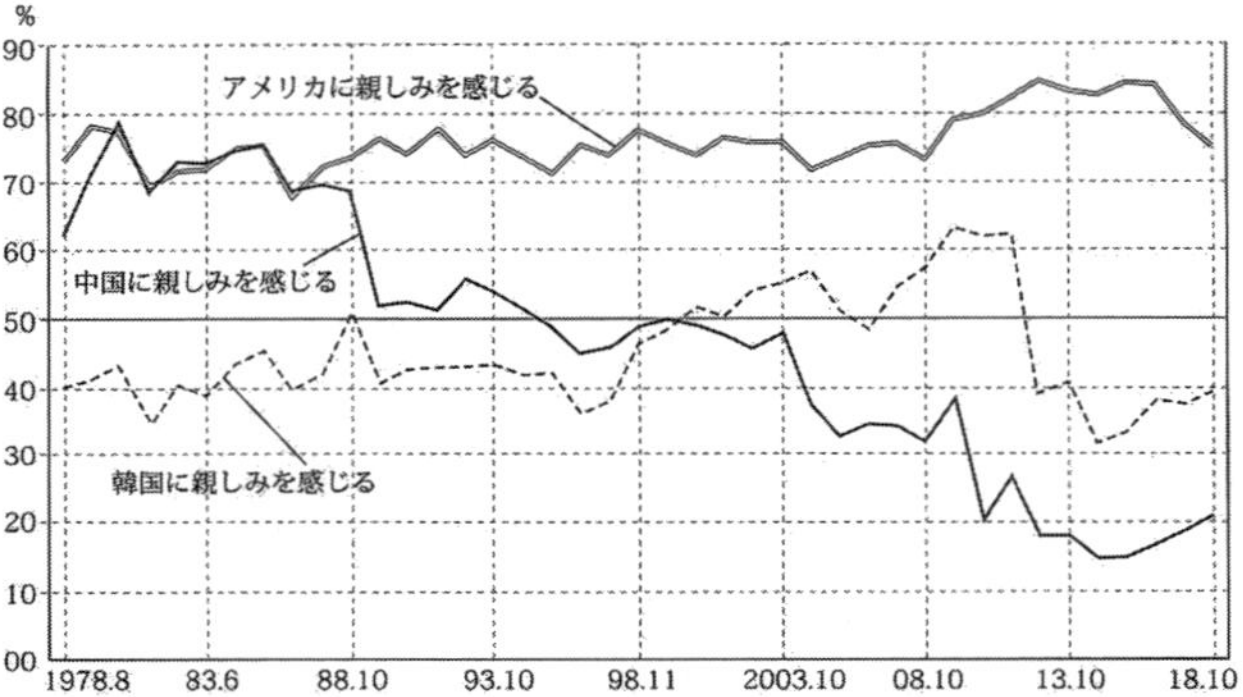

図 15-1　米中韓の３国に「親しみを感じる」日本人の数の推移（内閣府「外交に関する世論調査」の概要、2018 年 12 月 30 日発表のデータをもとに作成）

日中関係に微妙な変化が見られるのは、一九八二年六月に起きたいわゆる「教科書事件」からである。それまでは、「歴史認識問題よりも日本の援助」「過去よりも未来志向」の関係であった。鄧小平も華国鋒も趙紫陽も歴史は重要としながらも、さらに「日本の協力は重要」との考えを示した。現にその前年の八一年、鈴木善幸内閣の全閣僚が靖国神社に参拝しても、中国からの批判はなかった。それが第12章で述べたように、八五年の中曽根康弘首相の参拝から中国は激しい抵抗を示すようになる。翌年の八月一四日、後藤田官房長官は「近隣諸国の国民感情に配慮し、明一五日の総理大臣の靖国参拝は差し控える」ことを発表した。首相の参拝は、それから二〇〇一年の小泉純一郎首相の参拝までの一五年間、おこなわれることはなかった。

一九八九年六月四日の第二次天安門事件後、アメリカを始めとする西側諸国は一斉に中国から引き揚げ、経済制裁を実行した。中国への投資は、リスクが高いとされたため、改革・開放は大きく減速せざるを得なかった。この時、日本は宇《う》野宗佑《のそうすけ》内閣であったが、成立翌日に起きた本事件に対し、宇野は竹下内閣が決定した第三次円借款を凍結するなどしたが、「中国の孤立はない」とアルシュ・サミットで発言するなど、西側諸国と距離をおく対応をした。

宇野内閣は短命に終わったが、後を継いだ海部俊樹《かいふとしき》首相は西側で中国を訪問した最初の首脳となった。一九九〇年八月一〇日、李鵬国務院総理と会談した際、海部は「政治と経済両面の改革」への期待、「民主と人権状況の改善」に対する要望を伝えたが、「一二九六億円の第三次借款」の実行を約束した。これに対して翌日、海部と会談した江沢民総書記は、感謝の意を示しながらも歴史認識の重要性を伝えた。

海部内閣を引き継いだ宮澤喜一《みやざわきいち》内閣の時、長年の日中間の懸案であった天皇訪中が実現した。一九七二年九月二九日に上海空港に田中を見送った周恩来は、「天皇陛下によろしく」と伝えた。それから二〇年。中国の天皇訪中への長年にわたる要請は、日中国交正常化二〇周年の記念行事として実現したのである。九二年一〇月二三日訪中した平成の天皇は、歓迎晩餐会で楊《よう》尚昆《しょうこん》国家主席の歓迎の辞に応えて、「わが国が中国国民に対し、多大の苦難を与えた不幸な一時期がありました。これは私の深く悲しみとするところです」と挨拶した（『朝日新聞』一九九二年一〇月二四日付)。この言葉は中国では一定の評価を受け、日本の歴史認識問題に対しても一つの区切りをつけることとなり、この後、日本政府の発言は五五年体制が崩れ、自民党政権ではなくなったこともあり、変化していくこととになる。

一九九三年八月、首相となった細川護熙(日本新党)は、就任早々先の戦争を「私自身は、侵略戦争で間違った戦争だと思っている」と述べた(『読売新聞』一九九三年八月二四日)。その後、羽田孜首相(新生党)は「侵略行為」と「植民地支配」の認識を示し、この傾向は九四年六月に首相となった村山富市《むらやまとみいち》(日本社会党)に引き継がれていく。

中国が現在でも最も高く評価しているのが村山首相の歴史認識である。一九九五年八月一五日に出されたいわゆる「村山談話」には「誤った国策にもとづく植民地支配と侵略」、「反省」と共に「心からのお詫びの気持ちを表明」という言葉が入り(外務省ホームページ)、中国との「記憶の共同体」を構築する可能性を示した。ただ、この談話は公式文書としては残されていない。しかし、その後、橋本首相から安倍首相にいたるまで歴代の政権は「村山談話」の基本精神を引き継ぐことを表明している。

†歴史認識と歴史認識問題

二〇一五年二月一九日、バラク・オバマ(Obama)大統領の下で国防長官を務めたアシュトン・カーター（Carter）は、国防総省内で開かれた職員との対話集会での演説で、世界の不安定要因の一例として「アジア太平洋地域における過去をめぐる癒えない傷と、確固たる安全保障制度の欠如」を挙げた。前半は、東アジアの歴史認識問題を指していることは明らかである。このように、東アジアの歴史認識問題は、グローバル化しているのが現状である。

「歴史認識とは何か？」、この問いに対して明確に答えることは、きわめて難しい。歴史認識という言葉は、歴史学上は一般的ではない。歴史認識という言葉を英語に直訳すると、“recognition of history”になるが、意味は「歴史を知ること」と訳され、E・H・カー（Carr）の提起した「歴史とは何か」（“What is History?”）の概念に繫がっていく。

E・H・カーは歴史の事実に関して、「すべての歴史家にとって共通な、謂わゆる基礎的事実なるものは、通常、歴史家が用いる材料に属するもので、歴史そのものに属するもの」ではなく、「いかなる事実に、また、いかなる順序、いかなる文脈で発言を許すかを決めるのは」、歴史家の作業であると説明している（カー一九六二）。さらに、カーはこのような視点から「歴史から道徳的判断（moral judgment）を除去する」ことを主張するようになる。

一九七〇年代から各国で盛んになった「ポスト・モダンの歴史学」においては、「言説（ディテール）と歴史的事実との関係を切断し、歴史的事実は所詮捉えられないものとする不可知論」を主張するようになった。

また、このような歴史学の傾向から歴史における「人間の責任の領域は狭められていき、ついには責任という概念は除去される」に至る（松村二〇〇六）。

このように、歴史学においては「道徳的判断」「責任という概念」が希薄になる傾向にあるが、政治化した歴史認識問題では逆にこの点が重視される。ある一定の歴史「事実」に関する認識を共有しているかどうか、それに対する責任の所在と謝罪の是非をめぐって引きおこされる問題が歴史認識問題である。東アジアにおいては、中国や韓国が主張する特定の歴史事象に対して、日本も同様の認識をもつことが当然である、という両国の主張に日本がどのように対処し、寄り添うことができるかということが問題の本質となる。

理論的にいうと、歴史認識は自然に認識するものではなく、「現在に結びついた全体的体験」を「統一的体験」として意識的に「了解」することから形成されるものである（岸本一九七四）。石田雄は「歴史事実」の中から「集団的記憶で支えられたもの」を「記憶の共同体」と規定した。そして、この「記憶の共同体」は「集団的な記憶の過程で、自分たちに都合の悪い面は忘れ、都合の良い面だけを記憶し、それに特別の歴史的意味づけをすることによって作られたものである。この集団的記憶過程は、制度的には歴史教育や国家的行事における象徴的祭典によって強められる」としている（石田一九九六）。その「全体的な統一体験」は、国家主導の歴史教育や歴史記念館の展示、歴史記念日などでおこなわれる式典などで培われ、引き継がれていく。中国の歴史教科書や愛国主義教育の拠点となっている「侵華日軍南京大屠殺遇難同胞紀念館」（いわゆる南京大虐殺記念館：一九八五年八月一五日開館）や北京の「中国人民抗日戦争紀念館」（一九八七年七月七日開館）、韓国の国定教科書や二〇一八年八月にオープンしたソウルの「大韓民国歴史博物館」は、その象徴と考えられる。

†歴史認識問題の政治化——新たな教科書問題・日本からの反発

中国は改革・開放政策推進のため、外交においては全方位外交を推進し、外国からの投資と貿易の振興をおこなった。天安門事件でそのスピードは落ちたが、続く冷戦の終結は世界のグローバル化における価値観の共有を期待させた。その期待を最も強く持ったのは日本であったといえる。そのため、日本は惜しみない援助をおこなったのである。

歴史認識においても、村山談話が出される素地が日本の政界にもあった。しかし、そのような日本政府の対応は、日本国内に反発を引きおこした。「日本を守る国民会議」は、日本の教科書が「自虐的に描く傾向が強い」とし、「日本人として、誇りを持てるような」教科書を出版しようとし、高校教科書『新編日本史』（原書房）を編集した（村尾一九八七）。ここから「自虐史観」という言葉が出てくる。本教科書は一九八六年に検定に合格し、中国、韓国などから反発が起きた。

この中韓の抗議に対して、中曽根康弘首相は一九八二年八月二六日に出されたいわゆる「宮澤談話」(外務省ホームページ)にもとづく「近隣諸国条項」の精神で対応するよう指示したため、文部省は四回にわたって『新編日本史』の執筆者に対して植民地支配などの内容について修正を求めた。その結果、七月に文部省が検定合格を正式に決めた時には、同教科書の記述はかなり修正されていた。その後、日本の教科書においては、「近隣諸国条項」に沿った侵略と加害行為に対する記述が詳しくなり、「従軍慰安婦」についての記述も載るようになる。

そのような政府の見解と中韓の日本批判に対して、一九九六年六月、自民党有志議員が「自虐的な」歴史認識や「卑屈な謝罪外交」の見直しを目的として、「明るい日本・国会議員連盟」を発足させた。また、九七年二月には中学用歴史教科書に「従軍慰安婦」の記述が載ることに疑問をもった自民党若手議員が「日本の前途と歴史教育を考える若手議員の会」を発足させ、六月に同会は「文部省や教科書会社に元慰安婦の記述削除を申し入れる方針」を決めた。

このような状況下で民間からも教科書批判が激しくなっていった。一九九五年一月東京大学教授であった藤岡信勝《ふじおかのぶかつ》は、自由主義史観研究会を発足させ、九六年七月二〇日に「従軍慰安婦」の記述を中学歴史教科書から削除するよう文部大臣に求めることを決定した。また、一二月に西尾幹二《にしおかんじ》などは、歴史教科書は自虐史観に陥っているとして、新たな教科書作りを目指す「つくる会」(「新しい歴史教科書をつくる会」)を発足させた。

二〇〇一年四月「つくる会」が編集した『新しい歴史教科書』と『新しい公民教科書』が文科省の検定に最終的に合格したことが発表された。これに対して中国の陳健《ちんけん》駐日大使は、同日記者会見をおこない、「侵略の歴史を美化する」ような「つくる会」の教科書が検定を通ったことに対して、「大きな驚きと深い遺憾の意」を表明した。韓国も同様の抗議と批判をおこなったが、この時から新しい現象が生まれる。これまで教科書問題は主に政府間で処理されてきたが、中国や韓国においては、メディアの批判報道が続き、インターネット上では、激しい日本批判と共に、自国政府の「弱腰」を批判する書き込みが相次いだのである。この現象は、日本国内も同じである。ここから世論という要因が歴史認識問題に深く関与することとなる。本教科書の二〇〇二年度の採択率は〇・〇三九%に過ぎなかったため、問題は沈静化した（段瑞聡二〇一二）。筆者は過去一〇年間、文部科学省の「教科用図書検定審議会委員」を務め、中学、高校の歴史教科書を多数読んだ経験があるが、現在の日本の歴史教科書は、中国や韓国のものと比べると、きわめてバランスのとれた内容となっていると思う。

†靖国神社参拝問題

靖国神社の前身は京都の招魂社《しょうこんしゃ》（現在の京都護国神社）である。建立の目的は、幕末の鳥羽伏見《とばふしみ》の戦いで死んだ薩摩・長州側の兵士を祀るためであった。明治となった一八六九年六月、九段上に東京招魂社を建設し、京都の招魂社を合祀した。そこに祀られたのは官軍（倒幕軍）の兵士の戦死者であった。七九年、東京招魂社は明治天皇の命名により靖国神社となった。「靖国」とは、「国を安らかにする」という意味である。アジア・太平洋戦争下では兵士たちは「死んだら靖国で会おう」「靖国に祀られることは名誉なこと」とし、天皇が参拝することを当然のことと認識していた。現に昭和天皇は、一九四五年から七五年一一月までの間、都合八回参拝した(1)。

靖国神社は戦前の軍国主義の象徴と見なされていたため、GHQは当初は取り壊しを検討していたが、一九四五年一二月「神道指令」を出して政教分離主義の下、国家神道を廃止することをまず決定した。この政教分離の原則は日本国憲法第二〇条に反映されている。四六年「宗教法人法」が制定され、九月靖国神社も宗教法人となることが決定されたため、存続につながった。日本国内には首相などの靖国神社参拝が主に政教分離の原則に抵触し、憲法違反であるとの批判と論争が、本問題が国際化する以前から存在していた（一谷二〇一二）。

昭和天皇は一九七五年一一月を最後に、靖国神社参拝を取りやめた。これは、この時期、日本社会党が違憲の疑いを指摘し、国会で批判したことが理由とされてきた。しかし、二〇〇六年七月二〇日付『日本経済新聞』が「A級戦犯靖国合祀《ごうし》　昭和天皇が不快感」という記事を掲載し、富田《とみた》朝彦《ともひこ》元宮内庁長官のいわゆる「天皇メモ」（一九八八年に記したもの）を公開した。ここからは、天皇が死刑となった東条英機など七名と公判中および判決直後に病死した松岡洋右と白鳥敏夫が、一九七八年一〇月一七日に「昭和殉難者」として合祀[2]されたことを知り、参拝を取りやめたことが明らかになった（図15-2、図15-3）。

これに対して、小泉純一郎元首相、「みんなで靖国神社に参拝する国会議員の会」に参加する議員たちは個人の「心の問題」を主張し、「国のために犠牲になった兵士」をお参りすることは日本人として当然のこととした。実際に小泉は二〇〇一年三月の自民党総裁選において、靖国神社参拝を公約としたが、近隣諸国に配慮して八月一五日を避け、一三日に参拝した（『朝日新聞』二〇〇一年八月一三日付）。しかし、それでも中国と韓国は激しく反発し、小泉批判と反日デモが起きた。これは、小泉政権が終わる二〇〇六年の九月まで続き、首脳訪問は実施されず、「政冷

昭和天皇、合祀に不快感
A級戦犯巡り靖国参拝中止
「それが私の心だ」
富田元宮内庁長官がメモ
88年に発言
リース税制
減価償却
首相

図 15-2　日本経済新聞、2006 年 7 月 20 日

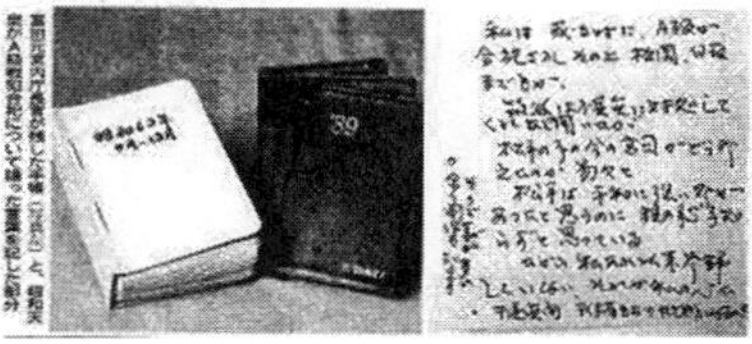

図 15-3　天皇メモ

経熱」という言葉が流行語になった。

小泉後に首相となった安倍晋三は、就任後最初の訪問先に中国を選んだ。安倍は、日中の「政冷経熱」状態を収束させ、「戦略的互恵関係（win－winの関係）」を提案し、翌二〇〇七年四月に温家宝首相の訪日を実現させた。靖国参拝に関しては、第二次安倍政権発足後の二〇一三年一二月二六日に電撃的に参拝したが、中韓ばかりでなく、アメリカからも「失望」の声があり、それ以降はおこなっていない。

†東アジア各国・地域の歴史認識

教科書問題や靖国神社参拝に反対する東アジア各国の主張にはそれぞれの歴史認識が反映されている。

(1) 中国──「戦争責任二分論」

これまで繰り返し述べてきたが、中国には一貫した歴史認識がある。その起源は日中戦争期の蔣介石や毛沢東の言説にまでにさかのぼることができる。蔣介石は日中戦争開始から終戦まで一貫して侵略の責任は一部の日本の「軍閥」にのみあるとし、一般の兵士には深い同情の念を見せた。また、一九四五年八月一五日のいわゆる「以徳報怨の演説」では、「日本国民無辜の民」論を展開し、中国に残留していた日本人を傷つけないように中国人民に呼びかけたのである。

一方、毛沢東は「抗日遊撃戦争の戦略問題」（一九三八年）において、中国の日本に対する勝利は、「国際的な力および日本人民の革命闘争と力を合わせて、共同で日本帝国主義を包囲攻撃し、一挙に消滅する」ことによって得られるという予測を立てていた。この日本国民を同盟者とする考えは根強く毛の中に残り、一九六〇年の日本の安保闘争では、これを「日本革命」とし、大きな期待を寄せた。

また、中国共産党は反米闘争の一環として、日本の原爆被害に深い同情を表明し、「日本人民被害者論」を形成する。これは、主に周恩来外交において国交正常化以前、日本の「友好人士」に対して展開されたものであるが、その後歴代の指導者に引き継がれていく。このようないわゆる「戦争責任二分論」は、「今日まで続く中国の対日大原則」であり、「対日公式イデオロギー」となっている[3]。

小泉首相が靖国神社を参拝し続け、激しい反日デモが起き、最も日中関係が悪化した時期でさえ、江沢民国家主席は、日本国民を中国人民と共に「被害者」として語った。戦争責任を一部の軍人にのみ課してきた中国は、戦後も日本国民を一度も「敵」とせず、意識的に分明して語ってきた。中国が日本の首相の靖国神社参拝にあくまでも反対する理由は、この認識とA級戦犯合祀問題が完全に矛盾するからである。したがって、A級戦犯の合祀が明らかになるまでは、中国は靖国神社を一般の兵士が祀られている慰霊のための神社と見なし、首相の参拝に抗議はなされなかったのである。

(2) 韓国と台湾――植民地支配との関連

中国の靖国神社参拝批判と韓国・台湾の批判は、性質を異にする。中国は日本と戦争をしたが、台湾と朝鮮は植民地支配下で日本兵として戦争に参加した歴史をもつ。日本人として徴兵され、戦争で亡くなった台湾や朝鮮の戦死者が日本名で靖国神社に合祀され、それを遺族が抗議しているという問題がある。

二〇〇一年六月、韓国や台湾の元軍人・軍属の遺族二五二名が、日本に対し戦争で受けた被害として二四億円あまりの賠償金を求めた裁判を起こした。その原告のうち五五人は「戦死した親族の靖国神社への合祀は自らの意思に反し、人格権の侵害である」として、合祀の取り消しを求めた。しかし、靖国神社側は神道では一度合祀した御霊を取り出すことは宗教の教義上できないとしているため、分祀は困難となっている。

また、台湾では二〇〇三年二月「高砂《たかさご》義勇隊」(4)合祀反対訴訟がおこなわれた。台湾の歴史は複雑である。原住民と漢民族との問題、省籍矛盾は根深い。また、大陸で日本と戦い、終戦後に内戦により台湾に移住してきた中華民国の人々が体験した歴史と「大日本帝国台湾県」の住民が体験した歴史は大きく異なる。二〇一五年二月、台北市の柯文哲《かぶんてつ》市長が後に「言い間違い」と謝罪したが、中華圏の文化水準について「植民地化が長い地域ほど発展している」と発言し、日本統治を美化していると非難された。日本統治時代の呼び方についても、近年激しい議論が展開され、「日拠」（「違法性」「不法占拠」を強調する言い方）か、「日治（日本統治）」のどちらを学校教科書で使うかが問題となった。二〇一三年、馬英九《ばえいきゅう》政権は行政文書では「日拠」と書くという見解に改めた（野島二〇一五）。台湾においても統一的「記憶の共同体」を形成することは、きわめて困難となっている。

†領土をめぐる対立――尖閣諸島問題を中心にして

日本政府の公式見解では、日本が抱える領土問題は、北方領土問題と竹島問題のみである。竹島問題は第10章で説明したため、ここでは尖閣諸島問題について考えていく。

日本政府は、基本的に中国との領土問題は存在しないという見解を示している。しかし、中国はその領有を主張し、海警部の活動を活発化している。

尖閣諸島は東シナ海の南西諸島西北端に位置し、行政上は沖縄県石垣市に属し、魚釣島《うおつりしま》・北小島・南小島・久場島《くばしま》・大正島の五つおよび沖の北岩・沖の南岩・飛瀬の三つの岩礁からなる。

総面積は一説に約六・三平方キロメートルで一番大きな魚釣島が三・六平方キロメートルである。中国は本島を「釣魚島」、台湾は「釣魚台列島」と呼んでいる。

尖閣諸島は永く無人島であったが、一八九五年一月明治政府が「無主地先占《せんせん》」を宣言して、沖縄県の一部として編入し、実行支配を開始した。この時、日清戦争の最中であったため、清朝はこれに対して抗議ができなかったという主張が中国側にはある。九六年、本諸島は民間人であった古賀辰四郎《こがたつしろう》に三〇年間無料貸与された。古賀は魚釣島と久場島で剝製工場・カツオ節工場・珊瑚の加工工場を建設し、一九〇九年には二四八名九九戸世帯が生活をしていた。一九三二年、古賀は四島（魚釣・久場・南小島・北小島）を日本政府から払い下げられ買い取った。その時の値段は、二一五〇円五〇銭であつた（平岡二〇〇五）。それから、二〇一二年九月に野田政権が国有化するまでは、民間の所有であった（図15－4、図15－5）。

一九四〇年からは再び無人島となっていたが、サンフランシスコ平和条約で尖閣諸島は日本の領有が認定され、一九七二年五月一五日の沖縄返還まではアメリカ軍の射撃訓練場になっていた。

尖閣諸島が問題化したのは、ECAFE（国際連合アジア極東経済委員会）が同地域の海洋資源調査をおこない、一九六八年に「世界で最も有望な石油・天然ガスが同列島の大陸棚に埋蔵されている可能性がある」と発表してからである。これに対して六九年台湾は尖閣諸島の海洋資源は、大陸棚の連なる台湾に主権があるとして魚釣島に中華民国の国旗を立てた。一九七〇年八月一五日、中華民国の監察院は日本の主権に対して抗議をすることを決定し、九月二〇日、台湾の漁船が操業することを日本の巡視艇が阻止したことを問題視し、一〇月六日、外交部は正式に日本の尖閣諸島領有には同意できないという声明を出した。また一二月にはアメリカに留学中の学生たち（馮国祥、王春生ら）が「保衛釣魚台運動」を起こしている（楊碧川編一九九六）。

この台湾の主張の背後には蒋介石の指導が見られる。蒋は前述したように領土に対する思いがきわめて強い人物であったが、この問題は「琉球問題」と関連するために高い関心を示した。一九七〇年八月一一日の「日記」には「日本は、尖閣諸島は琉球に属するという声明を出した……これには注意をしなくてはならない」、「尖閣諸島主権問題を我が国は決して放棄していない」と連日記述している。カ

図 15-4　かつての尖閣諸島

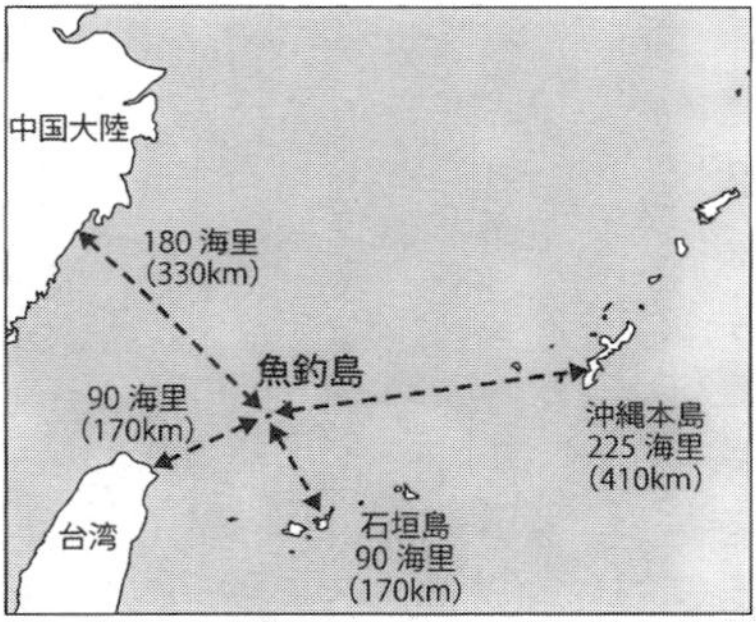

図 15-5　魚釣島の位置関係

イロ会談でルーズヴェルト大統領に戦後の共同管理を提案したように、蔣介石は、沖縄は古来中国の版図であるという考えを持っていた。そのため、「琉球の主権問題に関していうと、歴史上いかなる国も日本のものであると認めていない」(「蔣介石日記」一九七〇年八月一六日) ため、尖閣諸島も日本が主権を主張することに中華民国として異議を唱えたのである。

また、一九七一年一二月国連加盟を果たした中国外交部は声明を出し、「『台湾の付属島嶼』と主張した中華民国(台湾)外交部声明(一九七一年六月一一日)を踏まえて、『釣魚島が台湾に付属する島嶼』と記述した」(矢吹二〇一四)。また、歴史的にも領有していたという主張が展開されている。

中国にとっての尖閣諸島(釣魚群島/diaoyuqundao)は、東シナ海大陸棚の東に位置し、釣魚島(魚釣島)、黄尾嶼(huangweiyu、日本名・久場島)、赤尾嶼(chiweiyu、日本名・大正島)、北小島、大南小島、大北小島、飛瀬島からなる。その領有に関しては、陳侃《ちんかん》(明朝の使臣)の『使琉球録』が根拠となっている。

すなわち、琉球冊封使が明朝から琉球に帰る時の記録(一五三四年五月五日)「釣魚島、黄尾嶼、赤尾嶼を通過したが、琉球の使者はこれらの島を琉球のものだとはいわなかった」ため、「無主の土地」と判断し、以後明朝の領土に編入したという主張である。

また、中国が理論的根拠としている日本の研究書がある。それは、井上清《いのうえきよし》の『「尖閣」列島

——釣魚諸島の史的解明』であるが、中国では井上清は日本で最も優れた歴史学者として紹介されている。本書は、中国語にも訳され、版を重ね、デジタル版でも読むことができる（図15-6）。

井上は、日本は「故意に歴史を無視している」とし、「琉球処分」にさかのぼって批判しているのである。

当然、一九七二年九月の日中国交正常化交渉においても話題に出た。それは、九月二七日の第三回田中角栄・周恩来会談においてであった。田中は、周に中国側の見解をただしたが、周は「この問題について私は、今回は話したくない。今話しても利益がない」（外交部顧問・張香山の回想）として、正常化を最優先課題としたのである。「小異を捨てて、大同につく」は、周恩来外交の基本だが、周は尖閣問題は国交正常化後に解決すべき問題とした。いわゆる「棚上げ」の提案であったが、田中もこの時暗黙の了解をおこない、この点に関しては共通認識をもったというのが中国側の見解である。しかし、日本の外務省はあくまでも尖閣諸島は日本の固有領土であるため、そのような事実はないという説明をしている。

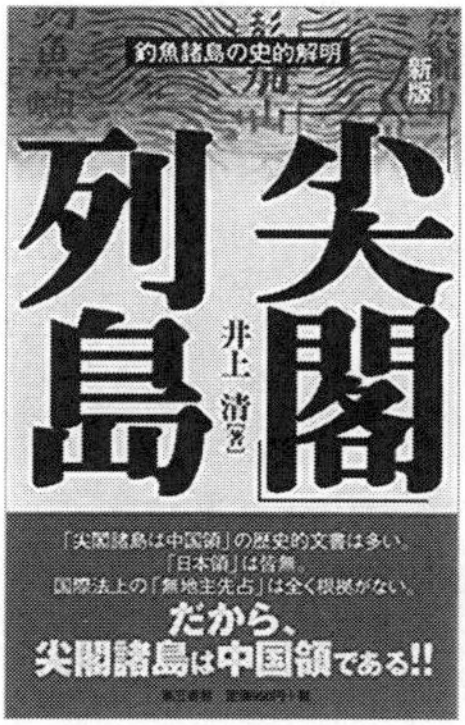

図15-6　井上清『「尖閣」列島』

このような見解の相違がある中で、石原慎太郎都

図 15-7　日本政府が国有化した３島

図 15-8　中国各地で起きた反日デモ

知事が私有地であった尖閣諸島を当時の持ち主（さいたま市在住、一九七〇年に古賀氏の遺族から買い取り）から東京都が買い取る交渉をおこない、島に港湾施設を建設する計画を外遊先であるニューヨークで発表したため、驚いた野田首相が急遽動き、国有化に踏み切ったのである。買い取ったのは、三島（魚釣島、北小島、南小島）で、二〇億五〇〇〇万円であったといわれている。この時、中国では各地に激しい反日デモが起きた（図15－7、図15－8）。

その後、中国海警局の船が尖閣周辺の海域（接続水域）まで接近して、時に領海侵犯し、航行することになり、海上保安庁の巡視船が警告を発するという状況が現在も続いている。

2　東アジアの現状と今後

†複合的対立要因の存在

東アジアの国際関係の複雑さは、それぞれの国と地域が相互に対立の要因を複合的に抱えていることに起因している。日本を中心点とする問題はこれまで述べてきたが、中国を中心点とすると、台湾との統一問題があるし、朝鮮半島を中心点とすれば、朝鮮戦争終結問題と北朝鮮の核廃絶問題がある。また、二〇一八年には慰安婦問題と徴用工問題が日韓間の新たな火種となり、新しい展開をみせた。

(1) 中国の国家統一問題——台湾問題の展開

中華人民共和国にとって、台湾は固有の領土であるという主張であるが、統一のための合意形成は困難な状況である。中国は改革・開放期の一つの目標として「国家の統一」を挙げている。香港とマカオの返還は実現し、「一国二制度」が一九九七年と九九年から開始されたが、鄧小平の「五〇年間の現状維持」の約束は反故《ほご》にされた。香港の民主の空間は次第に狭くなっている。

香港では中国大陸からの急増する観光客のマナーの悪さや不動産の高騰、商品の買い占めによる粉ミルクなどの日用品の不足のため、「中港矛盾」が起きてきた。また、二〇一四年一〇月には行政長官候補者選出に関して、中国政府の介入を批判し、民主化を求める学生が路上を占拠するいわゆる「雨傘革命」を起こした。これは、警察の催涙弾を防ぐため、デモ参加者が傘をさしたために名付けられたものであった（倉田二〇一七）。その後、香港では民主的発言や民主派の政治的活動が弾圧されている。

このような香港の現状は、台湾問題にも影響を与えていると考えられる。一九九五年一月三〇日、江沢民国家主席は「八項目の提案」を台湾に向けておこなった。この中では中国は平和的統一を望むが、台湾独立などに対しては、武力行使をおこない、断乎反対することが盛り込まれていた。これに対して、当時台湾の総統であった李登輝は、中国の提起した香港型の「一国二制度」を拒否し、「両岸は平等な立場」であることを主張した。この年の六月、李登輝がアメリカを訪問し、母校・コーネル大学を訪問したため、これに怒った中国は七月二一日に台湾に向けミサイル発射訓練を実行した。

また、一九九六年には台湾における初めての総統直接選挙で李登輝が当選したことに危機感を深めた中国は再びミサイルを発射し、第三次海峡危機が起きた。その後、李登輝は「台湾は現在分裂、分治状況下にある主権国家」「二つの政治実体」であるという認識を示すようになり、九九年にはいわゆる「二国論」を展開し、中国から強い批判を受けた。

二〇〇〇年三月、台湾ではもともと台湾独立を主張していた野党・民進党の陳水扁《ちんすいへん》が総統に

図 15-9　反国家分裂法反対デモ（著者撮影）

当選し、緊張が走ったが、陳は「中国が武力行使しない限り、任期内には独立を宣言しない」と発言し、事態の沈静化を図った。しかし、中国（胡錦濤国家主席）は、二〇〇五年三月一四日の第一〇期全人代で「反国家分裂法」を制定し、「「台独（台湾独立）」分裂勢力が国家を分裂させることに反対し、これを阻止し、祖国の平和統一を進歩させる。（第一条）」「台湾は中国の一部であり、いかなる方式で台湾を中国から切り離すことも許さない。（第二条）」「台湾問題は、内政問題で、いかなる外国勢力の干渉も受けない。（第三条）」、そして両岸関係の人的・経済的・教育的・文化的交流を促進すること（第六条）、を定めた[5]（図15－9）。

この反国家分裂法に対しては、台湾で大きな反発が起こり、一〇〇万人デモが起きた。筆者はその時たまたま史料の調査のため台北にいて、デモを目撃し、参加者にインタビューすることができた。日曜日に子どもも参加する平和的なデモであったが、台北市内は一時期デモ隊で埋め尽くされた。彼らの多くは中国との統一は望んでおらず、その望みは現状のまま中国との関係が発展することにあったが、「台湾アイデンティティ」を強く感じた一日であった。

二〇〇八年、中国国民党の馬英九が総統になると、両岸関係は飛躍的に進んだ。台湾と中国各地との直行便が運行され、観光客が急増し、台湾人のビジネスマンが直接往来するようになった。また、二〇一〇年には両岸経済協力協議（ECFA）が締結され、経済関係が密接になり、台湾に中国バブルを一時もたらしたが、香港同様に不動産等の物価の高騰を招き、その反面給与所得は上がらない状況が生まれ、第14章で述べたように、若者が結婚できない素地が形成されていくこととなる。

このような中国との経済面での一体化が急速に進むことへの「疑義」から、二〇一四年三月に学生が立法院の議場を占拠するという事件が起きた（ひまわり学生運動）（川島二〇一七）。この時の学生たちの動きが最終的には反国民投票として民進党に有利に働き、国民党は選挙で大敗し、一六年五月民進党党首の蔡英文が総統に就任した。蔡総統は、中国とは一定の距離をおく政策を実行に移し、あえて独立は主張しないが、台湾は「天然独（実質的に独立した状態）」と表現した。安全保障に関してはアメリカと日本との関係強化に努めた。

二〇一二年一一月の中国共産党一八全大会で胡錦濤から総書記の職を引き継いだ習近平は、総書記就任直後の一一月二九日に政治局常務委員と国家博物館の「復興の道」展を見学した際に「中華民族の偉大な復興の実現」という「中国の夢」に関するスピーチをおこなった。ここで習は、現在は「歴史のどの時代よりも、中華民族の偉大な復興の目標に近づいている」として、「数世代にわたる中国人の宿願が凝縮され、中華民族と中国人民の全般的な利益が具現化されているこの夢は、中華民族の子女共通の願いである」とした（習近平二〇一四）。習総書記のいう夢は過去から未来にかけての民族共通の夢ということになる。ここでいう「中華民族」とは、中国に居住するすべての民族を指す。中国は新「中国中心主義（中華思想、華夷的世界秩序）」の実現に向けて歩んでいるのである。

この夢の実現の一つが祖国統一にある。二〇一九年二月、習近平は「習五点」と呼ばれる新台湾政策を発表し、「一国二制度」による平和統一を建国一〇〇周年（二〇四九年）までに実現させること、「武力使用の放棄」は約束しないが、その対象は外部勢力の干渉と「台独」分子であること、中華文化圏のアイデンティティを増進させることなどを発表した。これに対して四月九日、蔡英文総統はインターネット中継によるアメリカ・ワシントンの政策研究機関「戦略国際問題研究所（CSIS）」で講演をおこない、地域安全保障の共有をアメリカや日本とおこなう可能性があることを語ったのである（『産経新聞』二〇一九年四月一一日付）。

二〇二四年一月一三日、台湾で第八回目の総統選挙と立法院選挙がおこなわれた。結果は、以下のようであった（投票率七一・八六％）

1　得票率
①頼清徳《らいせいとく》（民進党）四〇・〇五％
②侯友宜《こうゆうぎ》（国民党）三三・四九％
③柯文哲（民衆党）二六・四六％

2　立法院選挙（一一三議席）
①国民党・五二議席、②民進党・五一議席、③民衆党・八議席、④その他・二議席

総統には、民進党の頼清徳が当選したが、国民党の侯友宜と民衆党柯文哲の得票率を合わせると、頼を大きく上回り、立法院は野党が多数を占めるというねじれ現象がみられる。中国はこの結果を次へのステップとみて、国民党との関係を強化する戦略をとっているように思える。頼総統は基本的に蔡英文路線を引き継いでいる。

(2) 朝鮮半島――朝鮮戦争の終結と北朝鮮の核問題

日本はいまだに北朝鮮との国交が成立していない。また、長年にわたり拉致問題も解決していない。北朝鮮と韓国は朝鮮戦争の休戦状態にあり、板門店で対峙を続けているが、二〇一八年に情勢が大きく変化した。二〇一七年五月に朴槿恵《パククネ》大統領の収賄疑惑で逮捕後に大統領に就

任した文在寅《ムンジェイン》は、北との対話政策をとり、一八年四月二七日、板門店で一一年ぶりとなる第三回南北首脳会談を実現させた。同時にアメリカのトランプ大統領と北朝鮮の金正恩朝鮮労働党委員長との初めての米朝首脳会談もシンガポールで六月一二日に実現し、北朝鮮の完全な非核化による経済制裁の解除が話し合われたが、具体的な解決にはいたらなかった（図15-10）。

図 15-10　米朝首脳会談（2018 年 6 月 12 日）

また、二〇一八年中の朝鮮戦争の終結宣言にも文在寅は意欲を燃やしたが、北の非核化は具体的方策を欠き、実現されないまま二〇一九年を迎えた。一九年二月二七日、ベトナムのハノイで第二回目の米朝首脳会談がもたれたが、交渉は決裂した。南北交渉も進展していないままコロナ禍に入り、ミサイル実験も見受けられるようになった。二〇二二年二月二四日のロシア軍のウクライナ侵攻によって西側から経済制裁を受け、孤立するロシアが北朝鮮に接近している。また、韓国では二二年五月から就任した尹錫悦《ユンソンニョル》（「国民の力」）大統領が北朝鮮と対立し、日米寄りの政策を展開しているため、南北朝鮮の関係改善は望めない状況にある。

順位	国・地域	観光客数（人）
1	韓国	2,962,000
2	台湾	1,383,000
3	香港	829,500
4	アメリカ	808,900
5	タイ	534,900
	合計	6,739,200

図 15-11　2023 年 1〜4 月 の 訪 日 外国人数（日本政府観光局をもとに作成）

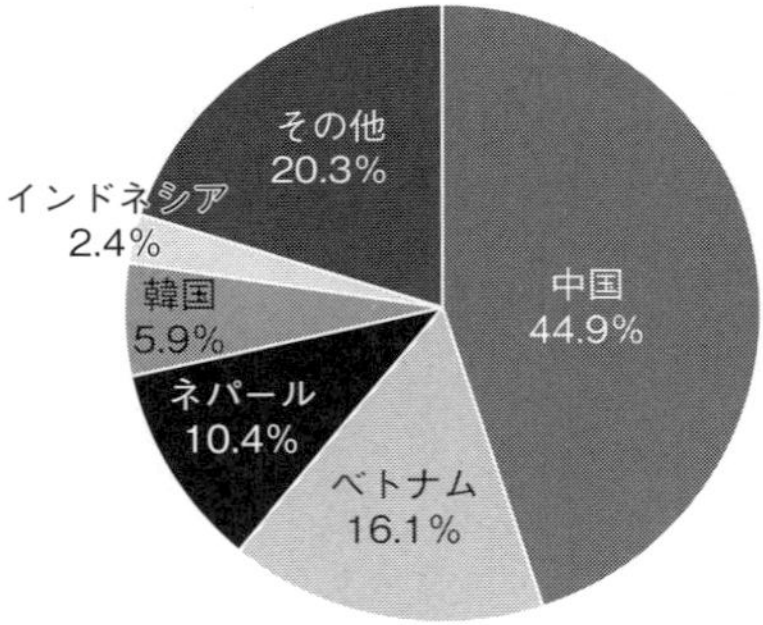

図 15-12　日本における外国人留学生の国籍（独立行政法人日本学生支援機構「令和 4 年度外国人留学生在籍状況調査」をもとに作成）内訳

†複合的相互依存の関係

このように対立の要因を数多く内包した東アジアであるが、経済的地域協力関係（EAFTA、RCEP、APECなど）は活発で、日中貿易も堅調である。人的交流も盛んで、二〇一五年に朴槿恵大統領と安倍首相との間で「不可逆的」に解決したが再燃した慰安婦問題や、新たな展開を見せた徴用工問題があるにもかかわらず、二〇一八年の韓国からの観光客は最高値を示した。しかし、問題もある日本人の嫌中が進み、日本から中国への訪問が急減している（中国の「反スパイ法」の影響もある）のである。この傾向はますます進むものと思われる。

ただ、中国や韓国の若者は、日本のサブカルチャーに高い関心を示して観光に来たり、日本での就職を目指して留学したりする傾向にある。特に、韓国ではコロナ禍で日本の音楽（J－POP）が注目され、大変な人気になっている。日本でのK－POP人気は根強いが、その波が今韓国でも起こっている状況である。少子化問題、介護問題を共通とする東アジアは今後、歴史や政治問題を越えて、地域協力をおこなう必要がある。歴史的に見て、本地域が完全に分裂しなかったのは人的交流と経済関係がどのような状況でも継続したことに起因している。今後は、人的な相互理解を深めて、地域が抱える問題を協働して解決していくことが対立を激化させない一つの方法であると思う（図15－11、図15－12）。

註

（1）いわゆる「天皇親拝」は一九四五、五二、五四、五七、五九、六五、六九、七五年におこなわれた。

（2）神道では、祭神《さいじん》となる御霊《みたま》は一つで、一度合祀された御霊は、分霊することはできないとされている。

（3）毛里和子『日中関係——戦後から新時代へ』岩波新書、二〇〇六年。

（4）太平洋戦争末期に編成された台湾原住民・高砂族による日本軍部隊。フィリピンやパプアニューギニアなどの前戦に送られた。

(5)「反国家分裂法(邦訳)」http://www.china-embassy.or.jp/jpn/zt/www12/t187198.htm 二〇一八年一〇月五日アクセス

あとがき

東アジアの歴史を振り返ることは、過去の事実を整理するだけでなく、私たちが今、どのように未来と向き合うべきかを問い直す試みでもあるように思う。本書では、東アジアという地域に「日本と東アジア」という枠組みではなく、日本を一アクターとして組み入れることで、その相互関係を重層的に捉え、その中で形成された複雑な歴史の流れを究明しようと努めた。

私には、以前から一つの疑問があった。それは、日本の歴史教科書が「世界史」と「日本史」に完全に分かれて執筆・編集、教育されてきたことである。二つの教科書をつぶさに読み比べてみると、特に近現代史において、微妙な記述の違いが見られる。

二〇一二年四月から十年間、私は文部科学省が主催する教科用図書検定調査審議会の委員として、毎年何十冊という、編集段階で出版社が特定できないように白表紙となっている歴史教科書を読み、意見を言う機会を得た。これは大変貴重な経験となり、本書執筆の動機ともなっている。二〇二二年から近現代史において「世界史」と「日本史」を統合的に学習する「歴史総合」が高校の必修科目となった。このことは、歴史のグローバル化時代においては、当然の帰結といえる。

「歴史総合」においては、その目標の一つに「近現代の事象についてよりよい社会実現のために探求する」ことがかかげられている。すなわち、歴史は、私たちが生きる社会の文脈を理解し、未来を構築するための手がかりになるものとして定義されているのである。例えば、植民地支配やくり返される戦争、しかし、その背後で途切れることなく続いた人的、経済的交流、このような共存と対立の連続性といった事象は、単なる過去の出来事ではなく、今も、これからも私たちの思考や行動を形作る要因であり続けるように思う。

本書が歴史を単なる過去の出来事として眺めるのではなく、現在の課題や未来への展望と結びつけて考える契機となり、東アジア近現代史を「私たちの歴史」として捉える視点を共有することで、これからの社会がより対話的で、多様な価値観を包摂するものになることを願っている。

だが、現実の東アジア情勢はますます厳しさを増している。軍拡を続ける北朝鮮がロシアのプーチン大統領の要請でウクライナに兵士を送り、中国がこれを警戒する動きを見せている。台湾有事を現実のものとする議論も活発化している。「歴史の教訓」が活かされず、くり返される歴史を目の当たりにし、深く憂慮する自分がいることも事実である。

本書執筆の基礎となったのは、二〇〇三年に出版した拙著『日中関係の基本構造——2つの問題点・9つの決定事項』（晃洋書房）である。「2つの問題点」というのは、歴史認識問題と台湾問題であるが、それは、二〇年以上経った現在でも東アジア共通の課題となっている。また、同著の問題意識を東アジア全体に広げて執筆したものが二〇二〇年に出版された拙著『新訂　現代東アジアの政治と社会』（放送大学教育振興会）である。同書は、放送大学の教科書であったため、受講して下さった多くの学生さんからさまざまなご意見、ご指摘をいただいた。本書はこれらの本を基礎とし、大幅に加筆したものである。

本書の出版、編集には筑摩書房の松田健氏、西澤祐希氏から多大なご支援、ご尽力をいただいた。この場を借りて、心からの感謝を伝えたい。

二〇二四年一二月一日

自宅書斎で孫・花礼奈と雪化粧の富士山を眺めつつ

家近　亮子

参考文献

第1章

溝口雄三『中国の衝撃』東京大学出版会、二〇〇四年
西嶋定生『中国古代国家と東アジア世界』東京大学出版会、一九八三年
浜下武志『朝貢システムと近代アジア』「まえがき」岩波書店、一九九七年
沈才彬『天皇と中国皇帝』六興出版、一九九〇年
上垣外憲一『「鎖国」の比較文明論――東アジアからの視点』講談社選書メチエ、一九九四年
王暁秋著・小島晋治監訳『アヘン戦争から辛亥革命――日本人の中国観と中国人の日本観』東方書店、一九九一年
家近亮子『日中関係の基本構造――2つの問題点・9つの決定事項』晃洋書房、二〇〇三年
松方冬子『オランダ風説書――「鎖国」日本に語られた「世界」』中公新書、二〇一〇年
原田博二『図説長崎歴史散歩――大航海時代にひらかれた国際都市』河出書房新社、一九九九年
森万佑子『朝鮮外交の近代――宗属関係から大韓帝国へ』名古屋大学出版会、二〇一七年

第2章

藤田高夫「東アジア史の共時性」松浦章編『東アジアにおける文化情報の発信と受容』雄松堂出版、二〇一〇年
福澤諭吉『福翁自傳』富田正文校訂、岩波文庫、一九三七年
福澤諭吉『學問のすゝめ』岩波文庫、一九四二年
福澤諭吉著・齋藤孝編訳『現代語訳　福翁自伝』ちくま新書、二〇一一年
福澤諭吉著・齋藤孝編訳『現代語訳　学問のすすめ』ちくま新書、二〇〇九年

北岡伸一『独立自尊――福沢諭吉と明治維新』ちくま学芸文庫、二〇一八年
森万佑子『朝鮮外交の近代――宗属関係から大韓帝国へ』名古屋大学出版会、二〇一七年
小川原正道『福沢諭吉　変貌する肖像――文明の先導者から文化人の象徴へ』ちくま新書、二〇二三年
安川寿之輔『福沢諭吉のアジア認識――日本近代史像をとらえ返す』高文研、二〇〇〇年
福澤諭吉「朝鮮ノ交際ヲ論ス」『時事新報』一八八二年三月一一日付
福澤諭吉「朝鮮独立党ノ処刑　前・後」『時事新報』一八八五年二月二三日付、二六日付
福澤諭吉「脱亜論」『時事新報』一八八五年三月一六日
福澤諭吉「日清ノ戦争ハ文野ノ戦争ナリ」『時事新報』一八九四年七月二九日付
大谷正『日清戦争――近代日本初の対外戦争の実像』中公新書、二〇一四年
原田敬一『日清・日露戦争――シリーズ日本近現代史3』岩波新書、二〇〇七年
藤村道生『日清戦争――東アジア近代史の転換点』岩波書店、一九七三年
加藤祐三『東アジアの近代――〈ビジュアル版〉世界の歴史17』講談社、一九八五年
原朗『日清・日露戦争をどう見るか――近代日本と朝鮮半島・中国』NHK出版新書、二〇一四年
渡辺利夫『後藤新平の台湾――人類もまた生物の一つなり』中公選書、二〇二一年
平井健介『日本統治下の台湾――開発・植民地主義・主体性』名古屋大学出版会、二〇二四年
原田正己「康有為」近代中国人名辞典修訂版編集委員会編『近代中国人名辞典　修訂版』霞山会・国書刊行会、二〇一八年
原田正己『康有為の思想運動と民衆』刀水書房、一九八三年
坂出祥伸『康有為――ユートピアの開花』集英社、一九八五年
小林共明「張之洞と日本留学政策――『勧学篇』を中心にして」『月刊しにか』「特集　明治日本と中国人留学生」第三巻一一号、一九九二年一一月
張之洞『勧学篇』両湖書院、武昌、一八九八年

さねとう・けいしゅう『中国人日本留学史　増補版』くろしお出版、一九八一年

第3章

森山茂徳『日本近代史のなかの朝鮮』不二出版、二〇二四年
森山茂徳『日韓併合』吉川弘文館、一九九二年
森山茂徳『韓国現代政治』東京大学出版会、一九九八年
朴慶植『日本帝国主義の朝鮮支配（上）（下）』青木書店、一九七三年
「韓国併合ニ関スル条約」国立公文書館、公文書にみる日本のあゆみ
内閣統計局編『大日本帝国統計年鑑』一九一〇年
板垣退助『立国の大本』（板垣会館建設後援会校註）ＧＨＱ焚書、いざなみ文庫、一九三二年　※大正八年（一九一九年）出版本の再版
中元崇智『板垣退助――自由民権指導者の実像』中公新書、二〇二〇年
江村栄一編『近代日本の軌跡2　自由民権と明治憲法』吉川弘文館、一九九五年
郭衛編『中華民國憲法史料』文海出版社、台北、一九七三年
石川忠雄『中国憲法史』慶応通信、一九五二年
「大日本帝国憲法」国立国会図書館、日本国憲法の誕生
岩波新書編集部編『日本の近現代史をどう見るか――シリーズ日本近現代史10』岩波新書、二〇一〇年
牧原憲夫『民権と憲法――シリーズ日本近現代史2』岩波新書、二〇〇六年
野沢豊『孫文と中国革命』岩波新書、一九六六年
藤井昇三『孫文の研究――とくに民族主義理論の発展を中心として』勁草書房、一九六六年
呂思勉『中国近代史』中華書局、北京、二〇二〇年
黄克武著・青山治世訳「清末から見た辛亥革命」辛亥革命百周年記念論集編集委員会編『総合研究辛亥革命』岩波書

店、二〇一二年
森万佑子『韓国併合――大韓帝国の成立から崩壊まで』中公新書、二〇二二年
原朗『日清・日露戦争をどう見るか――近代日本と朝鮮半島・中国』NHK出版新書、二〇一四年
深町英夫『孫文――近代化の岐路』岩波新書、二〇一六年
広東省社会科学院歴史研究室他合編『孫中山全集　第一巻〜第十一巻』中華書局、北京、一九八一年
伊地知善継・山口一郎監修・孫文研究会編『孫文選集　第一巻〜第三巻』社会思想社、一九八五年
陳錫祺主編『孫中山年譜長編　上・下冊』中華書局、北京、一九九一年
櫻井良樹『辛亥革命と日本政治の変動』岩波書店、二〇〇九年

第4章

歴史学研究会編『日本史史料　4　近代』岩波書店、一九九七年
黄紀蓮編『中日『二十一ヵ条』交渉史料全編』安徽大学出版社、二〇〇一年
「廿一条問題に藉口せる武漢地方の排日風潮」漢口日本商業会議所、一九二三年
E・H・カー著・塩川伸明訳『ロシア革命――レーニンからスターリンへ、1917―1929年』岩波現代文庫、二〇〇〇年
上島武『ロシア革命史論』窓社、二〇〇八年
池田嘉郎責任編集『ロシア革命とソ連の世紀1　世界戦争から革命へ』岩波書店、二〇一七年
アーネスト・R・メイ編・中屋健一監訳『アメリカの外交』東京大学出版会、一九六六年
玉岡敦「『共産党宣言』邦訳史」『経済学史研究』66巻2号（二〇二四年一二月）
野村浩一「李大釗」前掲『近代中国人名辞典　修訂版』
山田辰雄『国際社会研究2――中国近代政治史』放送大学教育振興会、二〇〇二年
及川恒忠・山田辰雄改訂『改訂　中国政治史』慶応義塾大学通信教育部、一九九六年

沈雲龍主編『中華民国憲法史料』文海出版社、台北、一九八一年
日中韓3国共通歴史教材委員会編『未来をひらく歴史――東アジア3国の近現代史　第2版』高文研、二〇〇六年
家近亮子「蔣介石における戦時外交の展開――中国IPRへの領導と中華の復興・領土の回復の模索」『軍事史学』第53巻2号「日中戦争八〇周年特集号」二〇一七年九月
嵯峨隆「日本と中国のアジア主義」家近亮子・川島真編著『東アジアの政治社会と国際関係』放送大学教育振興会、二〇一六年
嵯峨隆『アジア主義全史』筑摩選書、二〇二〇年

第5章

筒井清忠編『昭和史講義』ちくま新書、二〇一五年
川島真・服部龍二編『東アジア国際政治史』名古屋大学出版会、二〇〇七年
吉野作造『中国・朝鮮論』平凡社東洋文庫、一九七〇年
西村成雄「張作霖」前掲『近代中国人名辞典　修訂版』
家近亮子「蔣介石の一九二七年秋の日本訪問――「蔣介石日記」と日本の新聞報道による分析」山田辰雄・松重充浩編著『蔣介石研究――政治・戦争・日本』東方書店、二〇一三年
「蔣介石日記」アメリカ・スタンフォード大学フーヴァー研究所（Stanford University Hoover Institution）
家近亮子「北伐から張作霖事件へ」筒井清忠編『昭和史講義』ちくま新書、二〇一五年
家近亮子『蔣介石の外交戦略と日中戦争』岩波書店、二〇一二年
加藤陽子『満州事変から日中戦争へ――シリーズ日本近現代史5』岩波新書、二〇〇七年
金九著・梶村秀樹訳注『白凡逸志―金九自叙伝』平凡社東洋文庫、一九七三年
寺沢秀文『語り継ぐ「満蒙開拓」の史実――「満蒙開拓平和記念館」の建設実現まで』信濃史学会『信濃』第65巻第3号

小林信介『人びとはなぜ満州へ渡ったのか――長野県の社会運動と移民』世界思想社、二〇一五年
蔣介石「動乱の波に漂ふ支那及日本」『中央公論』第48巻第8号、一九三三年八月
玉井清「政友会の対外強硬論」中村勝範編『満洲事変の衝撃』勁草書房、一九九六年
筒井清忠「二・二六事件と昭和超国家主義運動」筒井清忠編『昭和史講義』ちくま新書、二〇一五年
筒井清忠『二・二六事件とその時代――昭和期日本の構造』ちくま学芸文庫、二〇〇六年
浜口裕子『日本統治と東アジア社会――植民地期朝鮮と満州の比較研究』勁草書房、一九九六年
家近亮子「西安事件再考――蔣介石に対する評価と日本の対応」池田維・嵯峨隆・小山三郎・栗田尚弥編著『人物からたどる日中関係史』国書刊行会二〇一九年
NHK取材班・臼井勝美『張学良の昭和史最後の証言』角川書店、一九九一年
広中一成『牟田口廉也――「愚将」はいかにして生み出されたのか』星海社新書、二〇一八年

第6章

小田滋他編『現代国際法』有斐閣双書、一九七一年
秦郁彦『日中戦争史』河出書房新社、一九六一年
家近亮子「中国の抗日戦争と戦後構想」『岩波講座東アジア近現代通史6　アジア太平洋戦争と「大東亜共栄圏」』岩波書店、二〇一一年
岩谷將『盧溝橋事件から日中戦争へ』東京大学出版会、二〇二三年
安井三吉『盧溝橋事件』研文選書、一九九三年
秦郁彦『盧溝橋事件の研究』東京大学出版会、一九九六年
江口圭一『シリーズ昭和史No.3　盧溝橋事件』岩波ブックレット、一九八八年
肥沼茂『盧溝橋事件嘘と真実――日中戦争深発掘』叢文社、一九九六年
広中一成『牟田口廉也――「愚将」はいかにして生み出されたのか』星海社新書、二〇一八年

櫻井良樹『華北駐屯日本軍――義和団から盧溝橋への道』岩波書店、二〇一五年
台湾國史館「蔣中正総統文物」／スタンフォード大学フーヴァー研究所「蔣介石日記」
庄司潤一郎「日中戦争の勃発と近衛文麿の対応――不拡大から「対手トセス」声明へ」『新防衛論集』第15巻3号、一九八八年
"Claire Lee Chennault, Lieutenant General, United States Army Air Corps", *Arlington National Cemetery Website.* http://www.arlingtoncemetery.net/clchenna.htm 二〇一二年七月二四日アクセス
抗戦軍事学研究社編『蔣委員長的戦略與戦術』勝利出版社、広州、一九三八年
毛沢東「論持久戦」「抗日遊撃戦争的戦略問題」、『毛沢東選集』第二巻、人民出版社、北京、一九五二年
菊池一隆『日本人反戦兵士と日中戦争――重慶国民政府地域の捕虜収容所と関連させて』御茶の水書房、二〇〇三年
「国家総動員法」国立公文書館　昭和一三年（一九三八）四月――国家総動員法が制定される／公文書にみる日本のあゆみ
宮地正人監修、大日方純夫・山田朗・山田敬男・吉田裕著『日本近現代史を読む』新日本出版社、二〇一〇年
広中一成『ニセチャイナ』社会評論社、二〇一三年
坂本悠一監修・編集『朝日新聞外地版（復刻版）――満洲版、北支版、朝鮮西北版、朝鮮南鮮版、台湾版　1938年～1945年』ゆまに書房、二〇〇七～二〇一一年
水野直樹『創氏改名――日本の朝鮮支配の中で』岩波新書、二〇〇八年
平井健介『日本統治下の台湾――開発・植民地主義・主体性』名古屋大学出版会、二〇二四年
渡辺利夫『後藤新平の台湾――人類もまた生物の一つなり』中公選書、二〇二一年
御厨貴監修『原敬』歴代総理大臣伝記叢書、ゆまに書房、二〇〇六年
武田幸男編『朝鮮史』山川出版社、一九八五年
若林正丈『台湾抗日運動史研究（増補版）』研文出版、二〇〇一年
近藤正己『総力戦と台湾――日本植民地崩壊の研究』刀水書房、一九九六年

ＮＨＫ『クローズアップ現代』（二〇二三年八月三〇日放送）「集団の〝狂気〟なぜ　関東大震災１００年〝虐殺〟の教訓――ＮＨＫ　クローズアップ現代　全記録」
葉栄鐘『日拠下台湾大事年表』晨星出版、台中、二〇〇〇年
「新東亜」編集室編・鈴木博訳『朝鮮近現代史年表』三一書房、一九八〇年
韓国史事典編纂会・金容権編著『朝鮮韓国近現代史事典――一八六〇～二〇一二　第３版』日本評論社、二〇一二年
日中韓３国共同歴史編纂委員会編『新しい東アジアの近現代史――日本・中国・韓国３国共同編集』上下、日本評論社、二〇一二年
近代日中関係史年表編集委員会編『近代日中関係史年表――１７９９-１９４９』岩波書店、二〇〇六年

第７章

花田智之「ノモンハン事件・日ソ中立条約」筒井清忠編『昭和史講義』ちくま新書、二〇一五年
「反侵略共同宣言（連合国共同宣言—Declaration of the United Nations)」http://worldjpn.grips.ac.jp/documents/texts/pw/19420101.D1J.html　二〇一九年二月一五日アクセス
「太平洋憲章・憲法条文・重要文書」日本国憲法の誕生、国立国会図書館、日本国憲法の誕生
Charles A. Beard, *President Roosevelt and the Coming of the War, 1941*, Transaction Publishers, New Brunswick (U.S.A) and London (U.K.), 2003.
蔣介石「書告海内外軍民僑胞」中国国民党中央委員会党史委員会『総統蔣公思想言論総集』巻31「書告」台北、一九八四年
「大日本帝国及「ソヴィエト」社会主義共和国聯邦間中立条約御批准ノ件ヲ決定ス」国立公文書館、公文書にみる日本のあゆみ
バーバラ・Ｗ・タックマン・杉辺利英訳『失敗したアメリカの中国政策――ビルマ戦線のスティルウェル将軍』朝日新聞社、一九九六年／Barbara W. Tuchman, *Stilwell and the American Experience*, Russell & Volkening, New

York,1970.
浅野和生「英国議会における蔣介石に対する認識と評価——一九三一年から一九五〇年の貴族院での議論を中心に」黄自進主編『蔣中正與近代中日関係2』稲郷出版社、台北、二〇〇六年
武田知己監修、解説・重光葵記念館編『重光葵・外交意見書集　第2巻』現代史料出版、二〇〇七年
周恩来「中国のファシズム——新専制主義について」（一九四三年八月一六日）『周恩来選集』北京外文出版社、一九八一年
小林英夫『日中戦争と汪兆銘』吉川弘文館、二〇〇三年
呂芳上著・松重充浩訳「「弾性」国際主義者蔣介石——1942年のインド訪問を検討事例として」山田辰雄・松重充浩編著『蔣介石研究——政治・戦争・日本』東方書店、二〇一三年
ウィンストン・チャーチル著、毎日新聞翻訳委員会訳『第二次大戦回顧録　第22巻』毎日新聞社、一九五五年
亜當「戦時的邏羅」『南聲報』（タイで発行されていた日刊紙）一九四五年元旦特刊、一九四五年一月一日
段瑞聰『蔣介石の戦時外交と戦後構想——1941-1971年』慶應義塾大学出版会、二〇二一年
竹内実編『日中国交基本文献集』下巻、蒼蒼社、一九九三年
「カイロ宣言　一九四三年一二月一日」国立国会図書館、日本国憲法の誕生
Yalta Agreement | Birth of the Constitution of Japan (ndl.go.jp)
小此木政夫『朝鮮分断の起源』慶應義塾大学法学研究会、二〇一八年
前掲「蔣中正総統文物」、「蔣介石日記」

第8章

シドニー・メイヤー著、芳地昌三訳『マッカーサー——東京への長いながい道』サンケイ新聞社出版局、一九七一年
塩出浩之『越境者の政治史——アジア太平洋における日本人の移民と植民』名古屋大学出版会、二〇一五年
Dennis O, Leary. The Battle for Australia, Wagga & District Sub Branch of National Serviceman's Association of

Australia,2009.
広中一成『牟田口廉也――「愚将」はいかにして生み出されたのか』星海社新書、二〇一八年
『中国共産党編年史』編集委員会編『中国共産党編年史 1937-1943』山西人民出版社・中共党史出版社、二〇〇二年
宮地正人監修、大日方純夫・山田朗他著『日本近現代史を読む』新日本出版社、二〇一〇年
東洋経済新報社編『昭和国勢総覧』東洋経済新報社、一九八〇年
「朝鮮人志願兵・徴兵の梗概／第3章 特別志願兵の発展」国立公文書館アジア歴史資料センター
武田幸男『朝鮮史』山川出版社、一九八五年
平井健介『日本統治下の台湾――開発・植民地主義・主体性』名古屋大学出版会、二〇二四年
近藤正己『総力戦と台湾――日本植民地崩壊の研究』刀水書房、一九九六年
「ポツダム宣言」国立国会図書館、日本国憲法の誕生
鈴木多聞「「聖断」と「終戦」の政治過程」筒井清忠編『昭和史講義』ちくま新書、二〇一五年
"Statement on Bombing of Hiroshima, By Harry S. Truman, President of the United States of America, Date: August 7,1945", Nuclear Films, Project of the Nuclear Age Peace Foundation. http://www.nuclearfilmes.org/menu/library/corrrespondence/truman-harry/corr_tru...2007/07/08 二〇二三年七月三日アクセス
佐藤元英・黒沢文貴編「原子爆弾に対する日本参謀本部の反響」『GHQ歴史課陳述録終戦史資料（下）』原書房、二〇〇二年
下村海南『終戦記 再版』鎌倉文庫、一九四八年
外務省特別資料部編「『ポツダム』宣言受諾ニ関スル八月十日附ケ日本国政府申入」『日本占領及び管理重要文書集』第一巻基本編、東洋経済新報社、一九四九年
平岩俊司「朝鮮半島（1）」家近亮子・川島真編著『東アジアの政治社会と国際関係』放送大学教育振興会、二〇一七年
家近亮子『日中関係の基本構造――2つの問題点・9つの決定事項』晃洋書房、二〇〇三年

「農地制度改革ニ関スル件」国立公文書館、公文書にみる日本のあゆみ
家近亮子「「東京裁判」決定の国際政治過程と日本・中国の裁判報道」『慶應の政治学――慶應義塾創立一五〇年記念法学部論文集　地域研究』慶應義塾大学出版会、二〇〇八年
前掲「蔣中正総統文物」、「蔣介石日記」

第9章

「中共中央六期拡大七中全会　若干の歴史的問題についての決議」（一九四五年四月二〇日）日本国際問題研究所中国部会編『中国共産党資料集　第12巻』日本国際問題研究所中国部会、一九七四年
国分良成『中華人民共和国』ちくま新書、一九九九年
小島朋之『中国現代史――建国50年、検証と展望』中公新書、一九九九年
天児慧『中華人民共和国史』岩波新書、一九九九年
毛里和子『現代中国政治――グローバル・パワーの肖像　第3版』名古屋大学出版会、二〇一二年
小島朋之『現代中国の政治――その理論と実践』慶應義塾大学出版会、一九九九年
王丹著・加藤敬事訳『中華人民共和国史十五講』ちくま学芸文庫、二〇一四年
家近亮子・唐亮・松田康博編著『5分野から読み解く現代中国――歴史・政治・経済・社会・外交　新版』晃洋書房、二〇一六年
家近亮子・川島真編著『東アジアの政治社会と国際関係』放送大学教育振興会、二〇一六年
家近亮子『現代東アジアの政治と社会　新訂』放送大学教育振興会、二〇二〇年
中共中央党史研究室『中国共産党歴史大事記 1919.5–1990.12』人民出版社、一九九一年
陳文斌他編『中国共産党執政五十年　1949–1999』中共党史出版社、一九九九年
当代中国研究所編『中華人民共和国簡史（1949–2019）』当代中国出版社、北京、二〇一九年
Don Lohbeck, *Patrick J. Hurley*, Henry Regnery Company, 1956

蔣介石先生の遺徳を顕彰する会編『以徳報怨――写真集「蔣介石先生の遺徳を偲ぶ」』一九八六年
国民政府軍事委員会政治部編『蔣委員長が日本軍民に告ぐ演説集』一九四五年
平岩俊司「朝鮮半島（1）」家近亮子・川島真『東アジアの政治社会と国際関係』放送大学教育振興会、二〇一六年
小此木政夫『朝鮮分断の起源――独立と統一の相克』慶應義塾大学出版会、二〇一八年
金九著・梶村秀樹訳注『白凡逸志　金九自叙伝』平凡社東洋文庫、一九七三年
「新東亜」編輯室編・鈴木博訳『朝鮮近現代史年表』三一書房、一九八〇年
中国国民党中央宣伝部編『中華民国憲法――国民大会三十五年十二月二十五日通過、国民政府三十六年一月一日公布』一九四七年
H・S・トルーマン著・加瀬俊一監修・堀江芳孝訳『トルーマン回顧録　第1、2』恒文社、一九六六年
家近亮子『蔣介石と南京国民政府――中国国民党の権力浸透に関する分析』慶應義塾大学出版会、二〇〇二年
野嶋剛『ふたつの故宮博物院』新潮選書、二〇一一年
中央檔案館編『中華人民共和国国旗国徽国歌檔案』中国文史出版社、二〇〇九年
吉田茂『回想十年』第一～四巻、新潮社、一九五九年
「ロイヤル陸軍長官演説　一九四八年一月六日」大嶽秀夫編・解説『戦後日本防衛問題資料集　第一巻　非軍事化から再軍備へ』三一書房、一九九一年
The China White Paper August 1949 (*United States Relations with China-With Special Reference to the Period 1944-1949*, Department of State Publication 3573, Far Eastern Series 30)
アメリカ国務省編・朝日新聞社訳『中国白書――米国の対華関係』朝日新聞社、一九四九年
三浦陽一『吉田茂とサンフランシスコ講和』上下巻、大月書店、一九九六年
細谷千博『サンフランシスコ講和への道』中央公論社、一九八四年
三宅明正『レッド・パージとは何か――日本占領の影』大月書店、一九九四年
若林正丈『台湾――分裂国家と民主化』東京大学出版会、一九九二年

福田円『中国外交と台湾――「一つの中国」原則の起源』慶應義塾大学出版会、二〇一三年
林金茎『戦後の日華関係と国際法』有斐閣、一九八七年
「警察予備隊」国立国会図書館、史料にみる日本の近代――開国から戦後政治までの軌跡
「レッドパージ」国立国会図書館、史料にみる日本の近代――開国から戦後政治までの軌跡
家近亮子『日中関係の基本構造――2つの問題点・9つの決定事項』晃洋書房、二〇〇三年
蔣介石「復職的目的與使命――説明革命失敗的原因與今後成功的要旨（中華民国三十九年三月十三日在革命実践研究院講）」、秦孝儀主編『総統蔣公思想言論総集』巻23「演講」
臧士俊『戦後日・中・台三角関係』前衛出版社、一九九七年
竹内実編『日中国交基本文献集』下巻、蒼蒼社、一九九三年
竹内実編訳『中華人民共和国憲法集　中国を知るテキスト1』蒼蒼社、一九九一年
吉田茂『回想十年』第三巻、新潮社、一九五七年
「吉田内閣総理大臣のダレス米大使あて書簡」『日中関係基本資料集　1949年〜1997年霞山会』、一九九七年

第10章

ジェームズ・M・バーダマン著・樋口謙一郎監訳『日本現代史　増補改訂版』IBCパブリッシング、二〇一三年／James M. Vardaman, *Contemporary Japanese History : since 1945.*
加藤陽子『昭和天皇と戦争の世紀』講談社学術文庫、二〇一八年
升味準之輔「一九五五年の政治体制」『思想』岩波書店、一九六四年四月号
日中友好協会編『日中友好運動五十年』東方書店、二〇〇〇年
「対日平和条約米英草案とサンフランシスコ会議に関する周恩来外交部長の声明」前掲『日中関係基本資料集一九四九年〜一九九七年』
「対日平和条約調印に関する周恩来外交部長の声明」前掲『日中関係基本資料集　一九四九年〜一九九七年』

島田政雄・田家農『戦後日中関係五十年――日中双方の課題は果たされたか』東方書店、一九九七年
日中貿易逸史研究会編著『黎明期の日中貿易――1946年-1979年　ドキュメント』東方書店、二〇〇〇年
唐成「日中経済関係の歴史的転換」家近亮子・松田康博・段瑞聡編著『岐路に立つ日中関係――過去との対話・未来への模索　改訂版』晃洋書房、二〇一二
毛里和子『現代中国政治――グローバル・パワーの肖像　第3版』名古屋大学出版会、二〇一二年
矢吹晋『「図説」中国力（チャイナ・パワー）――その強さと脆さ』蒼蒼社、二〇一〇年
王丹著・加藤敬事訳『中華人民共和国史十五講』ちくま学芸文庫、二〇一四年
松田康博『台湾における一党独裁体制の成立』慶應義塾大学出版会、二〇〇六年
若林正丈『台湾　分裂国家と民主化』東京大学出版会、一九九二年
高希均・李誠編、小林幹夫・塚越敏彦訳『台湾の四十年――国家経済建設のグランドデザイン　上』連合出版、一九九三年
中川信夫『李承晩・蒋介石』三一書房、一九六〇年
「竹島問題の概要」外務省（mofa.go.jp）
西村成雄・小此木政夫『現代東アジアの政治と社会』放送大学教育振興会、二〇一〇年
「日本国と大韓民国との間の基本関係に関する条約・御署名原本・昭和四十年・第十六巻止・条約第二十五号」国立公文書館、公文書にみる日本のあゆみ
平岩俊司「朝鮮半島（1）」、家近亮子・川島真『東アジアの政治社会と国際関係』放送大学教育振興会、二〇一七年（第二刷）
前掲「蔣中正総統文物」、「蔣介石日記」

第11章

Edger Snow, *Red Star over China*, Victor Gollancz, London, 1937

エドガー・スノー著・松岡洋子訳『中国の赤い星』上下巻、ちくま学芸文庫、一九九五年
ディック・ウィルソン著・田中恭子・立花丈平訳『周恩来――不倒翁波瀾の生涯』時事通信社、一九七八年
「台湾を除き中国を招く。名古屋で開く世界卓球後藤協会長が決意」『毎日新聞』一九七〇年一二月三一日付
「駐外単位之外交部収電（十六）」（民国六〇年七月一五日）、『蔣経国総統文物』、国史館檔案史料、005-010205-00161-014
ヘンリー・キッシンジャー『キッシンジャー秘録第4巻――モスクワへの道』桃井真監修、斎藤弥三郎他訳、小学館、一九八〇年
清水麗『台湾外交の形成――日華断交と中華民国からの転換』名古屋大学出版会、二〇一九年
田村重信・豊島典雄・小枝義人『日華断交と日中国交正常化』南窓社、二〇〇〇年
石井明他編「蔣介石総統宛て田中首相親書」『日中国交正常化・日中平和友好条約締結交渉――記録と考証』岩波書店、二〇〇三年
王雪萍編著『戦後日中関係と廖承志――中国の知日派と対日政策　慶應義塾大学東アジア研究所・現代中国研究シリーズ』慶應義塾大学出版会、二〇一三年
「在歓迎田中首相宴会上　周恩来総理的祝酒詞」『人民日報』一九七二年九月二六日付
毛沢東「持久戦について」（一九三九年五月）『毛沢東選集』第二巻、外文出版社、北京、一九六八年
「在周恩来総理歓迎宴会上　田中首相的祝酒詞」『人民日報』一九七二年九月二六日付
高希均・李誠編・小林幹夫・塚越敏彦訳『台湾の四十年――国家経済建設のグランドデザイン　上』連合出版、一九九三年
若林正丈『蔣経国と李登輝――「大陸国家」からの離陸？』岩波書店、一九九七年
美國在台協會　台灣關係法（ait.org.tw）
平岩俊司「朝鮮半島（2）」家近亮子・川島真編著『東アジアの政治社会と国際関係』放送大学教育振興会、二〇一七年

前掲「蔣中正総統文物」、「蔣介石日記」

第12章

家近亮子「中国における階級概念の変容――毛沢東から華国鋒へ」加茂具樹・飯田将史・神保謙編著『中国改革開放への転換――「一九七八年」を越えて』慶應義塾大学出版会、二〇一一年
中国法制出版社編『中華人民共和国憲法　中華人民共和国国旗法　中華人民共和国国徽法』中国法制出版社、北京、一九九五年
石井明他編『日中国交正常化・日中平和友好条約締結交渉――記録と考証』岩波書店、二〇〇三年
「日本国と中華人民共和国との間の平和友好条約」外務省（mofa.go.jp）
「昭和天皇メモ」「A級戦犯靖国合祀　昭和天皇が不快感」『日本経済新聞』二〇〇六年七月二〇日付
家近亮子『日中関係の基本構造』晃洋書房、二〇〇三年
「日本與中國改開：小平受大平啓発決定『繙両番』」、BBC NEWS 中文 https://www.bbc.com/zhongwen/trad/chinese-news-46620562.2019.2.25　二〇一八年一二月二〇日アクセス
「温家宝首相演説全文」『朝日新聞』二〇〇七年四月一三日
家近亮子「戦後日中関係の基本構造――無賠償決定の要因」松阪大学現代史研究会編『現代史の世界へ』晃洋書房、一九九八年
小此木政夫「朝鮮半島（2）――分断国家の2つの道」西村成雄・小此木政夫編著『現代東アジアの政治と社会』放送大学教育振興会、二〇一〇年
平岩俊司「朝鮮半島（2）――冷戦終結と北朝鮮の核問題」家近亮子・川島真編著『東アジアの政治社会と国際関係』放送大学教育振興会、二〇一七年
若林正丈『蔣経国と李登輝――「大陸国家」からの離陸？』岩波書店、一九九七年
王丹著・加藤敬事訳『中華人民共和国史十五講』ちくま学芸文庫、二〇一四年

矢吹晋『天安門事件の真相（上・下）』蒼蒼社、一九九〇年
馬場公彦「天安門事件に到る道　1988—1990年」『アジア太平洋討究』第二一号、二〇一三年
前掲「蔣中正総統文物」、「蔣介石日記」

第13章

マルサス著、斎藤悦則訳『人口論』光文社古典新訳文庫、二〇一一年
マルクス著、村田陽一訳『賃労働と資本』大月書店、二〇〇九年
ドメラ・H・メドウズ他著、大来佐武郎監訳『成長の限界——ローマクラブ「人類の危機」レポート』ダイヤモンド社、一九七二年
Cecilia Nathansen Milwertz, *Accepting Population Control Urban Chinese Women and the One-Child Family Policy*, Curzon Press, Richmond, 1997
河野稠果『人口学への招待——少子・高齢化はどこまで解明されたか』中公新書、二〇〇七年
高崎順子『フランスはどう少子化を克服したか』新潮新書、二〇一六年
家近亮子「社会問題と政策——人口問題・教育問題・社会保障問題」家近亮子・唐亮・松田康博編著『新版　5分野から読み解く現代中国』晃洋書房、二〇一八年
劉少奇「提唱節育」（一九五四年一二月二七日）『建国以来重要文献選編』第5冊、中央文献出版社、一九九三年
若林敬子『中国の人口問題』東京大学出版会、一九八九年
若林敬子『中国人口超大国のゆくえ』岩波新書、一九九四年
「『一人っ子政策』廃止の中国　戸籍ない闇っ子対策強化」『NEWSポストセブン』二〇一五年一二月五日、https://ironna.jp/article/2691
「光棍児　中国　結婚できない男たち」、NHKノーナレーション・ドキュメンタリーの世界、二〇一七年八月二〇日放送

若林敬子・聶海松編著『中国人口問題の年譜と統計――1949～2012年』御茶の水書房、二〇一二年
河路由佳『間近にみた中国――一人っ子帝国の朝焼け』日本貿易振興会、一九九五年
陳丹燕・中由美子訳『一人っ子たちのつぶやき』てらいんく、一九九九年
「韓国一八年出生率、初めて一・〇割れ　世界最低水準に」『日本経済新聞　電子版』二〇一九年二月二七日 https://www.nikkei.com/article/DGXMZO41815530X20C19A2EA2000/　二〇一九年三月一日アクセス
大西裕『先進国・韓国の憂鬱――少子高齢化・経済格差・グローバル化』中公新書、二〇一四年
裵海善『韓国の少子化と女性雇用』明石書店、二〇一五年
瀬地山角「韓国の女性労働・高齢者労働――日本・台湾との比較を通じて」春木育美・薛東勲編著『韓国の少子高齢化と格差社会』、慶應義塾大学出版会、二〇一一年
林在圭・矢野敬生「韓国における高齢化と高齢者問題の現在」店田廣文編『アジアの少子高齢化と社会・経済発展』早稲田大学出版部、二〇〇五年
A-stories×記者サロン「『出生率0.72』の韓国　超少子化社会のリアル」『朝日新聞』オンラインイベント、二〇二四年年五月一七日
高希均・李誠編『台湾の四十年　下』連合出版、一九九三年

第14章

橘木俊詔『格差社会――何が問題なのか』岩波新書、二〇〇六年
佐藤康仁・熊沢由美編著『格差社会論　新版』同文舘出版、二〇一九年
世界のジニ係数 国別ランキング・推移 GLOBAL NOTE
家近亮子「社会問題と政策――人口問題・教育問題・社会保障問題」家近亮子・唐亮・松田康博編著『新版　5分野から読み解く現代中国』晃洋書房、二〇一六年
家近亮子「教育問題」家近亮子・唐亮・松田康博編著『改訂版　5分野から読み解く現代中国』晃洋書房、二〇〇九

年
仲田陽一『知られざる中国の教育改革――超格差社会の子ども・学校の実像』かもがわ出版、二〇一四年
「中華人民共和国義務教育法」法律出版社、北京、一九九八年
「義務教育　遠い平等――農村の子、勉強か出稼ぎか」「奔流21　中国――苦悩する大国」『朝日新聞』二〇〇八年一一月二二日付
「北京市の〝市民選抜〟――中国戸籍制度改革の行方」ＮＨＫ、二〇一九年一月三〇日放送、https://www.nhk.or.jp/kokusaihoudou/archive/2019/01/0130.htm
ガーベラ・パートナーズ・グループ「中国：最新の北京戸籍の取得条件について」https://gerbera.co.jp/blog/p03/b01/theme-3430/
「中国、就業形態の多様化と若年層の就職観――Ｚ世代の意識を探る」『ＪＥＴＲＯ地域・分析レポート』二〇二三年五月一二日付
高野悠介「中国で新卒の就職難が問題に」ＺＵＵオンライン　https://zuuonline.com/archives/185682
文部科学省「令和五年度学校基本統計（学校基本調査の結果）」二〇二三年一二月二〇日
令和五年度学校基本統計結果の概要（mext.go.jp）
「男女の賃金格差、最大は栃木　全国順位公表、最小は高知政府ＰＴ」時事ドットコム、二〇二四年九月二日二〇時五八分、https://www.jiji.com/sp/article
裵海善『韓国の少子化と女性雇用――高齢化・男女格差社会に対応する人口・労働政策』明石書店、二〇一五年
「日本よりはマシ？　高齢化進む韓国の現状」Search. KOREA、二〇二四年九月七日七時三〇分

第15章

村山内閣総理大臣談話「戦後50周年の終戦記念日にあたって」外務省　https://www.mofa.go.jp/mofaj/press/danwa/07/dmu_0815.html

E・H・カー著、清水幾太郎訳『歴史とは何か』岩波新書、一九六二年
松村高夫「歴史認識と『歴史問題』」『三田学会雑誌』九八巻四号、二〇〇六年
岸本昌雄『歴史認識の論理』河出書房、一九四七年
石田雄「戦争責任論再考」『現代史と民主主義』年報『日本現代史』一九九六年第二号、東出版
家近亮子「歴史認識問題」家近亮子・松田康博・段瑞聡編著『岐路に立つ日中関係――過去との対話・未来への模索　改訂版』晃洋書房、二〇一二
村尾次郎監修『新編日本史のすべて――新しい日本史教科書の創造へ』原書房、一九八七年
「『歴史教科書』に関する宮澤内閣官房長官談話」http://www.mofa.go.jp/mofaj/area/taisen/miyazawa.html
段瑞聰「教科書問題」家近亮子・松田康博・段瑞聰編著『改訂版　岐路に立つ日中関係――過去との対話・未来への模索』晃洋書房、二〇一二年
一谷和郎「靖国神社参拝問題」家近亮子・松田康博・段瑞聰編著『改訂版　岐路に立つ日中関係――過去との対話・未来への模索』晃洋書房、二〇一二年
「小泉首相談話の全文――靖国神社参拝」『朝日新聞』二〇〇一年八月一三日付
野嶋剛『認識・TAIWAN・電影　映画で知る台湾』明石書店、二〇一五年
平岡昭利「明治期における尖閣諸島への日本人の進出と古賀辰四郎」『人文地理』第五七巻第五号、二〇〇五年
楊碧川編『台湾現代史年表（一九四五年八月～一九九四年九月）』一橋出版社、台北市、一九九六年
矢吹晋『敗戦・沖縄・天皇――尖閣衝突の遠景』花伝社、二〇一四年
井上清『「尖閣」列島――釣魚諸島の史的解明』現代評論社、一九七二年
矢吹晋『尖閣問題の核心』花伝社、二〇一三年
倉田徹「香港・マカオ」家近亮子・川島真編著『東アジアの政治社会と国際関係』放送大学教育振興会、二〇一七年
川島真「台湾（2）――民主化以後」家近亮子・川島真編著『東アジアの政治社会と国際関係』放送大学教育振興会、二〇一七年

習近平『国政運営を語る』外文出版社、北京、二〇一四年
前掲「蔣中正総統文物」、「蔣介石日記」

索引

アルファベット順

あ行

か行

さ行

た行

な行

は行

ま行

や行

ら行

わ行

ちくま新書
1839

東《ひがし》アジア現代史《げんだいし》

二〇二五年一月一〇日　第一刷発行

著者　家近亮子（いえちか・りょうこ）

発行者　増田健史

発行所　株式会社　筑摩書房
東京都台東区蔵前二-五-三　郵便番号一一一-八七五五
電話番号〇三-五六八七-二六〇一（代表）

装幀者　間村俊一

印刷・製本　株式会社　精興社

ISBN978-4-480-07667-0 C0222

ちくま新書

1377 ヨーロッパ近代史　君塚直隆

なぜヨーロッパは世界を席巻することができたのか。「宗教と科学の相剋」という視点から、ルネサンスに始まり第一次世界大戦に終わる激動の五〇〇年を一望する。

1400 ヨーロッパ現代史　松尾秀哉

第二次大戦後の和解の時代が終焉し、大国の時代が復活し、危機にあるヨーロッパ。その現代史の全貌を、国際関係のみならず各国の内政との関わりからも描き出す。

1636 ものがたり戦後史――「歴史総合」入門講義　富田武

既成の教科書にはない歴史研究の最新知見を盛り込みつつ、日本史と世界史を融合。二〇二二年四月から高校で始まる新科目「歴史総合」を学ぶための最良の参考書。

1653 海の東南アジア史――港市・女性・外来者　弘末雅士

ヨーロッパ、中国、日本などから人々が来訪し、交易や植民地支配を行った東南アジア海域。女性や華人などを通して東西世界がつながった、その近現代史を紹介。

1694 ソ連核開発全史　市川浩

史上最大の水爆実験から最悪の原発事故、原発大国ウクライナの背景まで。危険や困惑を深めながら推し進められたソ連の原子力計画の実態に迫る、かつてない通史。

1744 病が分断するアメリカ――公衆衛生と「自由」のジレンマ　平体由美

なぜアメリカは、コロナ禍で世界最悪の死者数となったのか？　20世紀初頭以来の公衆衛生史を繙きつつ、収入・居住地域・人種などで分断された現状を探る。

1771 古代中国王朝史の誕生――歴史はどう記述されてきたか　佐藤信弥

文字、木簡などの記録メディア、年号などの興りとは。古代中国人の歴史記述への執念、歴史観の萌芽。それらが司馬遷『史記』へと結実する。歴史の誕生をたどる。

ちくま新書

1563 中国語は楽しい ――華語から世界を眺める 新井一二三
中国語で書き各地で活躍する作家が、文法や発音など基礎を解説し、台湾、香港、東南アジア、北米などに華語として広がるこの言語と文化の魅力を描き出す。

1345 ロシアと中国 反米の戦略 廣瀬陽子
孤立を避け資源を売りたいロシア。軍事技術が欲しい中国。米国一強の国際秩序への対抗……。だが、中露蜜月の舞台裏では熾烈な主導権争いが繰り広げられている。

1258 現代中国入門 光田剛編
あまりにも変化が速い現代中国。その実像を政治史、文化、思想、社会、軍事等の専門家がわかりやすく解説。歴史から最新情勢までバランスよく理解できる入門書。

1223 日本と中国経済 ――相互交流と衝突の一〇〇年 梶谷懐
「反日騒動」や「爆買い」は今に始まったことではない。近現代史を振り返ると日中の経済関係はアンビバレントに進んできた。この一〇〇年の政治経済を概観する。

1483 韓国 現地からの報告 ――セウォル号事件から文在寅政権まで 伊東順子
セウォル号事件、日韓関係の悪化、文在寅政権下の分断……二〇一四～二〇年のはじめまで、何が起こり、人びとは何を考えていたのか？ 現地からの貴重なレポート。

1277 消費大陸アジア ――巨大市場を読みとく 川端基夫
中国、台湾、タイ、インドネシア……いま盛り上がるアジア各国の市場や消費者の特徴・ポイントを豊富な実例で解説する。成功する商品・企業は何が違うのか？

1184 昭和史 古川隆久
日本はなぜ戦争に突き進んだのか。私たちは、何を失い、何を手にしたのか。開戦から敗戦、復興、そして高度成長へと至る激動の64年間を、第一人者が一望する決定版！

ちくま新書

1136
昭和史講義
――最新研究で見る戦争への道
筒井清忠編
なぜ昭和の日本は戦争へと向かったのか。複雑きわまる戦前期を正確に理解すべく、俗説を排して信頼できる史料に依拠。第一線の歴史家たちによる最新の研究成果。

1194
昭和史講義2
――専門研究者が見る戦争への道
筒井清忠編
なぜ戦前の日本は破綻への道を歩んだのか。その原因をより深く究明すべく、二十名の研究者が最新研究の成果を結集する。好評を博した昭和史講義シリーズ第二弾。

1266
昭和史講義3
――リーダーを通して見る戦争への道
筒井清忠編
昭和のリーダーたちの決断はなぜ戦争へと結びついたのか。近衛文麿、東条英機ら政治家・軍人のキーパーソン15名の生い立ちと行動を、最新研究によって跡づける。

1730
B‐29の昭和史
――爆撃機と空襲をめぐる日本の近現代
若林宣
B‐29はいかにして、太平洋戦争そのものを象徴する存在になったのか。戦略爆撃機の開発から『火垂るの墓』まで、豊富な資料で読み解く縦横無尽のB‐29史。

1513
明治憲法史
坂野潤治
近代日本が崩壊へと向かう過程において、憲法体制は本当に無力であるほかなかったのか。明治国家の建設から総力戦の時代まで、この国のありようの根本をよみとく。

650
未完の明治維新
坂野潤治
明治維新は〈富国・強兵・立憲主義・議会論〉の四つの目標が交錯した「武士の革命」だった。それは、どう実現されたのだろうか。史料で読みとく明治維新の新たな実像。

1379
都市空間の明治維新
――江戸から東京への大転換
松山恵
江戸が東京になったとき、どのような変化が起こったのか？　皇居改造、煉瓦街計画、武家地の転用など空間の変容を考察し、その町に暮らした人々の痕跡をたどる。

ちくま新書

1812 中国共産党vsフェミニズム　中澤穣

女権主義（フェミニズム）は、中国を揺るがす危険な外国勢力⁉ 蔓延する人身売買や暴力、不平等な待遇を批判する言葉を得た女性たちと政権の闘いを描く。

1185 台湾とは何か　野嶋剛

国力において圧倒的な中国・日本との関係を深化させる台湾。日中台の複雑な三角関係を波乱の歴史、台湾の社会・政治状況から解き明かし、日本の針路を提言。

1512 香港とは何か　野嶋剛

選挙介入や国家安全法の導入決定など、中国の横暴がすさまじい。返還時の約束が反故にされた香港。若者中心の抵抗運動から中米対立もはらむ今後の見通しまで。

948 日本近代史　坂野潤治

この国が革命に成功し、わずか数十年でめざましい近代化を実現しながら、やがて崩壊へと突き進まざるをえなかったのはなぜか。激動の八〇年を通観し、捉えなおす。

1798 闇の中国語入門　楊駿驍

「我的精神快要崩潰了（私の精神はもう限界です）」。既存の中国語教科書では教えてくれない、心と社会の闇をあらわす45の言葉から、現代中国を理解する。

1679 韓国の変化 日本の選択——外交官が見た日韓のズレ　道上尚史

飛躍的な変化を見せる韓国とどう向き合うべきか。長く韓国に駐在し、現地事情に精通した外交官が、韓国市民の日本観を冷静に分析。日本の進むべき道を提言する。

935 ソ連史　松戸清裕

二〇世紀に巨大な存在感を持ったソ連。「冷戦の敗者」「全体主義国家」の印象で語られがちなこの国の内実を丁寧にたどり、歴史の中での冷静な位置づけを試みる。